# 日本の英語教育における文学教材の可能性

# シリーズ 言語学と言語教育

第12巻　異文化間コミュニケーションからみた韓国高等学校の日本語教育
　　　　金賢信著
第13巻　日本語eラーニング教材設計モデルの基礎的研究
　　　　加藤由香里著
第14巻　第二言語としての日本語教室における「ピア内省」活動の研究
　　　　金孝卿著
第15巻　非母語話者日本語教師再教育における聴解指導に関する実証的研究
　　　　横山紀子著
第16巻　認知言語学から見た日本語格助詞の意味構造と習得
　　　　－日本語教育に生かすために　森山新著
第17巻　第二言語の音韻習得と音声言語理解に関与する言語的・社会的要因
　　　　山本富美子著
第18巻　日本語学習者の「から」にみる伝達能力の発達　木山三佳著
第19巻　日本語教育学研究への展望－柏崎雅世教授退職記念論集
　　　　藤森弘子，花薗悟，楠本徹也，宮城徹，鈴木智美編
第20巻　日本語教育からの音声研究　土岐哲著
第21巻　海外短期英語研修と第2言語習得　吉村紀子，中山峰治著
第22巻　児童の英語音声知覚メカニズム－L2学習過程において　西尾由里著
第23巻　学習者オートノミー－日本語教育と外国語教育の未来のために
　　　　青木直子，中田賀之編
第24巻　日本語教育のためのプログラム評価　札野寛子著
第25巻　インターアクション能力を育てる日本語の会話教育
　　　　中井陽子著
第26巻　第二言語習得における心理的不安の研究　王玲静著
第27巻　接触場面における三者会話の研究　大場美和子著
第28巻　現代日本語のとりたて助詞と習得　中西久実子著
第29巻　学習者の自律をめざす協働学習－中学校英語授業における実践と分析
　　　　津田ひろみ著
第30巻　日本語教育の新しい地平を開く－牧野成一教授退官記念論集
　　　　筒井通雄，鎌田修，ウェスリー・M・ヤコブセン編
第31巻　国際英語としての「日本英語」のコーパス研究
　　　　－日本の英語教育の目標　藤原康弘著
第32巻　比喩の理解　東眞須美著
第33巻　日本語並列表現の体系　中俣尚己著
第34巻　日本の英語教育における文学教材の可能性　髙橋和子著

シリーズ 言語学と言語教育 34

# 日本の英語教育における文学教材の可能性

髙橋和子 著

ひつじ書房

# はしがき

　本書のおもな目的は、日本の英語教育で文学教材が減少した経緯を分析し、その事象を不適当と見なす立場に立ち、文学教材の特色および利点を示し、文学はコミュニケーション能力育成を目指す英語教育においても重要な教材であることを、理論と実践両面から示すことである。考察の対象は、おもに1980年代初頭頃から2000年代初頭頃までの期間に絞り、中学校・高等学校の英語教育にも目を向けながら、大学英語教育を中心に論じる。

　本書は、序論、結論の他、7章から構成されている。

　序論では、まず、大学生のアンケート結果に基づき、文学教材を英語の授業で用いることに対して、彼らが概ね好意的に受け止めていることを示す。その一方で、日本の英語教育が1980年代以降、コミュニケーション能力育成重視に変わった背景のもと、文学教材が排除されてきた状況を説明する。さらに日本では、「実践的コミュニケーション能力」が狭義に解釈され、実用主義と結びついた結果、すぐに役立ちそうな教材志向に向かった可能性を指摘する。

　第1章では、コミュニケーション能力育成に主眼を置くようになった日本の英語教育を背景として、中学校、高等学校、大学ではどのような教材が使用されてきたかに注目する。これらから確認する点は、1980年代以降日本の英語教育の中心目標がコミュニケーション能力育成に収斂していった一方で、すぐに役立ちそうに見える英語を扱う教材が増加し、文学教材が減少していったという実情である。

　第2章では、近年、海外の英語教育・外国語教育界で文学教材がどのように扱われているかに注目する。そして、文学教材を日本のように敬遠する国（韓国・中国）がある一方で、CLT (communicative language teaching) 発祥の国と言われるイギリスや、アメリカでは、文学をオーセンティック教材と見なして、外国語教育の場で活用していると指摘する。

第3章では、コミュニケーション能力育成を目標に掲げながらも、日本の英語教育では、なぜ文学教材を活用してこなかったのか、その理由を考察する。まず、オーセンティック教材のとらえ方を2通りあげ、1)本来の意味で解釈した場合と、2)狭義に解釈した場合を提示する。そして、日本では一般的には2)の解釈を行なった場合が多いとする。次に、このような解釈に影響を与えたと思われる時代背景を分析する。加えて、本書のオーセンティック教材に対する、基本的な立場を確認する。すなわち、オーセンティック教材という概念が本来の意味で解釈された場合、この概念自体に問題はないが、オーセンティック教材の概念が狭く解釈された結果、文学が排除されるという極端な事態が生じており、この点は是正すべきであるという立場である。

　第4章冒頭では、これまでの議論を踏まえて、「オーセンティック」教材と文学教材の間にはまったく接点がなく、これらは対照的な教材なのか、という疑問を投げかける。その上で、Carter and Nash (1990) による "literariness" の概念を基準にして、「オーセンティック」教材と文学の関係を見る。その結果、「オーセンティック」教材の題材になることが多い雑誌記事の中には、文学の理解を前提として執筆されたものがあると指摘する。そして、文学を英語教育から排除することは、書き手のメッセージを正しく理解すること、ひいてはコミュニケーション能力を育成する上で、最善の策とは言い難いと主張する。

　第5章では、日本の英語教育で「オーセンティック」と見なされることが多い題材には、どの程度 creativity が見出せるかを検証する。はじめに、本書における creativity の意味を定義づける。次に、この定義に従って、creativity をふんだんに含んだ教材はコミュニケーション能力育成を目指す英語教育に有益だと論じる。さらに、「オーセンティック」教材中心に編纂された英語教科書にも、実は creativity を含んだテクストが選ばれていることを示した上で、creativity を十分に含んだテクストを提供するためには、文学のほうが適切だと述べる。次に「オーセンティック」教材として選ばれることが多い題材を例にとって、そこに含まれる creativity を分析する。そしてこれらの題材は、文学の理解を念頭に置いているものが少なくない点を明ら

かにする。加えて、近年の文学作品の中には、文字の力を十分に活用し新たな時代に対応しながら、creativity に富んだテクストを生み出している例もあると述べる。

　第6章では、まず本書における narrativity の定義を示し、次に narrativity を含んだ教材は、コミュニケーション能力育成のための活動に活用しやすいと主張する。そして「オーセンティック」教材中心に編纂された英語教科書にも、実際は narrativity を含んだテクストが選ばれていると指摘する。その上で、narrativity を含んだ題材を提供するためには、文学のほうが適切だとする。その理由として、文学は「オーセンティック」教材の題材と比較して、十分に story を展開し、豊かな文脈を作り上げることが多い点をあげる。さらに、文学は映像や音声といった視聴覚的な要素に頼ることが少なく、文字を中心として narrativity をふんだんに含んだテクストを構成していることも示す。

　第6章最後では、第4・5・6章のまとめを行なう。ここでは、"literariness"・creativity・narrativity の観点から見ると、「オーセンティック」教材と文学教材の間には接点があり、まったく関連性をもたない対照的な教材ではないと主張する。加えて、creativity・narrativity を豊かに含んだ教材がコミュニケーション能力育成のための活動に有益である点を踏まえると、文学教材を英語教育から排除してきたこれまでの日本の英語教育のあり方には、再考の余地が大いにあると主張する。

　第7章では、さまざまな工夫を加えれば、コミュニケーション能力育成を目指す英語の授業で、文学教材をうまく活用できることを示す。実践例を示す前に、まず、従来型の文学教材のメリット・デメリットを分析する。次に最近の文学教材の特色を踏まえて、コミュニケーション能力育成を目指す英語教育において、文学を十分活用するための方策を考察する。その上で、大学、中学校・高等学校の英語教育において、"literariness"・creativity・narrativity を豊かに含んだ文学教材を活用するための方法を提案する。

　本書全体を通してもっとも強調したい点は、文学教材はオーセンティック教材の1つであり、コミュニケーション能力育成を目指す現在の日本の英語教育でも、十分に活用できる教材であるということである。

# 目　次

はしがき　　v

## 序論　コミュニケーション能力育成時代の文学教材
### ―その位置づけと問題点― …………………………………… 1

1. 英語教育で文学教材を使用することに対する大学生の意見
   ―2008年度から2011年度のアンケート結果を踏まえて― ………… 1
2. 本書の目的 ……………………………………………………………… 3
3. 考察の対象 ……………………………………………………………… 4
   3.1　期間 ……………………………………………………………… 4
   3.2　教育機関 ………………………………………………………… 4
4. 用語の定義 ……………………………………………………………… 4
   4.1　文学教材、および題材と教材 ………………………………… 4
   4.2　文学教材を使った英語教育 …………………………………… 5
   4.3　オーセンティック教材と「オーセンティック」教材 ……… 6
5. 1980年代初頭から2000年代初頭までの日本の英語教育
   ―『中学校学習指導要領』および『高等学校学習指導要領』の記述を
   中心に― ………………………………………………………………… 7
   5.1　「目標」の変遷 ………………………………………………… 8
   5.2　「実践的コミュニケーション能力」はどのように解釈されたか … 10
   5.3　「教材」 ………………………………………………………… 13
6. コミュニケーション能力育成と文学教材 …………………………… 17
   6.1　文学教材の敬遠と題材規定
       ―『高等学校学習指導要領』を中心に― ……………………… 17
   6.2　文学教材敬遠を生み出した多様な遠因
       ―授業時数と新語数の削減、大学設置基準の大綱化、
       「『英語が使える日本人』の育成のための行動計画」― ……… 18

7. 本書の構成 ............................................................... 21

## 第1章 コミュニケーション能力育成を目指す英語教育と文学教材
　　　　 ―中学校、高等学校、大学の読解教材を中心に― ── 33

1. 中学校の英語教科書と文学教材―読解教材を中心に― ............... 33
2. 高等学校の英語教科書と文学教材―「リーディング」を中心に― ........ 38
3. 大学の英語教科書と文学教材―大学設置基準大綱化以降を中心に― ...... 47
   - 3.1 大学設置基準の大綱化以降の大学英語教育 .................. 47
   - 3.2 大学の英語教科書と文学教材 ............................. 49

## 第2章 海外の英語教育および外国語教育における文学教材 ── 55

1. EFL環境にある国々―韓国・中国の事例を中心に― ................... 56
2. 英語を母語とする国々―イギリス・アメリカの事例を中心に― .......... 60
   - 2.1 イギリスの外国語教育と文学教材 ......................... 60
   - 2.2 アメリカの外国語教育と文学教材 ......................... 63

## 第3章 日本の英語教育におけるオーセンティック教材の解釈
　　　　 ―1980年代から2000年代に起きた出来事を踏まえて― ── 69

1. オーセンティック教材とは何か ................................... 69
   - 1.1 オーセンティック教材の本来の意味 ....................... 70
   - 1.2 オーセンティック教材とCLT ............................. 71
   - 1.3 日本の英語教育とオーセンティック教材 ................... 73
   - 1.4 オーセンティック教材と「オーセンティック」教材 .......... 78
2. 「オーセンティック」教材の概念形成上、直接的・間接的に影響を与えた事象―1980年代から2000年代初頭を中心に― .................. 79
   - 2.1 国際競争の激化と経済界からの提言 ....................... 80
   - 2.2 "World Communications Year: Development of Communications Infrastructures"（1983年） ............................. 81

2.3　JETプログラム（1987年開始）とALT ································· 86
　　2.4　ITの発展―コーパスの普及を中心に― ························· 89
　　　　2.4.1　コーパスの意味 ······················································ 89
　　　　2.4.2　*A Comprehensive Grammar of the English Language* と
　　　　　　　*Collins COBUILD English Language Dictionary* ········ 90
　　　　2.4.3　コーパスと日本の英語教育 ········································ 94

## 第4章　「オーセンティック」教材と文学教材の境界再考
　　　　―"literariness"を尺度として― ─────────── 99
　1.　Carter and Nash(1990)の"literariness" ······························ 99
　2.　「オーセンティック」教材の題材と"literariness"―雑誌記事を中心に― ···· 101
　3.　"literariness"以外の尺度を求めて―creativityとnarrativity― ········· 105

## 第5章　creativityからとらえ直した
　　　　「オーセンティック」教材と文学教材 ────── 111
　1.　creativityの意味の変遷 ···················································· 111
　　1.1　神から人間がもつ能力へ ··············································· 111
　　1.2　多彩な領域で用いられるcreativityという概念 ················· 113
　2.　creativityの定義 ····························································· 114
　　2.1　既存の言語表現を踏まえて新たな表現を創造すること ······· 115
　　2.2　ユーモアと関連性をもつこと ········································ 117
　　2.3　creativityを理解する相手が必要なこと ·························· 117
　　2.4　さまざまな尺度で解釈が可能であること ························ 118
　　2.5　程度ではかる特色であること ········································ 119
　　2.6　本書におけるcreativityの意味 ······································ 120
　3.　creativityと、コミュニケーション能力育成のための英語教育 ····· 120
　4.　「オーセンティック」教材重視の教科書とcreativity ················ 122
　　4.1　大学英語教科書 ·························································· 122
　　4.2　高等学校「リーディング」用教科書 ································ 126
　5.　「オーセンティック」教材の題材とcreativity(1)
　　　―文学作品の理解を前提とする例を中心に― ······················ 130
　　5.1　既存の言語表現を踏まえて新たな表現を創造する例 ·········· 130

  5.1.1 文学の登場人物名を素材にした例
   —メルヴィル (Herman Melville) の *Moby-Dick, or the Whale* を中心に— ……… 130
  5.1.2 文学の作品名を素材にした例
   —ウルフ (Virginia Woolf) の *A Room of One's Own* を中心に— ……… 132
 5.2 ユーモアと関連性をもつ例 …………………………………………… 134
  5.2.1 文学作品を素材として、ユーモアを込めた表現を作り出した例 ………………………………………………… 135
6. 「オーセンティック」教材の題材と creativity（2）
 —最近の文学作品との比較— …………………………………………… 144
 6.1 日常会話の例 …………………………………………………………… 144
 6.2 雑誌広告の例 …………………………………………………………… 146
 6.3 文学作品の中の会話の例 …………………………………………… 149

# 第6章　narrativity からとらえ直した「オーセンティック」教材と文学教材　155

1. 多彩な領域における narrative ……………………………………………… 155
 1.1 narrative と日常性 ……………………………………………………… 156
 1.2 多彩な領域における narrative—文学から政治まで— ……………… 157
2. narrativity の定義 …………………………………………………………… 159
 2.1 narrativity の特色 ……………………………………………………… 159
 2.2 本書における narrativity の意味 ……………………………………… 161
3. narrativity と、コミュニケーション能力育成のための英語教育 ……… 162
4. 「オーセンティック」教材重視の教科書と narrativity ………………… 164
 4.1 大学英語教科書 ………………………………………………………… 164
 4.2 高等学校「リーディング」用教科書 ………………………………… 166
5. 「オーセンティック」教材の題材と narrativity
 —新聞記事、テレビ・コマーシャル、日常会話を中心に— ……………… 168
 5.1 新聞記事 ………………………………………………………………… 168
 5.2 テレビ・コマーシャル ………………………………………………… 171
 5.3 日常会話 ………………………………………………………………… 177
 5.4 雑誌記事 ………………………………………………………………… 180
6. 「オーセンティック」教材と文学教材の接点
 —第4、5、6章の分析結果を踏まえて— ……………………………………… 185

# 第7章　文学教材を使った英語教育の実践例
　　　―大学から、高等学校、そして中学校まで― ──────── 189

1. 大学の英語教育における文学教材 …………………………………… 189
   1.1　IT 世代の大学生たち ……………………………………………… 189
   1.2　従来の大学英語教育用文学教材 ………………………………… 192
   1.3　最近の大学英語教育用文学教材 ………………………………… 196
   1.4　最近出版された、大学英語教育用文学教材 …………………… 197
      1.4.1　*English through Literature* ……………………………… 197
      1.4.2　*Simply Shakespeare*
      　　　*―Two Tragic Stories: Hamlet and Romeo and Juliet―* …… 198
      1.4.3　『名文で養う英語精読力』 …………………………………… 200
      1.4.4　海外で出版された文学教材―Bookworms Club Series を中心に― … 201
   1.5　近年出版された文学教材がこれからの文学教材に与える示唆 …… 203
      1.5.1　リトールド版は文学教材か？ ……………………………… 203
      1.5.2　文学教材に基づいた練習問題は、どのように作成するのか？ …… 207
      1.5.3　文学教材を用いた今後の英語の授業に求められる点 ……… 210
2. 文学教材を用いた大学での英語教育(1)
   ―統一教科書、*Global Outlook 2: Advanced Reading* を中心に― …… 211
   2.1　使用教科書と授業の概要 ………………………………………… 211
   2.2　物語の結末を書き換える―"Lost Keys" を中心に― …………… 213
   2.3　その他の短編小説を使った授業 ………………………………… 218
      2.3.1　紙芝居でクライマックスを語る―"A Clean Break" を中心に― …… 219
      2.3.2　日本語を取り入れた課題―"Crickets" を中心に― ………… 221
3. 文学教材を用いた大学での英語教育(2)
   ―既成の教科書と自作教材を組み合わせた例を中心に― …………… 223
   3.1　*Signature Reading: Level G* と自作教材 ………………………… 224
      3.1.1　使用教科書と授業の概要 ………………………………… 224
      3.1.2　出来事のつながりを考える
      　　　―"The Crane Maiden" と "Blue Beard" を使った授業― ……… 225
      3.1.3　文学教材はプレゼンテーションを取り入れた授業形態で
      　　　扱えるか―"The Midnight Visitor" を中心に― ……………… 232
4. 文学教材を用いた大学での英語教育(3)―自作教材を中心に― ……… 238
5. 中学・高等学校の英語教育における文学教材 ……………………… 246
   5.1　中学・高等学校の英語教員は文学教材をどのように見ているのか … 246

5.2　文学教材を用いた中学・高等学校での英語教育(1)
　　　―教科書で扱われている文学教材の教え方― ················· 252
　　　5.2.1　教案作成上、考慮する点
　　　　　―*The Fall of Freddie the Leaf* を中心に― ············· 253
　　　5.2.2　教科書で扱われている文学教材の指導案
　　　　　―*The Fall of Freddie the Leaf* を中心に― ············· 253
　5.3　文学教材を用いた中学・高等学校での英語教育(2)
　　　―1回の授業で扱う文学教材― ·························· 260
　　　5.3.1　中学校で *Alice in Wonderland* を使う授業案 ··········· 261
　　　5.3.2　中学・高等学校で日本昔話を使う授業案 ················ 265
　5.4　文学教材を用いた中学・高等学校での英語教育(3)
　　　―授業時間最後の5分間で使える文学教材― ················· 268
　　　5.4.1　creativity に関する章であげた例を中心に ·············· 268
　　　5.4.2　文学の登場人物名や作品名などを素材にした例
　　　　　―写真や絵を中心に― ····························· 269

## 結論　日本の英語教育における文学教材
　　　―今後の課題と展望― ―――――――――――――― 279
　1．要約 ························································ 279
　2．改善点と課題 ················································ 282
　3．文学教材はどこへ行くのか ···································· 284


Appendix　　287

参考文献　　311

謝辞　　331

索引　　333

# 序論
# コミュニケーション能力育成時代の文学教材
―その位置づけと問題点―


## 1. 英語教育で文学教材を使用することに対する大学生の意見
　―2008年度から2011年度のアンケート結果を踏まえて―

　1980年代に入ってから現在に至るまで、中学校・高等学校の学習指導要領は3回改訂されたが、これらは、若干表記を変えながらも、日本の英語教育の中心目標はコミュニケーション能力の育成だと明記している。そして、コミュニケーション能力重視の傾向が高まる一方で、後に詳述するように、日本の英語教育から文学教材が敬遠される状況が生じている。

　ここではまず、英語教育で文学を使用することに対して、日本の大学生はどのように考えているのか事情の一端を示すため、身近な大学生に実施したアンケート結果を見たい[1]。アンケートの回答者は、筆者が担当する英語の授業を受講した大学生たちである[2]。アンケートは、2008年から2011年にかけて、計4回行なった(詳細は Appendix 1–4 を参照)。回答者数は合計273名で、内訳は大学1年生が193名、2年生が80名である。彼らの英語の能力は、「実用英語技能検定」(英検)3級程度のレベルから、同準1級程度のレベルまで多岐にわたる。また、回答者の所属学科・学部は、経済学、社会学、哲学、英米文学、日本文学、数学、教育学などであった。アンケートは、質問・回答とも日本語で表記し、各年度の授業が終了する時期(通年授業は1月、半期完結の授業は7月や翌年の1月)を目安に実施した。

　2008年度と2009年度用のアンケートでは、回答記述式項目(open-ended items)のみを通して、学生の意見を聞いた。2010年度と2011年度用のアン

ケートでは、回答記述式項目と回答選択式項目（closed-ended questions）を併用した[3]。また、アンケート作成にあたっては、Dörnyei（2007）、ドルニエイ（2006）を参照した。

以下がアンケートの際に使用した、質問紙の見本である。

---

**2008、2009年度のアンケートで使用した質問紙（見本）**

質問: 今回授業で使用したテキストには、文学作品が含まれていました。文学作品を教材にして英語を学ぶことに対してどのように思いますか。あなたの考えを自由に記入してください。

---

**2010、2011年度のアンケートで使用した質問紙（見本）**

A 今回授業で使用したテキストには、文学作品が含まれていました。文学作品を教材にして英語を学ぶことに対してどのように思いますか。当てはまる解答1つに丸をつけてください。
①大いに賛成　②賛成　③あまり賛成しない　④賛成しない
⑤どちらともいえない

B Aと答えた理由を自由に記入してください。

---

各年度のアンケート結果は、以下のとおりである。

表0.1　英語教育で文学教材を使用することに対する大学生の意見

| 年度 | 回答者数 | 有効回答数 | 白紙 | アンケートに対する回答 | | |
|---|---|---|---|---|---|---|
| | | | | 大いに賛成・賛成 | あまり賛成しない・賛成しない | どちらともいえない |
| 2008* | 74 | 69 | 5 | 47 | 7 | 15 |
| 2009* | 49 | 39 | 10 | 26 | 4 | 9 |
| 2010** | 67 | 67 | 0 | 61 | 4 | 2 |
| 2011** | 83 | 83 | 0 | 74 | 8 | 1 |
| 計 | 273 | 258 | 15 | 208 | 23 | 27 |

出典: 筆者のクラスの学生のアンケート結果

*2008–2009年度アンケート結果の分類に関しては、Appendix 1–2も参照
**2010–2011年度の「白紙」欄には、回答記述式項目が白紙だった者（2010年10名、2011年3名）は含まれない。詳細はAppendix 3–4を参照

表 0.1 の結果を踏まえると、英語教育で文学教材を用いることに対して、全体的には肯定的な意見が多いことがわかる(今回のアンケートで提出された、回答記述式項目に対する全回答は、Appendix 1–4 を参照)[4]。

## 2. 本書の目的

　前節で見たように、文学教材に対して肯定的な反応を示す大学生は少なくない。しかし、これから詳細を見ていくように、近年の日本の英語教育では、コミュニケーション能力重視の傾向が高まる一方で、文学教材が敬遠される状況が生じている。このような状況を出発点として、本書では、日本の英語教育で文学教材が減少した経緯を分析し、その事象を不適当と見なす立場に立ち、文学教材の特色および利点を示し、文学はコミュニケーション能力育成を目指す英語教育においても重要な教材であることを、理論と実践両面から示すことをおもな目的とする。

　なおここでは、コミュニケーション能力育成に主眼を置いた日本の英語教育の目標そのものを批判する立場はとらない。コミュニケーション能力は、言語の重要な機能であるためである。本書で特に再考したい点は、コミュニケーション能力を養成するために選ばれてきた手段である。なかでも、日本ではコミュニケーション能力が狭い実用主義と結びつき、これと関連して狭義に解釈された、「オーセンティック(authentic)」教材が注目されるようになった一方で、文学教材が除外されてきたことに問題点を見出す。

　また本書は、オーセンティック教材という概念が本来の意味で解釈された場合、この概念自体には反論しない。昨今の状況を考慮すると、この概念が英語教育の場で取り上げられることは、自然なことと考えられるからである。繰り返し問題点を指摘すると、近年の日本の英語教育ではオーセンティック教材の概念が狭く解釈された結果、文学が排除されるという極端な事態が生じているため、この事態を改善する必要がある。なぜならば、本書でこれから明らかにしていくように、文学は英語によるコミュニケーション能力育成のためのオーセンティック教材として効果的であることに加えて、より豊かなコミュニケーション能力を身につけるために適した教材だからである。

## 3. 考察の対象

### 3.1 期間

　本書では、考察の対象期間を、おもに1980年代初頭頃から2000年代初頭頃までに絞る。この期間を選んだおもな理由は、(1)日本の英語教育が、コミュニケーション能力育成を中心目標に据えた一方で、文学教材が敬遠されるようになった、(2)ほぼ同時期に海外の英語教育および外国語教育界にも、変化の質は異なるとはいえ転換が生じた、(3)コミュニケーション能力の育成という英語教育の目標を、直接的・間接的に裏づけるような事象が国内外で起きた、という3点である。

　上記(1)の状況については、序論5.で詳述する。(2)については第2章、(3)については第3章で改めて論じる。

### 3.2 教育機関

　考察の対象とする教育機関は、中学校・高等学校・大学を取り上げるが、なかでも大学を中心に論じたい[5]。2011年度以降、小学校第5学年から英語を扱うことを原則として、小学校でも外国語活動が本格的に始まった。現在日本では、幅広い年代層の学習者を相手に、さまざまな教育現場で英語教育が実施されている。このような状況の中で、あらゆる年齢層の英語学習者、英語教育を実施しているすべての教育機関を扱うことには限界がある。そこで本書では、中学校・高等学校の英語教育に言及しながら、英語教育の集大成の役割を担ってきた大学に焦点を当てて論じたい。

## 4. 用語の定義

### 4.1 文学教材、および題材と教材

　本書で扱う文学教材とは、英語を教育するために文学作品を教材化したテクストを指す。この文学作品は、原典が英語で書かれたものに留まらず、原作者によって別の言語で書かれた後に適切に英訳された作品も含まれる。たとえば、もとは日本語で書かれたが、後に英語に翻訳された文学作品を使っ

た教材も、ここでは文学教材と見なす。具体的には、英語で書かれた長・短編小説、劇(映画を含む)、詩(歌を含む)、物語の他、神話、民話、昔話、俳句の英訳などを、ここでは文学教材として扱う。

　また、文学教材の素材となる文学作品をはじめ、新聞・雑誌の記事や、広告、テレビ・コマーシャル、日常会話など、書かれたり話されたりした幅広い素材を、本書では題材と呼ぶ。そして、このような題材を教育の場で活用する際、これらを教材と呼ぶ。教材には、題材をそのまま用いる場合や、学習者の能力などに合わせて題材に手を加える場合があるが、ここでは両者とも教材と呼ぶ。

## 4.2　文学教材を使った英語教育

　本書では、英語教育のための語学教材として、文学作品を活用する場合をおもに扱う。したがって、文学教材を使った英語教育という場合、各作品の文学的な価値を論じたり、これらの作品を通して文学的な知識を教えたりすることに主眼を置く授業形態を原則として含まない。この点を明らかにするため、Paran(2008)の次の図を引用する。

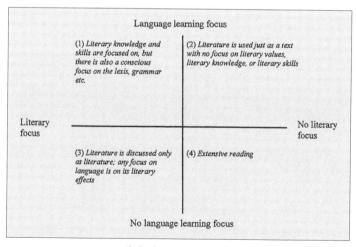

出典:(Paran, 2008: 467)

図 0.1　The Intersection of Literature and Language Teaching Presented by Paran(2008)

図 0.1 の "Language learning focus" から "No language learning focus" に至る縦軸は、語学中心の教育を行なうか否かをはかる軸である。"Literary focus" から "No literary focus" に至る横軸は、文学作品の主題を読み取ったり、作品をさまざまな角度から批評し、その意義や社会的背景、イデオロギーなどを理解したりすることに重きを置くか否かをはかる軸である。さらに、図 0.1 の(1)は文学教育と語学中心の教育両方に焦点を置いた領域であり、(2)は文学作品を用いるが、文学教育には焦点を置かず語学中心の教育を重視する領域である。また(3)は、文学を文学作品そのものとして扱い、語学教材としては用いない領域であり、(4)は文学教育にも語学中心の教育にも重きを置かず、多読を中心とした領域である。さらに Paran によると、これら4つの領域は明確に区切られているわけではなく、全体として「網の目("a web")」のように交錯しているという (Paran, 2008: 467)。いずれにせよ、本書では、文学を上図の(3)の領域で用いる場合については原則として考慮せず、(1)と(2)の領域で活用する場合を中心に検討したい。

### 4.3　オーセンティック教材と「オーセンティック」教材

　オーセンティック教材と「オーセンティック」教材の区別については、第3章で詳細に論じるが、あらかじめこれらの表記の仕方に言及しておく。両者の意味の違いは、次表 0.2 にまとめるとおりである。

　本書では、オーセンティック教材の意味を、本来の意味で解釈した場合、オーセンティック教材、とそのままカタカナで表記する。一方、狭い意味でオーセンティック教材を解釈した場合、カギカッコを用いて「オーセンティック」教材と表記する。なお、第3章で改めて言及するが、本書ではオーセンティック教材の意味が、1)のように本来の意味で解釈された場合、この概念自体に問題はない、と見なす。一方、2)のようにオーセンティック教材の意味を狭く解釈した結果、文学教材が敬遠される事態が生じている点に問題を見出す。

　これまで、本書の目的、考察の対象、用語の定義を行なった。次に、3.1 で言及したとおり、1980 年代初頭から 2000 年代初頭に至るまで日本の英語

表0.2　オーセンティック教材と「オーセンティック」教材

| オーセンティック教材の解釈の仕方 | 本書の表記方法 |
|---|---|
| 1) オーセンティック教材の意味を、本来の意味で解釈<br>・オーセンティック教材とは、教育目的ではなく、実生活においてメッセージの授受を行なうために、書かれたり話されたりした用例を題材にした教材。<br>・コミュニケーション能力育成を目指すCLT(communicative language teaching)では、オーセンティック教材を1)の意味で解釈。<br>・文学教材をオーセンティック教材の1つと見なし、積極的に活用。 | オーセンティック教材 |
| 2) オーセンティック教材の意味を、狭義に解釈<br>・オーセンティック教材の意味を説明する際、より日常的で具体的な題材を教材化したものを、「オーセンティック」教材と見なす。<br>・コミュニケーション能力育成を目指してきた近年の日本の英語教育では、多くの場合、2)に従ってオーセンティック教材の意味を解釈したと思われる。<br>・文学教材は「オーセンティック」教材ではないと見なし、敬遠。 | 「オーセンティック」教材 |

出典: 表作成は筆者による

教育のおもな目的となっている、コミュニケーション能力の育成、特に「実践的コミュニケーション能力」の育成が、一般的には、狭い実用主義と結びついて解釈されたと思われる点に注目する。

## 5. 1980年代初頭から2000年代初頭までの日本の英語教育
### ―『中学校学習指導要領』および『高等学校学習指導要領』の記述を中心に―

　歴史をふりかえると、日本の英語教育は1980年代頃から大きくコミュニケーション能力育成重視に変わった。本節では、まず中学校・高等学校の学習指導要領に記載された外国語教育の「目標」を概観し、次にここに記された内容(特に教材)を分析する。本節では以下に示す1980年代後半から2000年代初頭に告示された学習指導要領を分析の対象とするが、必要に応じてこ

れより以前の学習指導要領にも言及する。

『中学校学習指導要領』
・1989(平成元)年3月告示、1993(平成5)年4月1日施行
・1998(平成10)年12月告示、2002(平成14)年4月1日施行
・2008(平成20)年3月告示、2012(平成24)年4月1日施行

『高等学校学習指導要領』
・1989(平成元)年3月告示、1994(平成6)年4月1日施行
・1999(平成11)年3月告示、2003(平成15)年4月1日施行
・2009(平成21)年3月告示、2013(平成25)年4月1日施行

### 5.1　「目標」の変遷

　江利川(2007)によると、コミュニケーション能力育成に主眼を置いた英語教育の「発端」は1969年版『中学校学習指導要領』で、1970年版『高等学校学習指導要領』を経て、1989年版『中学校学習指導要領』・『高等学校学習指導要領』で「決定的な転換」が図られたという。そして、その理由として、1969年版『中学校学習指導要領』では従来の「学習活動」が「言語活動」に改められ、1970年版『高等学校学習指導要領』では「英語会話」の科目が新設され、1989年版中学校・高等学校の学習指導要領では「積極的にコミュニケーションを図ろうとする態度」の育成が目標として「明記」された点をあげている(江利川, 2007: 11–12)。

　江利川(2007)によってコミュニケーション重視への「決定的な転換」と称された1989年版『中学校学習指導要領』・『高等学校学習指導要領』から2000年代初頭の学習指導要領に記載された「外国語」[6]の「目標」を、「コミュニケーション」という言葉に注目してまとめると表0.3のようになる。

　表0.3からわかるように、過去3回の中学校・高等学校学習指導要領の改訂に際して、「コミュニケーション」という言葉は一貫して用いられている。その一方で、1998年版『中学校学習指導要領』および1999年版『高等学校学習指導要領』では、「実践的」という言葉が冠され、「実践的コミュニケー

表 0.3　1980 年代後半から 2000 年代初頭に告示された『中学校学習指導要領』と『高等学校学習指導要領』の「外国語」の「目標」

| 告示年 | 「外国語」の「目標」 |
|---|---|
| 1989 年版<br>『中学校学習指導要領』 | 「外国語を理解し、外国語で表現する基礎的な能力を養い、外国語で積極的にコミュニケーションを図ろうとする態度を育てるとともに、言語や文化に対する関心を深め、国際理解の基礎を培う」 |
| 1989 年版<br>『高等学校学習指導要領』 | 「外国語を理解し、外国語で表現する能力を養い、外国語で積極的にコミュニケーションを図ろうとする態度を育てるとともに、言語や文化に対する関心を高め、国際理解を深める」 |
| 1998 年版<br>『中学校学習指導要領』 | 「外国語を通じて、言語や文化に対する理解を深め、積極的にコミュニケーションを図ろうとする態度の育成を図り、聞くことや話すことなどの実践的コミュニケーション能力の基礎を養う」 |
| 1999 年版<br>『高等学校学習指導要領』 | 「外国語を通じて、言語や文化に対する理解を深め、積極的にコミュニケーションを図ろうとする態度の育成を図り、情報や相手の意向などを理解したり自分の考えなどを表現したりする実践的コミュニケーション能力を養う」 |
| 2008 年版<br>『中学校学習指導要領』 | 「外国語を通じて、言語や文化に対する理解を深め、積極的にコミュニケーションを図ろうとする態度の育成を図り、聞くこと、話すこと、読むこと、書くことなどのコミュニケーション能力の基礎を養う」 |
| 2009 年版<br>『高等学校学習指導要領』 | 「外国語を通じて、言語や文化に対する理解を深め、積極的にコミュニケーションを図ろうとする態度の育成を図り、情報や考えなどを的確に理解したり適切に伝えたりするコミュニケーション能力を養う」 |

出典: 各年度の学習指導要領をもとに筆者が作成

ション能力」の育成が「目標」として掲げられている。そして、次の 2008 年版・2009 年版指導要領では再び「実践的」という冠が外され、「コミュニケーション能力」が「外国語」の「目標」に選ばれている。

　それでは、最新版の学習指導要領に記された「外国語」の「目標」は、「実践的」であることを求めなくなったのか。この点について、『中学校学習指導要領解説―外国語編―』は、「コミュニケーション能力」は「実践性を当

然に伴うものであることを踏まえ、今回は単に『コミュニケーション能力』とした」と説明している（文部科学省, 2008b,『中学校学習指導要領解説―外国語編―』: 7）。同様に、『高等学校学習指導要領解説―外国語編・英語編―』も、「『コミュニケーション能力』は実践性を当然に伴うものであることを踏まえ、改訂前は『実践的コミュニケーション能力』としていたが、今回は単に『コミュニケーション能力』とした」と記している（文部科学省, 2010,『高等学校学習指導要領解説―外国語編・英語編―』: 8）。これらを踏まえると、2008年版『中学校学習指導要領』・2009年版『高等学校学習指導要領』では、「実践的」という冠が「外国語」の「目標」から取り去られてはいるが、「実践的コミュニケーション能力」は、依然として「目標」にされている能力だと言える。

## 5.2 「実践的コミュニケーション能力」はどのように解釈されたか

　コミュニケーション能力自体は言語の重要な機能であるため、日本の英語教育がこの能力育成を目指すことに対して、ここでは異議を唱えない。むしろ本書では、以下で論じるように、「実践的コミュニケーション能力」が狭義の実用主義と結びついたことに問題点を見出したい。

　まず、「実践的」という言葉の解釈を軸にして、「外国語」の「目標」の意味を改めて考えたい。「実践的」という言葉の一般的な定義に目を向けると、1998年に改訂された『広辞苑』第5版では、「実践に基づくさま。実際に行動するさま」と説明され、「理論的」および「観念的」の反義語だと記されている。

　「実践的」という言葉の意味は、辞書で定義することは可能であっても、「外国語」の「目標」として、その意義を十分に理解することは容易ではない。中学校と高等学校の学習指導要領の解説では、「実践的コミュニケーション能力」がどのように説明されているだろうか。1998年版『中学校学習指導要領』の「外国語」の解説は、以下のように注釈を加えている。「『実践的コミュニケーション能力』とは、単に外国語の文法規則や語彙などについての知識をもっているというだけではなく、実際のコミュニケーションを目的として外国語を運用することができる能力のことである」（文部省, 1999a,『中

学校学習指導要領解説―外国語編―』: 7)。

　また、1999年版『高等学校学習指導要領』の解説は、「『実践的コミュニケーション能力』とは、外国語の音声や文字を使って実際にコミュニケーションを図ることができる能力である。すなわち、外国語を使って、情報や相手の意向などを理解したり自分の考えなどを表現したりして、通じ合うことができる能力である」と説明している（文部省，1999c,『高等学校学習指導要領解説―外国語編　英語編―』: 11)。以上見たように、中学校と高等学校の学習指導要領の解説に共通しているのは、「実践的コミュニケーション能力」を説明する上で、「実践的」と「実際」という概念を結びつけている点である。

　しかし、一般的には、「実践的」を「実用的」と結びつけてしまう場合が多かったと、文部省教科調査官として学習指導要領の改訂を手がけた経験のある新里眞男は指摘している。

> 確かに、「実践的」という言葉と「実用的」という言葉とは意味が近い。文部省の英文ホーム・ページに出ている「実践的コミュニケーション能力」の英訳は"practical communicative competence"である。この"practical"を日本語に訳し直すと「実践的」とも「実用的」とも訳せるだろう。その意味で、「実践的」＝「実用的」という図式で受け取られることはある程度仕方のないことかもしれない。
>
> 　しかし、「実践的コミュニケーション能力」の「実践的」は「実践する」という動詞をイメージして考えられたものであろう。そこでは「実際に使用する」「現実に行動する」という意味があるのである。言い換えれば、「英語をコミュニケーションの手段として現実の場面で実際に使う能力」というのが、この言葉の原初的定義であることになる。
>
> （新里, 1999: 68）

上の引用文前半で新里（1999）は、「実践的コミュニケーション能力」というと、「実践的」＝「実用的」という図式が生まれかねないことを認めている。一方、引用文後半では、「英語をコミュニケーションの手段として現実の場面で実際に使う能力」もしくは「実際に使用する」能力が、「実践的コミュ

ニケーション能力」の本来の意味だと説明している。換言すれば、新里(1999)は、「実践的」という概念を「実用的」か非実用的かという観点から解釈するだけではなく、現実的・実際的かどうかという見地からとらえるべきだと主張している。

　新里(1999)から1年後、新里(2000)は、「実践的コミュニケーション能力」の育成という「外国語」の「目標」が、どの程度国民に浸透したかをふりかえり、「国民全体のレベルから見ると、この目標が十分に理解されているとは思えない」と指摘している(新里, 2000: 69)。

　「実践的コミュニケーション能力」の育成という意味が、国民に「十分に理解されているとは思えない」と感じたのは、新里(2000)だけではなかった。英語教育関係者が集まった座談会の中で[7]、渡邉時夫は教材例にふれながら、次のように発言している。

> 私は実践的コミュニケーション能力というのは、それ自体はいいと思います。その実践的な力をどうつけたらいいかというところが問題で、あああいうふうに例題を出してしまったものだから、実践的というのは具体的な場面の言い方を暗記すればいいんだというように短絡的になっている。今まで買い物とか電話とか全部やりすぎるほどやっていますよ。
>
> 　　　　　　　　　　　　(平田, 菅, 古賀, 森住, 新里, 渡邉, 2002: 15)

上の引用文3行目の「例題」とは、たとえば1998年版『中学校学習指導要領』で示された、「言語の使用場面の例」を指している。ここでは、「電話での応答」、「買い物」、「道案内」などが具体例としてあげられている(文部省, 1998,『中学校学習指導要領』)。そして、このような例を踏まえて「実践的コミュニケーション能力」の育成の意味を解釈したため、「実践的という言葉を聞くと、実用的だな、買い物だな」というように短絡的に受け取る場合が多かったという(平田, 菅, 古賀, 森住, 新里, 渡邉, 2002: 15)。言い換えれば、学習指導要領で掲げられた「外国語」の「目標」に達するためにどのような教材を使用するべきか判断した際、言わば抽象的なレベルから具体的なレベルへと変換を行なった際に、「実践的」＝「実用的」という図式で解釈する

ことが多かったというのである。

「実践的」という「コミュニケーション能力」に被せられた冠は、ことによると理解しにくい、誤解を生みやすい概念だと言えるのではないか。これを一因として、日本では、コミュニケーション能力が狭い実用主義と結びついていったのではないだろうか。この点をさらに分析するため、次項では学習指導要領に示された「外国語」の「教材」に焦点を当てたい。

### 5.3 「教材」

本項では、まず、1980年代後半から2000年代初頭に告示された『中学校学習指導要領』に示された「教材」に関する説明を表にまとめた上で、どのような変化が見られるのか指摘したい。

表 0.4　1980年代後半から2000年代初頭に告示された『中学校学習指導要領』に示された「教材」に関する説明

| 告示年 | 「教材」に関する説明 |
|---|---|
| 1989年版『中学校学習指導要領』 | 「教材は、その外国語を使用している人々を中心とする世界の人々及び日本人の日常生活、風俗習慣、物語、地理、歴史などに関するもののうちから、生徒の心身の発達段階及びその興味や関心に即して適切な題材を変化をもたせて取り上げるものとする」 |
| 1998年版『中学校学習指導要領』 | 「教材は、英語での実践的コミュニケーション能力を育成するため、実際の言語の使用場面や言語の働きに十分配慮したものを取り上げるものとする」<br>「言語の使用場面の例」と「言語の働きの例」を提示 |
| 2008年版『中学校学習指導要領』 | 「教材は、聞くこと、話すこと、読むこと、書くことなどのコミュニケーション能力を総合的に育成するため、実際の言語の使用場面や言語の働きに十分配慮したものを取り上げるものとする」<br>「言語の使用場面の例」と「言語の働きの例」を提示 |

出典: 各年度の学習指導要領をもとに筆者が作成

上の表から明らかなように、1989年版『中学校学習指導要領』には、コミュニケーション能力育成上、どのような教材を選択したらよいのかに関して、はっきりとした説明はない（文部省、1989a、『中学校学習指導要領』）。一方、

1998年版『中学校学習指導要領』では、「実践的コミュニケーション能力」を養成する上で、「実際の言語の使用場面や言語の働き」を考慮した教材の使用が勧められている(文部省, 1998,『中学校学習指導要領』)。さらに2008年版『中学校学習指導要領』でも、「コミュニケーション能力を総合的に育成する」上で、「実際の言語の使用場面や言語の働き」を考慮する必要があると示されている(文部科学省, 2008a,『中学校学習指導要領』)。

　それでは、1998年版および2008年版の『中学校学習指導要領』に記された「実際の言語の使用場面や言語の働き」を考慮した教材とは、どのような教材なのか。この点について『中学校学習指導要領解説―外国語編―』は、「実践的コミュニケーション能力」を育成するためには、「適切なもの」を選ぶ必要があると記し、「その際、言語活動の取扱いに示されている『言語の使用場面の例』や『言語の働きの例』などに十分配慮したものを取り上げることが大切」だと付け加えている(文部省, 1999a,『中学校学習指導要領解説―外国語編―』: 59)。

　ここで注目したい点は、「言語の使用場面の例」と「言語の働きの例」は1989年版の『中学校学習指導要領』には具体的に記載されておらず、1998年版で初めて示されたことである[8]。1998年版の指導要領では、「言語の使用場面の例」は、「特有の表現がよく使われる場面」と「生徒の身近な暮らしにかかわる場面」に分けられ、たとえば前者では「買い物」や「道案内」が示され、後者では「家庭での生活」や「学校での学習や活動」が示されている。一方、「言語の働きの例」は3項目に分かれ、「考えを深めたり情報を伝えたりするもの」などの例があげられている(文部省, 1998,『中学校学習指導要領』)[9]。

　さらに2008年版『中学校学習指導要領』でも、「言語の使用場面の例」および「言語の働きの例」が示されている。「言語の使用場面の例」は、1998年版『中学校学習指導要領』で示された内容と、文言の多少の差を除けばほぼ同一である。また、「言語の働きの例」は1998年版『中学校学習指導要領』で記された例よりもコミュニケーションに焦点を当てたものになり、「コミュニケーションを円滑にする」という項目が新たに加えられた(文部科学省, 2008a,『中学校学習指導要領』)[10]。

これまでの議論を整理すると、1980年代後半から2000年代初頭の『中学校学習指導要領』で、「外国語で積極的にコミュニケーションを図ろうとする態度を育てる」から「実践的コミュニケーション能力」の育成へと「外国語」の「目標」が定められていくに従って、「実際の言語の使用場面や言語の働き」に配慮した教材を用いるべきだという但し書きがつけられた。同時に、「言語の使用場面の例」や「言語の働きの例」という見出しのもとに、望ましい教材例が具体的に示された。そしてこれを要因の1つとして、平田, 菅, 古賀, 森住, 新里, 渡邉 (2002: 15) にあるように、「実践的という言葉を聞くと、実用的だな、買い物だな」という実用的な教材を志向する傾向が徐々に高まったのではないだろうか。しかも、同様の傾向は、高等学校の学習指導要領にも見出せるのである。

　実用志向の教材については、改めて第1章で検討する。ここでは、「外国語で積極的にコミュニケーションを図ろうとする態度を育てる」ことから「実践的コミュニケーション能力」の育成へと「外国語」の「目標」が定められた末に、「実践的コミュニケーション能力」の育成と、実用的な教材を結びつける動きが生じた点を示唆するに留めたい。

　以下に示す図0.2は、「実践的コミュニケーション能力」が、本来示そうとした意味を示す。一方、図0.3は「実践的コミュニケーション能力」に対する一般的な解釈の中で、多く存在してきたと思われる解釈を示す。コミュニケーション能力は、言語の重要な機能であるため、この能力育成を目指すこと自体に問題はない。むしろ日本では、図0.3に示すようにこの能力が狭い意味に解釈され、実用主義と結びついた点が問題なのである。

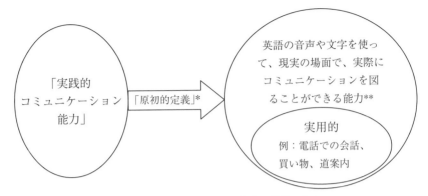

出典:下記資料に基づき、図作成は筆者による

*新里(1999)参照
**(文部省, 1999a,『中学校学習指導要領解説―外国語編―』; 文部省, 1999c,『高等学校学習指導要領解説―外国語編・英語編―』; 新里, 1999)を参照

図 0.2 「実践的コミュニケーション能力」の「原初的定義」*

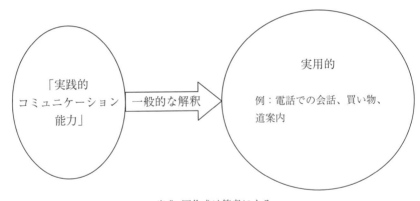

出典:図作成は筆者による

図 0.3 「実践的コミュニケーション能力」の一般的な解釈

このような実用的な教材を志向する傾向の中で、文学教材はどのように扱われてきたのだろうか。次節では、「外国語で積極的にコミュニケーションを図ろうとする態度を育てる」ことから「実践的コミュニケーション能力」育成へと「目標」を定めていった英語教育を背景として、文学教材が敬遠されていった状況に焦点を当てたい。

## 6. コミュニケーション能力育成と文学教材

　前節では、コミュニケーション能力、特に「実践的コミュニケーション能力」が、一般的には狭い実用主義と結びついて解釈された可能性を指摘した。本節では、このような背景のもと、文学教材がどのように扱われたのか考えたい。

### 6.1　文学教材の敬遠と題材規定―『高等学校学習指導要領』を中心に―

　まず、高等学校の学習指導要領に示された題材を例にとって、日本の英語教育におけるコミュニケーション能力育成と文学教材のかかわりを考えたい。

　1970年代以降に告示された『高等学校学習指導要領』に記された「題材の形式」は、次の表のようにまとめられる。

表0.5　1970年代後半から2000年代初頭に告示された『高等学校学習指導要領』に示された「題材の形式」に関する説明

| 告示年 | 「題材の形式」に関する説明 |
|---|---|
| 1978年版<br>『高等学校学習指導要領』 | 「題材の形式は、説明文、対話文、物語形式、劇形式など」 |
| 1989年版<br>『高等学校学習指導要領』 | 「題材の形式としては、説明文、対話文、物語、劇、詩、手紙など」 |
| 1999年版<br>『高等学校学習指導要領』 | 「題材の形式としては、説明文、対話文、物語、劇、詩、手紙など」<br>「言語の使用場面の例」と「言語の働きの例」を提示 |
| 2009年版<br>『高等学校学習指導要領』 | （「題材の形式」を明記する箇所がなくなる）<br>「言語の使用場面の例」と「言語の働きの例」を提示 |

出典: 各年度の学習指導要領をもとに筆者が作成

　上の表に見られるように、1978年版では、1970年版『高等学校学習指導要領』に記載されていた「小説」・「詩」などの規定が消えた（文部省, 1970,『高等学校学習指導要領』; 江利川, 2004: 18 参照）。また、1989年版では「詩」が復活したものの、「小説」は姿を消したままだった（文部省, 1989b,『高等学校学習指導要領』）。1999年版でも、1989年版で示された「題材の形式」がそのま

ま受け継がれ、「小説」は復活しなかった(文部省, 1999b,『高等学校学習指導要領』)。さらに 1999 年版では、「題材の形式」に加えて、「第 8 節外国語」「第 2 款各科目」の最後に「言語の使用場面の例」と「言語の働きの例」が新たに示された[11]。たとえば前者には、「電話、旅行、買い物」などの「個人的なコミュニケーションの場面」や、「本、新聞、雑誌」などの「多くの人を対象にしたコミュニケーションの場面」が含まれている。後者には、「呼び掛ける、あいさつする、紹介する」など「人との関係を円滑にする」言語の働きや、「感謝する、歓迎する、祝う」など「気持ちを伝える」働きの例があげられている(文部省, 1999b,『高等学校学習指導要領』)。そして、2009 年版『高等学校学習指導要領』では、「題材の形式」を明記する箇所がなくなった一方で、「第 8 節外国語」「第 3 款英語に関する各科目に共通する内容等」の項で「言語の使用場面の例」と「言語の働きの例」を扱うようになり、1999 年版と比較して、両例が目立つ形で提示されるようになった[12]。

　以上の題材の変遷から明らかな点は、日本の英語教育がコミュニケーション能力の育成に主眼を置くようになった時期は、同教育から文学教材が遠ざけられていった時期と重なるということである。「実践的コミュニケーション能力」の意味が狭く解釈された結果、より日常的で具体的な題材が実用的だと見なされ、英語教材として選ばれるようになった。このような状況に至って、文学が英語教材として選ばれる機会は減少していった。

## 6.2　文学教材敬遠を生み出した多様な遠因
　　―授業時数と新語数の削減、大学設置基準の大綱化、
　　「『英語が使える日本人』の育成のための行動計画」―

　文学教材を敬遠する傾向を生み出したと思われる原因は、学習指導要領に記載された「題材の形式」の変化だけに留まらない。第 2 章以降では、コミュニケーション能力育成を目指すようになったことと関連して、オーセンティック教材が注目されるようになり、同教材が狭義に解釈された結果、文学教材が英語教育から除外されるようになった点に注目していく。その前に、ここでは、日本の英語教育のあり方に影響を与えたその他の変革に注目して、文学が英語教育から排除されるようになった経緯を見たい。

まず、学習指導要領に記された授業時間数は、1951年版までは中学校・高等学校とも週5、6時間程度あったが、1977年版では中学校で週3時間制が完全実施となった。さらに新語数も改訂ごとに減った。1951年に中学校・高等学校合わせて6800語程度あった語彙が、1998年版『中学校学習指導要領』および1999年版『高等学校学習指導要領』の体制下では、2700語程度まで削減された(江利川, 2002: 31; 伊村, 2003: 107, 117 参照)。これらの語数で文学作品の原書を読もうとすれば、代表的な作品ではグレイディッド・リーダーズ(graded readers)またはリトール(retold)版用に編集された作品を読むのが精一杯だろう[13]。

次に大学の英語教育に関する変化に目を向けると、1991年に大学審議会が大学設置基準の大綱化を指示し、これに伴って各大学ではカリキュラムが改訂され、「聞く・話す授業」などの「技能別授業」が増えた(田辺, 2004: 526)。また、コミュニケーションという名を冠した学部も増えていった。1995年に東京経済大学で「コミュニケーション学部」が新設されて以来、多種多様な名前をつけたコミュニケーション関連学部が着実に増えていった(Appendix 5 参照)。その一方で、実益が伴わないと見なされがちな文科系の学部が次々と解体された。

日本の英語教育全体に目を向けると、2003年に文部科学省が「『英語が使える日本人』の育成のための行動計画」を示し、「実践的コミュニケーション能力」の育成を目指した英語教育への転換がゆるぎない動きとなった。同行動計画は、「教科書及び教材における工夫の促進」の項で、教科書や教材を選ぶ際には、「実際に使用する活動」を行ない、「実際の言語の使用場面や言語の働き」を考慮する必要があると述べている(文部科学省, 2003)。

このような方針に従った場合、文学教材はどのように扱われるのだろうか。「『英語が使える日本人』の育成のための行動計画」を分析した江利川(2008)によると、同行動計画では、「文学」という言葉は1度も用いられず、「コミュニケーション」という言葉は39回用いられている(江利川, 2008: 84)。江利川(2008)が指摘したように、「『英語が使える日本人』の育成のための行動計画」から「文学」という言葉は消えたが、過去に文部省が英語教育に関する方針を示した時には、「文学」という言葉はむしろ積極的に用い

られていた。一例をあげると、1951年版『中学校・高等学校学習指導要領外国語科英語編(試案)』では、「英語教育課程の目標」を説明する上で、文学に関連した言葉を8回(「文学」を5回、「現代文学」を2回、「英米文学」を1回)使っている。中でも「高等学校英語教育課程の目標」の1つとして、「高等学校卒業生にとって、英語で書かれた標準的な現代文学の作品を読んで鑑賞できるような、『ことば』としての英語の技能および知識を発達させること」があげられ、この目標達成のために詳細な説明が加えられている。具体的には、「このような文学［英語で書かれた標準的な現代文学］を読んで楽しむことができるようになること」、「それぞれの地域社会または国家を越えて、生き方の知識および人生観を広げ、できるかぎり人類の福祉のためにいっそうよく寄与することができるようになること」、「このような技能および知識をもたない場合よりも、効果的に書いて表現することができるようになること」、「英語の特定部門、特に文学またはその他の言語の特定部門を専攻しようとする者にとって、このような技能および知識が、英語においては必要な基礎、その他の言語においては価値ある基礎として、役だつものとなること」と説明されている(文部省, 1951, 『中学校・高等学校学習指導要領 外国語科英語編(試案)』)。一方、同年版の学習指導要領における「英語教育課程の目標」では、「コミュニケーション」という言葉は1度も用いられていない(文部省, 1951, 『中学校・高等学校学習指導要領 外国語科英語編(試案)』)。その後も1970年代に入る以前は、中学校・高等学校学習指導要領で文学に関連する言葉は使われていたが、1970年代に入るとこれらの言葉は徐々に減っていく[14]。

再び「『英語が使える日本人』の育成のための行動計画」を分析した江利川(2008)に戻ると、同行動計画で「文学」という言葉が1度も用いられず、「コミュニケーション」が39回用いられたことは、「日本の英語教育から、国策として文学が一掃されつつある」というような現状を「象徴する数字」だという(江利川, 2008: 84)。「『英語が使える日本人』の育成のための行動計画」で示された方針は、文学がコミュニケーション能力育成を目指す英語教育から排除されていく趨勢を示しているといえるだろう。

以上概観したように、過去20年程度の間に日本の英語教育のあり方を左

右するさまざまな変革が起き、これらが複合的に重なって「文学イジメ」につながった（江利川, 1998: 9 参照）。学習指導要領でコミュニケーション能力の育成が「目標」として打ち出され、「教材」や「題材の形式」から文学教材が減らされ、授業時間数が減り、語彙数が削減され、「実際に使用する」言語活動や「実際の言語の使用場面や言語の働き」を考慮することが推奨された（文部科学省, 2003）。このような状況下で、実用的な英語とは対極的に見える英語で書かれた文学作品は、その価値を十分かつ正当に評価されることなく英語教材から敬遠されることになったのではないか。

　文学教材が、現在、どのように扱われているかについての分析は、教科書の内容を通して第 1 章で検討する。また、文学教材を敬遠する遠因を作ったと思われる時代背景については、より幅広い視点から第 3 章で改めて分析する。

## 7. 本書の構成

　序論では、まず、身近な大学生のアンケート結果に基づき、文学を英語の授業で用いることに対して、彼らが概ね好意的に受け止めていることを示した。その一方で、日本の英語教育が 1980 年代以降、コミュニケーション能力育成重視に変わった背景のもと、文学教材が排除されてきた状況を説明した。さらに日本では、コミュニケーション能力が狭義に解釈され、実用主義と結びついた可能性も指摘した。

　最後に、本書全体の構成と各章で扱う内容を簡潔に示したい。まず本書は、序論、結論の他、7 章から構成されている。第 1 章では、中学校、高等学校、大学の英語教育で用いられてきた教科書を、読解教材を中心に分析する。これらを通して、文学教材が近年あまり用いられていない実情を明らかにしたい。第 2 章では、日本から海外に目を向け、近年、海外の英語教育および外国語教育界で文学教材がどのように扱われているかに注目する。そして、文学教材を日本のように敬遠する国がある一方で、文学教材をコミュニケーション能力育成を目指す語学教育で、オーセンティック教材の 1 つとして活用している国もある点を指摘する。第 3 章では、再び日本国内に目を向

け、コミュニケーション能力育成を目指しながら、日本ではなぜ文学教材をオーセンティック教材として積極的に活用しなかったのか、さまざまな要因を考える。まず、コミュニケーション能力同様、オーセンティック教材の意味が、日本では狭義に解釈されたため、同教材から文学教材が排除されるようになった経緯を説明する。その上で、このように「オーセンティック」教材が解釈されるようになった原因を、時代背景の中に見出していく。

　そして第4・5・6章では、近年の日本の英語教育において、狭い意味での解釈に基づいて「オーセンティック」と見なされてきた題材と、文学の間には接点がある点を明らかにしていく。その際、文学作品に豊かに含まれていると言われてきた3つの特色("literariness"(Carter and Nash, 1990)・creativity・narrativity)を基準にして分析する。

　確かに、このような分析は、結果的に狭義の「オーセンティック」教材使用を促し、かえって文学教材不要論に加担する結果を招くおそれもある。それでも、このような考察を通して本書が強調したい点は、

1. オーセンティック教材という概念が本来の意味で解釈された場合、この概念自体に問題はない。是正すべき点は、オーセンティック教材の概念が狭く解釈された結果、文学が排除されるという極端な事態が生じている点である。(第4・5・6章)
2. 文学に豊かに含まれていると言われてきた3つの特色("literariness"・creativity・narrativity)は、「オーセンティック」教材の題材にも含まれる場合がある。これらの特色は、文学教材と「オーセンティック」教材は対照的な教材ではなく、両者に接点があることを示す。(第4・5・6章)
3. creativity や narrativity を含んだ教材は、コミュニケーション能力育成のための活動に活用しやすい。(第5・6章)
4. 「オーセンティック」教材中心に編纂された英語教科書にも、実際は creativity や narrativity を含んだテクストが選ばれている。しかし、creativity や narrativity を含んだ題材を提供するためには、文学のほうが適切である。なぜならば、文学には「オーセンティック」教材の題材より

も、creativity や narrativity が豊かに含まれているからである。(第5・6章)

5. "literariness" について見れば、この尺度の1つ "re-registration" を基準にすると、「オーセンティック」教材の題材になることが多い雑誌記事の中には、文学を取り込み、その理解を前提として執筆されたものがある。この点を考慮すると、文学を英語教育から排除することは、書き手のメッセージを正しく理解すること、ひいてはコミュニケーション能力を育成する上で、最善の策とは言い難い。(第4章)

6. creativity について見れば、「オーセンティック」教材の題材に含まれる creativity を理解する上で、文学の理解を前提としているものは少なくない。この点は、「オーセンティック」教材の題材として選ばれることが多い、新聞・雑誌記事、広告などを見るとわかる。また、文学作品が creativity の高いテクストである点は周知の事実であるが、近年の文学の中には文字の力を十分に活かしながら、時代に合った creativity のあり方を模索している作品もある。

　元来 creativity をふんだんに含み、「オーセンティック」教材の creativity を理解するための前提になり、新たな creativity のあり方をも模索している文学を、英語教育から排除する事態は是正しなければならない。(第5章)

7. narrativity について見れば、「オーセンティック」教材の題材よりも、文学のほうが narrativity をふんだんに含んでいる場合が多い。文学は、「オーセンティック」教材の題材と比較して、十分に story を展開して、豊かな文脈を作り上げることが多い。しかも、文学は映像や音声といった視聴覚的な要素に頼ることが少なく、文字を中心として narrativity をふんだんに含んだテクストを構成している。この点は、「オーセンティック」教材の題材として選ばれることが多い、新聞・雑誌記事、テレビ・コマーシャル、日常会話などと、文学作品を比較するとわかる。英語教育から文学教材を排除することなく、学習者の状況を十分考慮しながら、オーセンティック教材として活用するべきである。(第6章)

さらに、第7章では、実践例をとおして、以下の点を扱う。

8. "literariness"・creativity・narrativity を豊かに含んだ文学教材を用いて、コミュニケーション能力育成のために多彩な活動を行なうことが可能である。

　第7章の内容を補足すると、まず、従来の文学教材のメリット・デメリットを分析する。さらに、最近の文学教材の特色を踏まえて、どのような方法を用いたらコミュニケーション能力育成を目指す英語教育で文学を活用することができるのか考えていく。その上で、大学、中学校・高等学校で文学教材を活用するための方法を提案する。文学教材は、英語の授業では使いづらいと、見なされる場合もあるだろう。そこで本書最終章では、さまざまな工夫を加えれば、コミュニケーション能力育成を目指す授業で文学をうまく活用できることを示したい。

註
1. 英語教育で文学を使用することに対する意見を聞いたアンケートには、さまざまな質問事項が含まれていた。おもな質問項目は以下のとおりである。

    ・ハンバーガー店での会話例を示し、このような表現を実際に使用したことがあるか否かの、経験を問う質問。さらに、このような表現を学ぶことが将来役立つと思うか否かを聞く質問
    ・大学英語の授業で使うテクストを執筆するとしたら、どのような教材を使用したいか、選択肢をあげて問う質問
    ・脚本が英語で書かれ、英語でせりふが話される映画を見ることが、好きか否かを聞く質問
    ・英語で書かれた小説を読むことが好きか否かを問う質問
    ・英語で書かれたホーム・ページを見るのが好きかどうかを聞く質問
    ・英語で書かれた雑誌や、新聞を読むことが好きか否かを問う質問
    ・英語を学ぶ目的や理由を、選択肢をあげて問う質問

　以上のような項目の中に、文学教材に関する質問を入れた。結果、アンケートに回答

した学生は、文学教材に関する質問だけを受けたという意識を、もたなかったと思われる。

2. 2008年から2011年にかけて筆者が行なった英語関連の授業では、文学教材とそれ以外の教材をほぼ同程度の割合で用いた。担当科目の性質上、文学教材が全く含まれていない教材を用いた場合(各年度のコミュニケーション演習、および2010年度のReading)もあり、このような場合は補助教材として文学を適宜導入した。参考までに、アンケートに回答した学生が受講した科目名と、それぞれの授業で用いた主たるテクスト名をあげておく。

| 年度 | 科目名 | 主たる使用テクスト |
|---|---|---|
| 2008 | Reading | Bushell, Brenda, and Brenda Dyer. (2004). *Global Outlook 2: Advanced Reading*. International ed. New York: McGraw-Hill/Contemporary. |
| | コミュニケーション演習 | Yamazaki, Tatsuroh, and Stella M. Yamazaki. (2008). *What's on Japan 2: NHK BS English News Stories*. Tokyo: Kinseido. |
| 2009 | Reading | Bushell, Brenda, and Brenda Dyer. (2004). *Global Outlook 2: Advanced Reading*. International ed. New York: McGraw-Hill. |
| | コミュニケーション演習 | Yamazaki, Tatsuroh, and Stella M. Yamazaki. (2009). *What's on Japan 3: NHK BS English News Stories*. Tokyo: Kinseido. |
| 2010 | Reading | Pauk, Walter. (2002). *Six-Way Paragraphs: Middle Level*. International ed. New York: McGraw-Hill/Contemporary. |
| | コミュニケーション演習 | Yamazaki, Tatsuroh, and Stella M. Yamazaki. (2010). *What's on Japan 4: NHK BS English News Stories*. Tokyo: Kinseido. |
| 2011 | Reading | *Signature Reading: Level G*. (2005). New York: McGraw-Hill Glencoe. |
| | コミュニケーション演習・英語コミュニケーション* | Yamazaki, Tatsuroh, and Stella M. Yamazaki. (2011). *What's on Japan 5: NHK BS English News Stories*. Tokyo: Kinseido. |

*2011年度は、2つの大学で「コミュニケーション演習」と「英語コミュニケーション」の授業をそれぞれ担当した(使用テクストは同一)

3. 学生の意見を聞く際は、同じ形式の質問をすべての年度で使用することが望ましいだろう。しかし、2008年度と2009年度のアンケートに対する回答を分析した結果、回答選択式項目も質問事項に含めたほうがよいと判断した。なぜならば、アンケートを

集計する際、「1) 英語教育で文学教材を使用することに対して、大いに賛成、もしくは賛成する立場から述べた意見」、「2) 英語教育で文学教材を使用することに対して、あまり賛成しない、もしくは賛成しない立場から述べた意見」、「3) 英語教育で文学教材を使用することに対して、どちらともいえないという立場から述べた意見」の3項目に、学生の意見を分類したが、分類にあたって筆者の主観が入る可能性が否めなかったためである。また、無回答(白紙)を防ぐ目的も、回答選択式項目を新たに加えた理由である。2008年度と2009年度のアンケートでは、計15名が無回答だった。一方、2010年度と2011年度に回答選択式項目を加えた結果、この形式の質問にはすべての学生が回答した(回答記述式項目には、計13名が無回答)。さらに、Dörnyei (2007)は、回答選択式項目は、回答者の意見の"an overview"を理解し、回答記述式項目は、"graphic examples, illustrative quotes"を把握する上で役立つと説明している (Dörnyei, 2007: 105; 107)。これらを踏まえた結果、2010年度と2011年度では、両形式の質問項目を併用することが望ましいと判断した。

　2008年度と2009年度に実施したアンケートは、結果的にパイロット・テスト(pilot testing)にあたるといえるだろうが、文学教材を英語教育に使う上で参考になるさまざまな回答が出されたため、本書では両年度のアンケート結果も提示する。

4. 今回のようなアンケート調査は、薬袋(2009c)も実施している。薬袋(2009c)は、英語リーディングの題材として7項目(①雑誌記事、②新聞記事、③小説、④専門の論文、⑤本の抜粋、⑥実験の説明、⑦インターネット上の情報記事)をあげ、各々を読みたいと思うか読みたくないと思うか、二者択一方式で回答させるアンケートを行なった。それによると、回答者の大学1、2年生・全694名のうち、文科系の学生の67%、理科系の55%が、リーディング教材として小説を読みたいと答えたという。薬袋(2009c)もまた、文学教材の1つである小説に対して大学生が否定的とは言えない反応を示した例といえるだろう。

5. 本書で大学という場合、短期大学を含めた高等教育機関を指す。

6. 本書で「外国語」とカギカッコつきで示す場合、学習指導要領に記された科目としての外国語を指す。

7. この座談会は、1998年版『中学校学習指導要領』が施行される直前の2002年1月に行なわれ(平田, 菅, 古賀, 森住, 新里, 渡邉, 2002: 26)、第2次世界大戦後の日本の外国語教育政策にまつわる問題点がさまざまな角度から論じられた。話題が中学校・高等学校の学習指導要領に及んだ際、渡邉は本書で引用した発言をしている。

　なお、この座談会の出席者と当時(2002年1月27日)の肩書きは次のとおりである。平田和人(文部科学省教科調査官)、菅正隆(大阪府教育センター指導主事)、古賀範理(久留米大学教授、元文部省教科書調査官)、森住衛(桜美林大学大学院教授)、新里眞

男(富山大学教授、元文部省教科調査官)、渡邉時夫(信州大学教授)
　(平田,菅,古賀,森住,新里,渡邉, 2002: 7)参照。
8. 「言語の使用場面の例」および「言語の働きの例」は、『高等学校学習指導要領』でも1999年版から明示されるようになった。序論6.1も参照。
9. 1998年版『中学校学習指導要領』では、言語の使用場面や言語の働きの例が次のように例示されている。

　〔言語の使用場面の例〕
　a　特有の表現がよく使われる場面
　　・あいさつ
　　・自己紹介
　　・電話での応答
　　・買い物
　　・道案内
　　・旅行
　　・食事　など
　b　生徒の身近な暮らしにかかわる場面
　　・家庭での生活
　　・学校での学習や活動
　　・地域の行事　など

　〔言語の働きの例〕
　a　考えを深めたり情報を伝えたりするもの
　　・意見を言う
　　・説明する
　　・報告する
　　・発表する
　　・描写する　など
　b　相手の行動を促したり自分の意志を示したりするもの
　　・質問する
　　・依頼する
　　・招待する
　　・申し出る
　　・確認する

　　　　・約束する

　　　　・賛成する／反対する

　　　　・承諾する／断る　など

　　　c　気持ちを伝えるもの

　　　　・礼を言う

　　　　・苦情を言う

　　　　・ほめる

　　　　・謝る　など

（文部省, 1998,『中学校学習指導要領』）

10. 2008年版『中学校学習指導要領』では、言語の使用場面や言語の働きの例が次のように例示されている。

〔言語の使用場面の例〕
　　a　特有の表現がよく使われる場面
　　　・あいさつ
　　　・自己紹介
　　　・電話での応答
　　　・買物
　　　・道案内
　　　・旅行
　　　・食事　など
　　b　生徒の身近な暮らしにかかわる場面
　　　・家庭での生活
　　　・学校での学習や活動
　　　・地域の行事　など

〔言語の働きの例〕
　　a　コミュニケーションを円滑にする
　　　・呼び掛ける
　　　・相づちをうつ
　　　・聞き直す
　　　・繰り返す　など
　　b　気持ちを伝える
　　　・礼を言う

・苦情を言う

　・褒める

　・謝る　など

c　情報を伝える

　・説明する

　・報告する

　・発表する

　・描写する　など

d　考えや意図を伝える

　・申し出る

　・約束する

　・意見を言う

　・賛成する

　・反対する

　・承諾する

　・断る　など

e　相手の行動を促す

　・質問する

　・依頼する

　・招待する　など

（文部科学省, 2008a,『中学校学習指導要領』）

11. 1999年版『高等学校学習指導要領』で示された「言語の使用場面の例」と「言語の働きの例」は次のとおりである。


［言語の使用場面の例］

（ア）　個人的なコミュニケーションの場面:

　　電話、旅行、買い物、パーティー、家庭、学校、レストラン、病院、インタビュー、手紙、電子メールなど

（イ）　グループにおけるコミュニケーションの場面:

　　レシテーション、スピーチ、プレゼンテーション、ロール・プレイ、ディスカッション、ディベートなど

（ウ）　多くの人を対象にしたコミュニケーションの場面:

　　本、新聞、雑誌、広告、ポスター、ラジオ、テレビ、映画、情報通信ネットワークなど

（エ）　創作的なコミュニケーションの場面：
　　　　朗読、スキット、劇、校内放送の番組、ビデオ、作文など

　［言語の働きの例］
　　（ア）　人との関係を円滑にする：
　　　　呼び掛ける、あいさつする、紹介する、相づちを打つ、など
　　（イ）　気持ちを伝える：
　　　　感謝する、歓迎する、祝う、ほめる、満足する、喜ぶ、驚く、同情する、苦情を言う、非難する、謝る、後悔する、落胆する、嘆く、怒る、など
　　（ウ）　情報を伝える：
　　　　説明する、報告する、描写する、理由を述べる、など
　　（エ）　考えや意図を伝える：
　　　　申し出る、約束する、主張する、賛成する、反対する、説得する、承諾する、拒否する、推論する、仮定する、結論付ける、など
　　（オ）　相手の行動を促す：
　　　　質問する、依頼する、招待する、誘う、許可する、助言する、示唆する、命令する、禁止する、など

（文部省, 1999b,『高等学校学習指導要領』）

12. 2009年版『高等学校学習指導要領』で示された「言語の使用場面の例」と「言語の働きの例」は次のとおりである。

　［言語の使用場面の例］
　　a　特有の表現がよく使われる場面：
　　　・買物・旅行・食事・電話での応答・手紙や電子メールのやりとりなど
　　b　生徒の身近な暮らしや社会での暮らしにかかわる場面：
　　　・家庭での生活・学校での学習や活動・地域での活動
　　　・職場での活動など
　　c　多様な手段を通じて情報などを得る場面：
　　　・本、新聞、雑誌などを読むこと・テレビや映画などを観ること
　　　・情報通信ネットワークを活用し情報を得ることなど

　［言語の働きの例］
　　a　コミュニケーションを円滑にする：
　　　・相づちを打つ・聞き直す・繰り返す・言い換える・話題を発展させる・話題を変

えるなど
　b　気持ちを伝える：
　　・褒める・謝る・感謝する・望む・驚く・心配するなど
　c　情報を伝える：
　　・説明する・報告する・描写する・理由を述べる・要約する・訂正するなど
　d　考えや意図を伝える：
　　・申し出る・賛成する・反対する・主張する・推論する・仮定するなど
　e　相手の行動を促す：
　　・依頼する・誘う・許可する・助言する・命令する・注意を引くなど

（文部科学省, 2009,『高等学校学習指導要領』）

13. 使用語彙2700語程度だと、グレイディッド・リーダーズのOxford Bookwormsシリーズの Stage 6、Penguin Readers の Level 5 を読むことができるレベルである。前者のシリーズは、全6レベル、後者は6レベルに分かれている。リトールド版とその使用語彙数に関しては、古川, 神田, 小松, 畑中, 西澤 (2005) に詳しい。

14. 1951年版『中学校・高等学校学習指導要領　外国語科英語編(試案)』後の1958年版『中学校学習指導要領』では、「目標」の部分に「文学」および文学教材に関連する言葉は用いられていないが、その他の箇所で「劇」3回、「詩」2回、「物語」6回が用いられている (文部省, 1958,『中学校学習指導要領』)。一方、同学習指導要領では、「コミュニケーション」という言葉は1度も使われていない (文部省, 1958,『中学校学習指導要領』)。1960年版『高等学校学習指導要領』の「目標」でも、「文学」および文学教材に関する言葉は用いられていないが、その他の箇所で「小説」3回、「劇」6回、「詩」3回、「物語」4回が用いられている (文部省, 1960,『高等学校学習指導要領』)。一方、同学習指導要領では、「コミュニケーション」という言葉は1度も使われていない (文部省, 1960,『高等学校学習指導要領』)。1970年代以降に告示された学習指導要領で文学がどのように扱われてきたかについては、序論も参照。

# 第1章
# コミュニケーション能力育成を目指す英語教育と文学教材
―中学校、高等学校、大学の読解教材を中心に―

　序論では、「外国語で積極的にコミュニケーションを図ろうとする態度」の育成から「実践的コミュニケーション能力」育成へと日本の英語教育のおもな目標が定められていくに従って、コミュニケーション能力が狭い実用主義と結びついた可能性を示した。さらに、この時期は文学教材が英語教育から敬遠されるようになった時期と重なった点も指摘した。

　第1章では、中学校、高等学校、大学の英語教育で用いられてきた教材を、読解教材を中心に分析する。この分析を通して、1980年代頃から2000年代にかけて文学教材が敬遠されてきた状況を具体的に示し、現在どのような教材が多く用いられているのか明らかにしたい。

## 1. 中学校の英語教科書と文学教材―読解教材を中心に―

　周知のとおり、中学校では「文部科学省の検定を経た教科書（文部科学省検定済教科書）」（以降、検定教科書と略）と、「文部科学省が著作の名義を有する教科書（文部科学省著作教科書）」が用いられ、これらは学習指導要領などの基準をもとに著作・編集されている（文部科学省, 2011）[1]。本節では、コミュニケーション能力育成を英語教育の目標に据えてから、中学校英語検定教科書がどのように変化していったのか、その状況を文学教材に焦点を当てながら論じたい[2]。

　中学校英語検定教科書の多くは、1993年版以降外観が大きく変わった。外観の変化は、図1.1の例からも明らかであろう。

出典:(太田, 伊藤, 日下部, 他, 1977: 1; 原典1色刷)

出典:(笠島, 浅野, 下村, 牧野, 池田, 他, 2006a: 10–11; 原典カラー印刷)

図1.1 *New Horizon English Course 1*（1977）と *New Horizon English Course 1*（2006）

図 1.1 の新旧教科書の比較からもわかるように、従来の教科書のサイズは 148mm×210mm が多かったが、新たに 182mm×257mm の大判サイズに変更された。さらに、以前は白黒の挿絵が多く使われていたが、近年はカラー写真や漫画風のイラストがふんだんに取り入れられるようになった。

それでは、いくつかの具体例を通して、中学校英語検定教科書から文学教材が減少していった様子を見たい。最初の例は、*New Crown* シリーズ（三省堂）である。このシリーズは、1978 年から 1990 年の間に 5 回改訂されたが、どの版でも第 3 学年用の教科書でオー・ヘンリー（O. Henry）の短編 "The Gift of the Magi" を正課の 1 つで扱ってきた（中村, 若林, 他, 1978, 1981, 1984; 中村, 若林, 森住, 他, 1987, 1990）[3]。

出典:（中村, 若林, 他, 1978: 26–27; 原典 1 色刷）

図 1.2 *The New Crown Series 3*, Lesson 4
オー・ヘンリーの作品を用いた教材

ところが、1993 年版 *New Crown English Series 3* になってから、上に見るようなオー・ヘンリーの短編は姿を消し、正課から文学教材が消えた。それでも、"Let's Read" と称した正課以外の読み物の箇所では、サン・テグジュペリ（Antoine de Saint-Exupéry）の *Le Petit Prince* の英訳版が採用され、教科書全体から見ると文学がまだ題材として選ばれていた（森住, 他, 1993）。

ここで同時期に出版された *New Crown* シリーズ以外の教科書も見よう。宮﨑(1996)も指摘するように、1993年版他社の中学校英語検定教科書にも、まだ相当数の文学教材が用いられていた。特に *New Total English* シリーズ(秀文出版)には文学作品が目白押しで、*New Total English 2* の正課にはポター(Beatrix Potter)作 *The Tale of Peter Rabbit* や、イソップ物語、木下順二『夕鶴』の英訳版、モンゴメリ(L.M. Montgomery)の *Anne of Green Gables* を基にした読み物、巻末の読み物にはナイト(Eric Knight)の *Lassie Come-Home* が載っていた。*New Total English 3* でも、正課に *The Tale of Peter Rabbit* 関連の読み物、宮沢賢治『銀河鉄道の夜』英訳版、*The Arabian Nights* の抜粋、巻末にはシェイクスピア(William Shakespeare)の *Romeo and Juliet* が6頁を割いて掲載されていた(中島, 宮内, 松浪, Goris, 他, 1993a; 中島, 宮内, 松浪, Goris, 他, 1993b 参照)。

再び *New Crown* シリーズに話を戻そう。1997年版 *New Crown English Series 3* では、サン・テグジュペリの作品が"Let's Read"のコーナーから外された。そして1990年代後半から2000年代にかけての版では、会話形式で書かれた教材がますます増加した一方で、文学教材は正課以外の補足的な箇所へ追いやられていった。たとえば2002年版 *New Crown English Series 3* は、*Mother Goose's Melody* 1編を発音コーナーで扱う程度になった(森住, 他, 2002)。この傾向は2006年版にも引き継がれ、*New Crown English Series 3* の正課の教材として文学は含まれない一方で、インタビュー、旅行、演説、ジェスチャーなどに関する教材が選ばれた(高橋, 他, 2006)。

1993年版の教科書を1つの転機として、現在に至るまで、*New Crown* シリーズには身近な話題を日常的な英語で書いた教材が増加した。先の図1.2と次の図1.3を比較すると明らかなように、文学教材を積極的に採用していた時代と比べて、最近は見た目も内容も大きく異なった教材が盛んに用いられるようになった。

このような傾向は *New Crown* シリーズだけに留まらず、中学校検定教科書全般にあてはまる特色であり、江利川(2008)も指摘するように、文学教材は確実に「片隅に追いやられ」ていった(江利川, 2008: 82)。先に言及した *New Total English* シリーズは、多くの文学教材を載せていた1993年版が大

第 1 章 コミュニケーション能力育成を目指す英語教育と文学教材　37

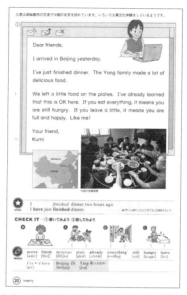

出典:（高橋, 他, 2006: 20; 原典カラー印刷）

図 1.3　*New Crown English Series 3*, Lesson 3
　　　　e-mail を用いた教材

きく発行部数を落とし、これをきっかけとして出版社が倒産した（江川, 1999）。そして、*Total English* というシリーズ名が別の出版社に引き継がれて以降、同シリーズは日常的な題材満載の教科書に様変わりした。

　これまで考察したように、中学校英語検定教科書の多くが、1993 年版以降大きく外観を変えながら内容面でも徐々に変更を加え、1990 年代後半から 2000 年代初頭にかけて文学教材減少に拍車がかかったと言えるだろう。

　1993 年といえば、序論 5. でふれたように、1989 年版『中学校学習指導要領』が施行された年である。この学習指導要領では「コミュニケーション」という言葉は使ったものの、次の 1998 年版『中学校学習指導要領』のように「実践的コミュニケーション能力」の旗印のもと、「言語の使用場面の例」や「言語の働きの例」が具体的に示されていなかった（文部省, 1998,『中学校学習指導要領』）。このような状況を考えると、1990 年代前半は、中学校英語教科書の中の文学教材にとって、言わば過渡期にあたる時期だったのではないだ

ろうか。

　本節では、中学校英語検定教科書に焦点を当て、コミュニケーション能力育成を目標にした体制下で、文学教材が徐々に減少していった経緯を見た。次節では、高等学校の英語科目の1つ「リーディング」で用いられている教科書に注目して、文学教材が近年どのように扱われてきたのか確認したい。

## 2. 高等学校の英語教科書と文学教材
　　―「リーディング」を中心に―

　『高等学校学習指導要領』で示された科目を教える際、原則として検定教科書が用いられており、これらは学習指導要領に従って執筆・編纂されている(文部科学省, 2011)。1989年版『高等学校学習指導要領』以降、英語教育はコミュニケーション能力育成に主眼を置くようになったが、この体制下で文学教材はどのように扱われてきたのだろうか。従来、この点に注目した研究は多いとは言い難い(山内, 1993; 室井, 2006; 江利川, 2008; 西原, 2012など)。

　たとえば室井(2006)は、1989年版『高等学校学習指導要領』のもとで使用された英語検定教科書と、1999年版『高等学校学習指導要領』のもとで使用された教科書を比較した[4]。複数ある英語関連科目のうち、室井(2006)が着目した科目は「英語Ⅰ」と「英語Ⅱ」である。室井(2006)は、この2科目で使用された教科書を分析する際、各教科書の正課で扱われた題材に注目した。その結果、1999年版学習指導要領のもとで出版された教科書では、「芸術・文学」を扱った課が「24%から15%に減少」したと分析している(室井, 2006: 26)。さらに、「グローバルなテーマ」が増加した一方で、「文学や芸術に割くページがあまりにも減りすぎた」と指摘している。その上で室井(2006)は、「文学作品は生徒に情緒面の豊かさを与え、ことばの妙を教えてくれる、なくてはならない分野である」ため、近年の文学教材離れに対して危機感を抱いている(室井, 2006: 27)。

　室井(2006)の研究は、文学や芸術を扱った教材が「英語Ⅰ」と「英語Ⅱ」の教科書から減少したことを指摘した点で興味深いが、全体的な傾向を示す域に留まっている。そこで以下では、高等学校英語検定教科書で用いられて

いる教材をより具体的に調べ、文学教材の位置を確かめたい。

1999年版『高等学校学習指導要領』は、6つの英語関連科目を設けている[5]。各科目名と、2011年度用に出版された教科書の出版状況は表1.1が示すとおりである。

表1.1　高等学校の英語関連科目と教科書の出版状況(2011年度)

| 科目名 | 発行社数 | 教科書の種類* |
| --- | --- | --- |
| オーラル・コミュニケーションⅠ | 16 | 20 |
| オーラル・コミュニケーションⅡ | 5 | 6 |
| 英語Ⅰ | 16 | 36 |
| 英語Ⅱ | 16 | 36 |
| リーディング | 15 | 28 |
| ライティング | 16 | 23 |

出典: 渡辺(2011)をもとに筆者が作成
＊1つの発行社が複数の教科書を出版する場合を含む

上の科目のうち、本節では「リーディング」に注目したい。なぜならば、英語教育で文学教材を用いる際、テクストを読むことは欠かせない行為といえるが、「リーディング」も英文を読む行為を中心にして、コミュニケーション能力育成を目指している科目だからである[6]。加えて、「英語Ⅰ」・「英語Ⅱ」については室井(2006)が、「英語Ⅰ」は西原(2012)が、「英語Ⅱ」は山内(1993)が、それぞれ本書とは別の角度から分析対象にしているが、「リーディング」に関する目立った研究はこれまでになされていない点も、本書でこの科目を扱う理由である。

すでに序論6.1でふれたように、1999年版『高等学校学習指導要領』では、題材の形式が「説明文、対話文、物語、劇、詩、手紙など」と規定された。併せて、この指導要領では「言語の使用場面の例」と「言語の働きの例」が具体的に示され、日常的な題材が多く例示された(文部省, 1999b,『高等学校学習指導要領』)。このような学習指導要領に則った「リーディング」の教科書で、文学教材はどのように扱われているのだろうか。

次に示す表 1.2 では、2011 年度用「リーディング」の教科書 28 冊をシェアの高い順に並べ、出版社名、教科書名、出版年、総頁数、正課の総数、正課で用いられている文学教材の数と内容、正課以外で用いられている文学教材の内容を示した。なお、シェアに関する情報は渡辺(2011)に依っている。また、この表で文学教材として分類した教材は、序論 4. で示した文学教材の定義をもとに、各教科書会社が示した資料(教科書の目次、教師用指導書、シラバスなど)も参考にして分類した。

それでは、次の表(No. 1 〜 No. 8)から明らかになる点を示したい[7]。28 冊出版されている「リーディング」用教科書にある正課の総数は 496 課で、そのうち 61 課(およそ 12.3％)が文学教材を使用している。文学教材の内訳を見ると、英米文学史上著名な作家の作品は多く用いられているとは言えない。たとえば、ダール(Roald Dahl)の小説(次表出版社名 No. 8)、オー・ヘンリーの短編 2 作品(Nos. 6, 18)、モーム(Somerset Maugham)の短編 1 作品(No. 18)、シェイクスピア劇の 1 作品(No. 23)、そしてワイルド(Oscar Wilde)の短編 1 作品(No. 7)が見られる程度である。映画に関連した課の数は 11 にのぼり、この中には文学作品を映画化した作品も含まれている。神話や昔話などを扱った課は 8 つあり、それとは別に 4 つの課で日本文学の英訳版を使用している。

また、5 種の教科書(Nos. 2, 5, 13, 17, 20)が文学教材を正課で用いていない。各教科書のシェアを考慮すると、上位 5 冊の中で 2 冊が正課で文学教材を用いていないことになる。その一方で、*Crown English Reading New Edition*(シェア 2 位)では、"Short Story" と "Rapid Reading" と称した箇所で文学教材 6 種を採用している。*Revised Polestar Reading Course*(シェア 5 位)でも、見返し部分で俳句を、"Further Reading" と "Active Reading" と銘打った場所で短編と詩を取り入れている。同様の傾向は他社の教科書にも見られ、正課以外の場所で文学教材が散見される。とは言っても、ほとんどの教科書が "Rapid Reading"、"Further Reading"、"Supplementary Reading"、"Extra Reading" や "Optional Reading" といった名目で文学教材を採用しているばかりか、見返し部分に文学作品を印刷している場合もある。このように正課以外で文学を用いるという事実から透けて見えることは、あくまでも生徒の

表1.2 高等学校「リーディング」用教科書と文学教材(No. 1)

| 出版社名 | 書名とシェア* | 出版年 | 総頁 | 正課 | | 正課以外で使用されている文学教材 |
|---|---|---|---|---|---|---|
| | | | | 総数 | 文学教材を使用した正課の数と作品名(カッコ内は分類名) | 使用されている箇所名と作品名(カッコ内は分類名) |
| 1) 啓林館 | *Element English Reading Reading Skills Based* 10.7% | 2009 | 136 | 20 | 1<br>・*The Dictator* (movie) | ・Poem: Unknown author, "A Thousand Winds" (poem)<br>・Rapid reading: Roald Dahl, "The Umbrella Man" (short story)<br>・Inside cover: Bette Midler, "The Rose" (song) |
| 2) 三省堂 | *Crown English Reading New Edition* 10.5% | 2009 | 212 | 12 | 0 | ・Short Story 1: Hoshi Shinichi, "The Pillow" (short story)<br>・Short Story 2: Saint-Exupéry, *Le Petit Prince* (novel; English translation)<br>・Short Story 3: Eric Brotman, "Revenge" (short story)<br>・Rapid reading 1: Jake Allsop, "All Those Noughts" (short story)<br>・Rapid reading 2: Murakami Haruki, "On seeing 100% Perfect Girl One Beautiful April Morning" (short story)<br>・Rapid reading 3: Lafcadio Hearn, "Reflections" (short story) |
| 3) 数研出版 | *Big Dipper Reading Course* 7.1% | 2009 | 160 | 21 | 1<br>・Corey Kilgannon, "Ending the Silence" (short story) | ・A song is introduced between lessons: Billy Joel, "Just the Way You Are" |
| 4) 第一学習社 | *Vivid Reading New Edition* 6.5% | 2008 | 176 | 20 | 1<br>・Jack Canfield, "Delayed Delivery" (short story) | None |

表1.2 高等学校「リーディング」用教科書と文学教材(No. 2)

| 出版社名 | 書名とシェア* | 出版年 | 総頁 | 正課 | | 正課以外で使用されている文学教材 |
|---|---|---|---|---|---|---|
| | | | | 総数 | 文学教材を使用した正課の数と作品名(カッコ内は分類名) | 使用されている箇所名と作品名(カッコ内は分類名) |
| 5) 数研出版 | *Revised Polestar Reading Course* 6.2% | 2008 | 184 | 12 | 0 | ・Inside cover: Matsuo Basho (Haiku)<br>・Further Reading 1: Antoinetto Moses, "The Shivering Mountain" (short story)<br>・Active Reading 2: Robert L. Stevenson, "A Child's Garden of Verses" (poem) |
| 6) 三省堂 | *Orbit English Reading New Edition* 4.9% | 2008 | 160 | 26 | 8<br>・"The Bear and the Travelers" (Aesop's fable)<br>・*An Appointment with Death* (folktale; retold by W. Somerset Maugham)<br>・"The King and His Soldier" (folktale)<br>・"Cashier Defeats Gunman" (short story)<br>・Hoshi Shinichi, "The Capricious Robot" (short story)<br>・O. Henry, "I Have Never Seen You Before" (short story)<br>・Keith S. Folse, "The Day I Met My Mother" (short story)<br>・Kate Morley, "The Last Fan" (short story) | None |

表1.2 高等学校「リーディング」用教科書と文学教材(No. 3)

| 出版社名 | 書名とシェア* | 出版年 | 総頁 | 正課 総数 | 正課 文学教材を使用した正課の数と作品名(カッコ内は分類名) | 正課以外で使用されている文学教材 使用されている箇所名と作品名(カッコ内は分類名) |
|---|---|---|---|---|---|---|
| 7)桐原書店 | Pro-vision English Reading New Edition 4.9% | 2008 | 180 | 12 | 2 ・Peter Viney and Karen Viney, "See the Light" (short story) ・Oscar Wilde, "The Model Millionaire" (short story) | ・Supplementary Reading: Ernest Hemingway, "A Day's Wait" (short story) |
| 8)東京書籍 | Power on English Reading 4.7% | 2009 | 160 | 19 | 4 ・Steve (folktale) ・Twelve Angry Men (movie) ・The Audition (based on the movie Little Dancer) ・Roald Dahl, Charlie and the Chocolate Factory (novel, movie) | ・Inside cover: Kurikindi (folktale); "Do Not Stand at My Grave and Weep" (poem) |
| 9)文英堂 | New Edition Surfing English Reading 4.3% | 2009 | 136 | 25 | 2 ・"Lala Goes to Germany" (short story) ・David J. Smith, "If the World Were a Village of 100 People" (poem) | ・For Reading: Alex Shearer, The Great Blue Yonder (novel) |
| 10)文英堂 | New Edition Powwow English Reading 4.2% | 2009 | 160 | 12 | 4 ・Lena's Summer (Based on Ann Brashares's novel The Sisterhood of the Traveling Pants) ・Goal! (movie) ・Michael Morpurgo, The Best Christmas Present in the World (novel) ・Seize the Day (movie) | None |

表1.2 高等学校「リーディング」用教科書と文学教材(No. 4)

| 出版社名 | 書名とシェア* | 出版年 | 総頁 | 正課 総数 | 正課 文学教材を使用した正課の数と作品名(カッコ内は分類名) | 正課以外で使用されている文学教材 使用されている箇所名と作品名(カッコ内は分類名) |
|---|---|---|---|---|---|---|
| 11)三省堂 | Exceed English Reading New Edition 4.1% | 2009 | 158 | 19 | 4 ・Sei Shônagon, The Pillow Book (poetic writing) ・"Little Tern" (Based on Brooke Newman's modern fable The Little Tern: A Story of Insight) ・Across the Sea (movie) ・It Could Happen to You (movie) | ・3 poems are introduced between lessons: Julia A. Carney, "Little Things" Langston Hughes, "Dreams" William Blake, "To See a World in a Grain of Sand" |
| 12)第一学習社 | Voyager Reading Course New Edition 3.4% | 2008 | 192 | 14 | 3 ・"The Drawers" (based on J. Finney's short story "The Love Letter") ・"Miep Gies—A Dangerous Secret" (short story, based on Anne Frank's Diary) ・F. Furcolo, "The Letter" (short story) | ・Supplementary Reading: Ernest Hemingway, The Old Man and the Sea (novel) ・Inside cover: Robert Frost, "Stopping by Woods on a Snowy Evening" (poem) |
| 13)啓林館 | Element English Reading 3.3% | 2008 | 168 | 12 | 0 | ・Inside cover: Robert Frost, "The Road Not Taken" (poem) ・Extra reading: Pearl Buck, "Christmas Day in the Morning" (short story) |

表1.2 高等学校「リーディング」用教科書と文学教材（No. 5）

| 出版社名 | 書名とシェア* | 出版年 | 総頁 | 総数 | 正課 文学教材を使用した正課の数と作品名（カッコ内は分類名） | 正課以外で使用されている文学教材 使用されている箇所名と作品名（カッコ内は分類名） |
|---|---|---|---|---|---|---|
| 14）桐原書店 | World Trek English Reading New Edition 3.1% | 2009 | 160 | 12 | 3<br>・Balladonna Richuitti, "The Favorite Vase" (short story)<br>・Phillip Hoose, "Justin Lebo" (short story)<br>・Ruth Vander Zee, *Erika's Story* (novel) | ・Rapid Reading 1: Hoshi Shinichi, "The Flowers and the Secret" (short story)<br>・Rapid Reading 3: C.S. Lewis, *The Chronicles of Narnia* (novel, movie)<br>・Inside cover: Ben E. King, et al. "Stand by Me" (song) |
| 15）増進堂 | Mainstream Reading Course Second Edition 3.1% | 2009 | 184 | 12 | 2<br>・"Days with Rose" (short story; based on Amanda McBroom's song, "The Rose")<br>・"The Symphony of Friendship" (short story; quoted from Japanese homepage) | ・Optional Reading 2: Rod Serling, "The Shelter" (short story)<br>・Inside cover: Bob Thiele and George David Weiss, "What a Wonderful World" (song) |
| 16）東京書籍 | Prominence English Reading 3.0% | 2008 | 168 | 10 | 2<br>・Paul Sullivan, "The Cellist of Sarajevo" (short story)<br>・*Twelve Angry Men* (movie) | ・Supplementary Reading 1 and 3: Bernard Malamud, "A Summer's Reading" (short story) / Helen Fielding, *Bridget Jones's Diary* (novel)<br>・Inside cover: Stevie Wonder's Song |
| 17）文英堂 | New Edition Unicorn English Reading 2.9% | 2009 | 176 | 10 | 0 | ・Supplementary Reading: Truman Capote, "A Christmas Memory" (short story) |

表1.2 高等学校「リーディング」用教科書と文学教材（No. 6）

| 出版社名 | 書名とシェア* | 出版年 | 総頁 | 総数 | 正課 文学教材を使用した正課の数と作品名（カッコ内は分類名） | 正課以外で使用されている文学教材 使用されている箇所名と作品名（カッコ内は分類名） |
|---|---|---|---|---|---|---|
| 18）池田書店 | Revised Edition Daily English Reading 2.7% | 2009 | 160 | 38 | 3<br>・O. Henry, "The Safe" (short story)<br>・Hoshi Shinichi, "The Capricious Robot" (short story)<br>・Somerset Maugham, "The Luncheon" (short story) | ・Inside cover: Gray Matter, "Don't Be Afraid to Fail" (song) |
| 19）池田書店 | Revised Edition New Stage English Reading 2.2% | 2008 | 160 | 39 | 2<br>・"What Is Friendship?" (Aesop's fable)<br>・David J. Smith, "If the World Were a Village of 100 People" (poem) | ・Inside cover: Kuwata Keisuke, "Ellie My Love" (song); Benny Andersson and Bjorn Ulvaeus, "Thank You for the Music" (song) |
| 20）大修館書店 | Genius English Readings Revised 2.0% | 2008 | 160 | 10 | 0 | ・Supplementary Reading 2: Oscar Wilde, "The Model Millionaire" (short story)<br>・Supplementary Reading 3: Murakami Haruki, *Norwegian Wood* (novel)<br>・Inside cover: Sandra Lewis Pringle, "If I Could Catch a Rainbow" (poem); unknown author, "A Smile" (poem) |
| 21）増進堂 | New Stream Reading Course Second Edition 1.8% | 2009 | 176 | 28 | 3<br>・*The Lion King* (play, movie)<br>・Rod Serling, "The Shelter" (short story)<br>・"The Life Machine" (short story; based on Michael Reed, "Three Scores and Ten") | None |

表 1.2　高等学校「リーディング」用教科書と文学教材（No. 7）

| 出版社名 | 書名とシェア* | 出版年 | 総頁 | 正課 総数 | 正課 文学教材を使用した正課の数と作品名（カッコ内は分類名） | 正課以外で使用されている文学教材 使用されている箇所名と作品名（カッコ内は分類名） |
|---|---|---|---|---|---|---|
| 22) 三友社 | Cosmos Reading　1.1% | 2009 | 154 | 10 | 1<br>・Miyazawa Kenji, "The Nighthawk Star" (children's story) | ・A poem and songs are introduced between lessons: Unknown author, "Little by Little" (poem); Queen, "I Was Born to Love You" (song); Bette Midler, "The Rose" (song)<br>・Rapid reading: William Saroyan, "The Summer of the Beautiful White Horse" (short story)<br>・Rapid reading: Arnold Bennett, "News of the Engagement" (short story) |
| 23) 旺文社 | Planet Blue Reading Navigator Revised Edition　0.8% | 2008 | 162 | 27 | 3<br>・"The Bear and the Crow" (fable)<br>・"A Long Walk Home" (short story; from Chicken Soup for the Teenage Soul)<br>・William Shakespeare, Romeo and Juliet (play, movie) | ・Supplementary Reading 2: Kurt Vonnegut, "Long Walk to Forever" (short story) |
| 24) 教育出版 | Magic Hat English Course Reading　0.8% | 2008 | 192 | 12 | 3<br>・"Mixed Lunch in Hawai'i" (adapted from Wayne Muromoto's "Bentô Lunches and Race Relations")<br>・Robert Fulghum, "It All Started on the Dance Floor" (non-fiction short story)<br>・James Kirkup, "The Man from Australia" (folktale, legend) | ・Inside cover: Sara Coleridge, "The Months" (poem); Amanda McBroom, "The Rose" (song)<br>・Story Telling: Leo Buscaglia, "The Fall of Freddie the Leaf" (short story) |

表 1.2　高等学校「リーディング」用教科書と文学教材（No. 8）

| 出版社名 | 書名とシェア* | 出版年 | 総頁 | 正課 総数 | 正課 文学教材を使用した正課の数と作品名（カッコ内は分類名） | 正課以外で使用されている文学教材 使用されている箇所名と作品名（カッコ内は分類名） |
|---|---|---|---|---|---|---|
| 25) 開隆堂 | Revised Edition Sunshine Readings　0.8% | 2008 | 200 | 12 | 5<br>・Sandra Heyer, "The Auction" (short story)<br>・Ibuse Masuji, Black Rain (novel)<br>・"Evonne—The Flowering of a Sixteen-Year-Old Girl" (based on Mary Pipher's short story "Let a Thousand Flowers Bloom")<br>・James Herriot, "A Christmas Present from a Cat" (short story)<br>・The Diary of Anne Frank (diary, drama) | ・For Appreciation (supplementary reading): Ray Bradbury, "There Will Come Soft Rains" (short story) |
| 26) 開隆堂 | Plus One Readings　0.7% | 2009 | 154 | 19 | 1<br>・"Out on the Road" (based on Sam Shepard's short story "Motel Chronicles") | None |
| 27) 開拓社 | New Legend English Reading　0.2% | 2005 | 216 | 12 | 2<br>・Isaac Asimov, "The Fun They Had" (short story)<br>・Ann Elwood, "Brave Kate Shelley" (short story) | ・Rapid Reading 2: Pandora, the First Woman (mythology; retold by Sally Benson)<br>・Inside cover: Paul Simon, "Bridge over Troubled Water" (song); Matuo Basho, Yosa Buson, and Kobayashi Issa (haiku) |
| 28) 旺文社 | Sparkle English Reading　0.03% | 2009 | 128 | 21 | 1<br>・Hans Christian Anderson, The Princess and the Pea (fairy tale) | None |
| | Total | | | 496 | 61 | |

出典: 表 1.2（No. 1 ～ No. 8）は各教科書をもとに筆者が作成　*シェアは（渡辺, 2011）による

英語力や授業時間に余裕がある場合に文学教材を使用したらどうかという提案であり、文学教材をじっくり読むことに対する消極的な姿勢ではないだろうか。

ここで、表1.2では示せなかった文学以外の教材に言及したい。「リーディング」の教科書で多く用いられているのは、環境、科学、ビジネス、技術革新、比較文化などについて書かれた、説明文や論説文である。同時に、雑誌記事や新聞記事も頻繁に用いられている。さらに、会話形式で書かれたテクストも多く、学校生活、衣食住、趣味など、生徒にとって身近な話題が選ばれている。そして、図表や、写真、挿絵などがふんだんに用いられている点も共通して見られる特色である。

下の図1.4は、左が科学的な内容を扱った論説文の例であり、右がピザを注文する場面を扱った会話文の例である。これらは現在、「リーディング」の教科書で多く用いられている教材の特色を端的に表していると言えるだろう。

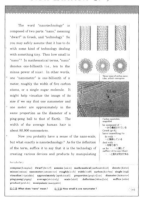
(Crown English Reading New Edition より)

(Revised Edition Sunshine Readings より)

出典：(霜崎, 他, 2009b: 169; 原典2色刷)　出典：(九頭見, 他, 2008: 16; 原典カラー印刷)

図1.4　「リーディング」の教科書で用いられている論説文と会話文の例

最後に、文学教材に付された練習問題について若干の考察を加えたい。たとえば2011年度用「リーディング」の教科書の中で1番のシェアをもつ

*Element English Reading Reading Skills Based*（表1.2、No.1参照）は、Lesson 20で映画 *The Dictator* を題材にしている。作品の後に示された"Comprehension"と題する練習問題では、本文の主題を選択肢の中から選ぶもの、本文の内容と合った適切な答えを選択肢の中から選ぶもの、各パラグラフの内容をまとめた表の空欄をうめる問題などが与えられている。このような問題構成は、文学教材以外を扱った他のLessonでも大きな差はない。正課で扱われている以外の文学教材に目を向けると、2つの詩には練習問題が付されていない。"Rapid Reading"用の教材・ダールの小説には、"Comprehension"と題した問題（出来事が起きた順序に英文を並べ替える問題）が1つあり、その他には生徒自身の体験に基づいて短い物語を作る問題がある。

シェア2位の *Crown English Reading New Edition*（表1.2、No.2参照）は、正課で文学教材を扱っていない。"Short Story"と題した箇所で3つの文学教材を、"Rapid Reading"で3つの文学教材をそれぞれ用いているが、生徒用の教科書には問題が1つも付されていない。シェア3位の *Big Dipper Reading Course* は、Lesson 20でキルガノン（Kilgannon）の短編小説を取り入れている。本文の後に"Exercises"があるが、本文の内容に沿った質問に日本語で答える問題、内容真偽の問題が付されている。同様の問題形式は、エッセイ形式の文章や説明文を用いたLessonでも採用されている。

これら文学教材に付された練習問題の例を通してわかる傾向は、文学教材を用いている場合もそれ以外の場合でも、設問の形式に大きな違いはないという点であろう。同様の傾向は、「リーディング」用以外の教科書を分析した西原（2012）も指摘する点である。同研究によると、「英語Ⅰ」用の教科書の1つ *New Edition Powwow English Course I* で使用されている文学教材に付された設問を分析した結果、「他の課の文章（ブログ、伝記などを含めた説明文）と設問が同じ形になっており」、「文章中の文学的言語表現が設問にほとんど反映されていない」という（西原, 2012: 262）。いずれにせよ、文学教材は「リーディング」用教科書に多く用いられていないばかりではなく、たとえ文学教材が取り入れられていたとしても、他の教材と大差のない練習問題がつけられていることがわかる。

本節では、高等学校で使用されている「リーディング」の教科書に注目し

て、文学教材が多く用いられていない傾向を確認した。読む行為を主眼に置いた「リーディング」の教科書でさえも、文学教材を正課で扱い、じっくりと読む活動を取り入れることに対して消極的な姿勢を示している。文学教材に付された練習問題を見ても、同教材を活かすための特別な工夫が凝らされているとは言い難い。2009年版学習指導要領では科目名が刷新され、「リーディング」という科目自体がなくなる一方で、「コミュニケーション英語基礎」、「コミュニケーション英語Ⅰ」、「コミュニケーション英語Ⅱ」、「コミュニケーション英語Ⅲ」、「英語表現Ⅰ」、「英語表現Ⅱ」、「英語会話」が新設された（文部科学省，2009，『高等学校学習指導要領』）。今後、科目名にまで「コミュニケーション」という言葉が使われるようになり、コミュニケーション能力育成がますます重視される一方で、文学教材が一層減少傾向をたどることが予測される。

## 3. 大学の英語教科書と文学教材
　　―大学設置基準大綱化以降を中心に―

　これまで、中学校および高等学校の英語検定教科書の中で、文学教材がどのように扱われてきたのか、その経緯や現状を概観した。本節では、大学英語教科書における文学教材に目を向ける。

### 3.1　大学設置基準の大綱化以降の大学英語教育

　周知のとおり、現在に至るまで、大学英語教育の指導内容を明確に規定する学習指導要領は告示されておらず、教科書検定も実施されていない。その結果、各大学では、それぞれの学部・学科または担当教員の裁量で、さまざまな形の英語教育が実践され、多彩な教科書が用いられてきた。

　それでも、それぞれの大学が完全に自由に教育内容を決定できるわけではない。たとえば序論6.2でふれたように、1991年の大学設置基準の大綱化に応じて、各大学では順次カリキュラムが改革されていった。1995年以降「コミュニケーション」という言葉を冠した学部が徐々に増加したことはその一例であろう（Appendix 5参照）。また、大学英語教育学会実態調査委員会

(2002)は、英語教育を実施している大学にアンケートを送り、大綱化後の改革状況を調査した。その結果、有効回答数 360 のうち約 66％の学部・学科が何らかの形でカリキュラムの改革を行なったと答え、約 25％の学部・学科が「聞く・話す授業が増えた」と回答したと報告している（大学英語教育学会実態調査委員会, 2002: 15–16）。

さらに、大学英語教育学会実態調査委員会(2003)は、大学の外国語・英語教員に対してもアンケート調査を実施し、各自の専門分野をたずねた（有効回答数 787）。その結果、回答者の専門分野は「英語教育、応用言語学、英語文学、英語学」の順に多く、1980 年代に実施した調査結果（「英米文学、英語学、英語教育学」の順に、回答した教員の専門分野が多かった）と比較すると、大綱化後は「英文学が退潮の道をたどっているのは明らかである」と指摘している（大学英語教育学会実態調査委員会, 2003: v）。このアンケートは、英語教育を専門とする教員が多く参加している学会が実施した調査のため、英語教育が専門分野だと回答する教員が多いことは十分予想できる。それでも、大学設置基準の大綱化後に、一方では英米文学関連の学部が徐々に減少していき、他方ではコミュニケーション能力育成を謳った学部が増加した傾向は否定できない。

大学設置基準の大綱化と同様、大学英語教育に影響を与えた通達の中に、2003 年に文部科学省が示した「『英語が使える日本人』の育成のための行動計画」がある。すでに序論 6.2 で言及したように、同行動計画は英語による「実践的コミュニケーション能力」育成を目標に掲げたが、大学英語教育に対しても「大学を卒業したら仕事で英語が使える」人材の育成を求めている（文部科学省, 2003）。

以上の経緯を見ると、1990 年代初頭以降、多くの大学で「戦後から大綱化以前までの教養主義、翻訳、読解方式の授業からコミュニケーション、会話中心主義授業への移行現象」が生じたと言えよう（大学英語教育学会実態調査委員会, 2002: 6）。次項では、これらの背景を踏まえて、実際どのような教科書が大学で使われるようになったのか、文学教材に焦点を当てながらその実態を明らかにしたい。

## 3.2 大学の英語教科書と文学教材

英語教科書の中で用いられている文学教材の減少傾向は、すでに考察した中学校・高等学校の検定教科書に限らず、大学でも生じている。『現代英語教育』に掲載された図1.5は、大学英語教科書協会に所属している出版社が1984年から1994年にかけて扱った教科書数の推移を示している（目で見る英語教育, 1994,『現代英語教育』）。この図を見ると、1990年代に入り大学のカリキュラム改革が本格化した頃から文学教材を用いた教科書が徐々に減少していったことがわかる。

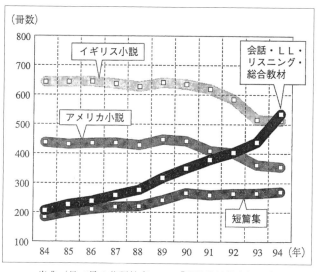

出典:（目で見る英語教育, 1994,『現代英語教育』: 102）

図1.5 イギリス小説、アメリカ小説、短篇集、会話・LL・リスニング・総合教材の出版冊数推移（1980年代半ばから1990年代半ばまで）

図1.5を見ると、1994年には会話・LL・リスニング・総合教材の出版冊数が、イギリス小説のそれを抜いている。上図で示した1994年以降もこの傾向は続き、江利川（2008）によると、1998年には文学を扱った大学英語教科書が全体の3割ほどになり、しかも同年の新刊書174点のうち文学系はわずか6点（3.4%）に留まったという（江利川, 2008: 83）。さらに2000年代に入ると、

2004年には新刊書325点のうち、文学系は「翻訳を除くと2点にすぎない」ところまで減少した(江利川, 2008: 83 参照)。

それでは、2004年以降、大学英語教科書の中で文学教材はどのように扱われているのか。次の表1.3は2009年度用に出版された大学英語教科書の出版点数をまとめたものである(詳細は、Appendix 6 を参照)。

表1.3　カテゴリ別大学英語教科書の出版点数(2009年度)

| カテゴリ名 | 2009年度用大学英語教科書数 | |
|---|---|---|
| | 全書籍数 | 内、新刊数 |
| 1)　イギリス小説・物語 | 192 | 0 |
| 2)　アメリカ小説・物語 | 164 | 0 |
| 3)　イギリス小説選集 | 95 | 0 |
| 4)　アメリカ小説選集 | 137 | 0 |
| 5)　英語圏小説選集 | 41 | 0 |
| 6)　イギリス詩歌・戯曲 | 159 | 0 |
| 7)　アメリカ詩歌・戯曲 | 69 | 0 |
| 8)　英会話 | 174 | 9 |
| 9)　LL／リスニング | 464 | 27 |
| 10)　コミュニケーション | 180 | 6 |
| 11)　TOEIC／TOEFL | 243 | 21 |

出典:(大学英語教科書協会, 2009)のデータをもとに筆者が作成。個々のカテゴリ名は、同ホーム・ページの表記にならった。

図1.5のグラフ上で示された「イギリス小説」、「アメリカ小説」、「短篇集」は、上の表(1～5)にあるように2009年度は新刊が出版されなかった。加えて、イギリスとアメリカの詩歌・戯曲に関する教科書も新たな出版はなかった。その一方で「英会話」、「LL／リスニング」の新刊(表1.3の8・9)は堅調に出版されており、これらと同じように実用的な英語を扱う「コミュニケーション」や「TOEIC／TOEFL」などの検定試験対策の教科書(10・11)も新たな出版があった。新刊書が出版されるということは、大学の英語教育の

場で一定の需要があるということであり、逆に文学教材の新刊がないということは江利川(2008)が指摘するように「大学英語教材の『脱文学化』が加速」傾向にあることを示唆している(江利川, 2008: 83)。

　これまで見た経緯によると、大学英語教育は1990年代初頭頃を境に改革が本格化し始め、多くの大学で英語によるコミュニケーション能力向上を目指し、実用的な英語を身につける教育が行なわれるようになったと言える。そしてこの現象は、大学英語教科書の出版状況にも大きな影響を与えている。

　1990年代といえば、1990年から大学入試センター試験が始まり、1997年には1989年版『高等学校学習指導要領』に応じて同テストが改訂された時期でもある(大学入試センター, 2010: 18)。「外国語で積極的にコミュニケーションを図ろうとする態度を育てる」ことを目指した同指導要領下で教育を受けた、言わば〈コミュニケーション世代一期生〉の高校生たちが続々と大学に入学する段階に至って、大学でもコミュニケーション能力育成を謳った英語教育を行なうことが求められていった。そしてこの時代の流れは、教育現場から文学教材が敬遠されていく状況と直接的・間接的に関連していったと言えよう。

　本章では、コミュニケーション能力育成に主眼を置くようになった日本の英語教育を背景として、中学校、高等学校、大学ではどのような教材が使用されてきたかに注目した。これらから確認できる点は、1980年代以降日本の英語教育の中心目標がコミュニケーション能力育成に収斂していった一方で、すぐに役立ちそうに見える英語を扱う教材が増加し、文学教材が減少していったという実情である。序論5.で考察したように、「実践的コミュニケーション能力」を育成するための教材は、本来、英語の音声や文字を使って、現実の場面で、実際にコミュニケーションを図ることができる能力を育成するために慎重に選ばれるべきである。しかし日本では、この能力が狭い実用主義と結びついた結果、すぐに役立ちそうな実用的教材志向へと向かっていった。

　第2章では、日本の英語教育が置かれている状況を幅広い観点からとらえ

直すため、国内の英語教育から目を転じて、海外における英語教育・外国語教育に目を向けたい。そして、コミュニケーション能力向上と文学教材使用は本当に相容れない関係にあるのか、その実態を探りたい。

## 註

1. 「文部科学省の検定を経た教科書(文部科学省検定済教科書)」と、「文部科学省が著作の名義を有する教科書(文部科学省著作教科書)」は、学習指導要領の他、教科用図書検定基準等をもとに作成されている(文部科学省, 2011 参照)。
2. 中学校英語検定教科書では、文学作品の原作がそのまま用いられることはほとんどなく、リトールド版が多く採用されている。
3. 本書で言う「正課」とは、Lesson 1・Lesson 2 や、Unit 1・Unit 2 などのように、各教科書の課を指す。正課以外には、たとえば、"Let's Read"(*New Crown* シリーズ)のように比較的長い文章を読む箇所や、"Listening Plus"、"Speaking Plus"(*New Horizon* シリーズ)のように技能別に内容を扱う箇所などが含まれる。なお、本書で高等学校、大学で使用される教科書の「正課」という場合も、これと同じ内容を指す。
4. 1989 年版『高等学校学習指導要領』が設けた英語関連科目は、「英語Ⅰ」、「英語Ⅱ」、「オーラル・コミュニケーション A」、「オーラル・コミュニケーション B」、「オーラル・コミュニケーション C」、「リーディング」、「ライティング」である。一方、1999 年版『高等学校学習指導要領』が設けた科目は、「英語Ⅰ」、「英語Ⅱ」、「オーラル・コミュニケーションⅠ」、「オーラル・コミュニケーションⅡ」、「リーディング」、「ライティング」である。本文中の表 1.1 も参照。
5. 2009 年版『高等学校学習指導要領』(2013 年 4 月 1 日施行)では、科目名が刷新された(文部科学省, 2009,『高等学校学習指導要領』)。2014 年度は、制度上、1999 年版学習指導要領に基づく教育と、2009 年版指導要領に基づく教育が併存している。ここでは、現在の高等学校における英語教育の傾向を知る上で、1999 年版の指導要領下で使用されている教科書を分析している。
6. 1999 年版『高等学校学習指導要領』では、「英語を読んで、情報や書き手の意向などを理解する能力を更に伸ばすとともに、この能力を活用して積極的にコミュニケーションを図ろうとする態度を育てる」と、「リーディング」科目の「目標」が記載されている(文部省, 1999b,『高等学校学習指導要領』参照)。
7. 表 1.2 の教科書 28 冊に関する数値は、厳密に言うと慎重に扱う必要がある。その理

由の1つとして、正課1つ1つに割り当てられた頁数や、1頁に収まる語数が教科書によって異なるため、単純に比較できない点があげられる。より複雑な点は、文学教材の分類方法である。本文でふれたように、各教科書会社は、教科書の目次、教師用指導書、シラバスなどの中で、各課の教材を「説明文」、「論説文」、「物語文」、「文学」、「会話文」などと多様に分類しているが、統一的な基準はなく各社独自の分類方法に従っている。それでも表1.2は、「リーディング」用の教科書における文学教材の位置を把握するには十分であろう。

# 第2章
# 海外の英語教育および外国語教育における文学教材

　序論、第1章で確認したように、日本ではコミュニケーション能力育成を英語教育の目標に据えてから、実用的な教材が多く用いられるようになった一方で、文学教材が減少する傾向が生じた。コミュニケーション能力育成を目指す英語教育において、文学は教材として本当に活用できないのだろうか。

　この疑問を出発点として、第2章では、コミュニケーション能力の育成を目指した国外の英語教育および外国語教育において、文学教材がどのように扱われてきたかに注目する。考察の対象期間は、序論3. ですでにふれたように、1980年代初頭頃から2000年代初頭頃までに絞り、必要に応じてこの期間より以前に起きた事項にも言及したい。

　本章では、まず日本のようにEFL(English as a foreign language)として英語を教えている、韓国と中国における英語教育に目を向ける。両国では、どのような目的をもって教育を行ない、どのような教材を使用しているかに注目したい。次に、イギリスとアメリカにおける外国語教育において、文学教材がどのように扱われてきたかに目を向けたい。これらの分析を通して、日本ではコミュニケーション能力育成を目指しながら、文学教材をオーセンティック教材から排除するという矛盾を孕んだ対応をしてきた可能性を指摘したい。

## 1. EFL環境にある国々―韓国・中国の事例を中心に―

　韓国・中国では、近年ますますグローバル化が進む社会を背景として、コミュニケーション能力育成を中心目標に据えた英語教育が行なわれている。

　韓国の義務教育は6歳から15歳の9年間である。同国では、6歳から6年間、初等学校で初等教育が行なわれる。その後、3年間、中学校で前期中等教育が行なわれる。後期中等教育は義務教育ではないが、3年間、普通高等学校や職業高等学校などで行なわれる。その後、大学、専門大学などの高等教育が用意されている(金子, 松本, 2011参照)。

　韓国では1980年代半ば頃から教育改革に関する議論が活発化し始め、1997年に当時大統領だった金泳三(キムヨンサム)が、「第7次教育課程」を公示した(金子, 松本, 2011参照)。韓国の「教育課程」は日本の学習指導要領に相当するが、第7次の改訂が目指したことの1つは、「グローバル化、情報化社会をリードできる韓国人の育成」だった(斎藤, 2003: 21)。従来、韓国では中学校から外国語教育が開始されてきたが、「第7次教育課程」のもとでは初等学校第3学年から英語教育が導入されることになった(斎藤, 2003: 26)。

　日本の英語教育から見ると、「意欲的な外国語カリキュラム」を組み、「英語教育先進国」と見なされてきた韓国は(大谷, 2006: 11-12)、「第7次教育課程」告示からほぼ10年後、再び英語教育改革に着手している。2008年に李明博(イミョンバク)大統領の政権下になってから、ますますグローバル化が進む社会に必要な英語力を育成する上で、従来の英語教育は不十分だと判断されたからである。たとえば政府関係者の1人によると、英語は「基本的な道具("a fundamental tool")」だと十分認識されてきたにもかかわらず、この言語を使って外国人と日常会話をしたり、道を聞かれた時に抵抗感なく答えたりできる国民は少数だという(*JoongAng Daily*, February 14, 2008参照)。このような現状を打破するため、初等学校・中学校・高等学校の英語教師に対して「英語を英語で教えること("to teach English classes in English")」という新たな要求がなされた(*JoongAng Daily*, February 14, 2008)。

　また、韓国の大学英語教育でも、近年、コミュニケーション能力育成が求められている。Lee(2005)は、まず1980年代の大学の状況をふりかえり、当

時からすでに「外国文学に対する興味がどんどん失われ、文学専攻課程に対する需要が減少した」と回想している(Lee, 2005: 4)。近年の韓国における英語教育に関しては、もっぱら「実用的("practical")」側面から教育効果をはかる傾向にあると指摘している(Lee, 2005: 6)。

英語で日常会話をしたり、道案内をしたりするといった、実用的な英語力育成を目指す方針は、1980年代以降の日本の英語教育に見られる一般的な傾向と似ている。近年、韓国の英語教育では、実用性を重視し、コミュニケーション能力育成を目指した英語教育が進められているという点で、日本の英語教育と共通点があると言えるだろう。

一方、中国の英語教育に目を向けると、言語、国土の面積、人口、国の政治経済情勢など、韓国と中国は単純に比較できない側面が多々あるが、EFL環境で英語教育を進めている点では共通している。

現在中国では、地域によって若干の違いはあるが原則9年間の義務教育が行なわれている。義務教育は小学校と初級中学で実施されているが、その後は高級中学から大学へ行くコースや、職業中学から職業系の高等教育を受けるコースなど多彩なコースに分かれている(日暮, 2011)。

従来中国では、外国語(一般には英語)教育は初級中学第1学年から開始されてきたが、2001年以降、小学校第3学年から導入されることになった。日暮(2011)によると、中国政府が外国語教育の開始時期を早めたおもな理由は、「近年の国際化」だという(日暮, 2011: 254)。さらに、英語の授業では、「コミュニケーション能力と英語への関心を育てることに重点が置かれ」ている(日暮, 2011: 254)。国際化に伴い、英語によるコミュニケーション能力をもつ必要性を痛感し、英語教育の開始学年を引き下げる試みは、日本・韓国・中国に共通した点である。

それでは、中国ではどのような教材を使って英語教育が行なわれているのだろうか。1990年代以前は、中国国内の話題を題材に選ぶことが多く、英語を通して自国のことを学んだり、自国を外国に紹介したりするといった趣旨の教材が多かったという(杉村, 2008: 95)。ところが、1990年代に入って、イギリスのロングマン社の協力のもとに新たな教科書が発行され、これらは「外国人の日常生活や習慣を紹介するトピックス」や、「外国文化や民衆生活

を理解」する上で役立つ題材を扱うようになったという(杉村, 2008: 95)。

次に、ロングマン社の協力のもと、中国国内で出版された初級中学2年生用の教科書を見たい。図2.1左頁では、電話での会話が取り上げられている。右頁では、ホテルや公園に行く道順をたずねる会話が取り上げられている。

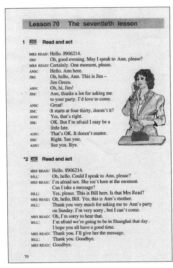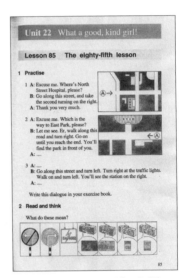

出典: (People's Education Press and Longman, 1996a: 70, 85; 原典2色刷)

図2.1　中国の英語教科書─初級中学第2学年用─

さらに、高級中学第2学年用の教科書にも日常的な題材を扱った教材が選ばれていることがわかる。図2.2の左頁では、テーマ・パークに遊びに行ったという設定のもと、園内の遊戯施設へ行くための道順を聞く会話が用いられている。右頁では、レストランで食事をしながら、新聞に掲載されている記事について会話をする場面が選ばれている。

図2.1および2.2の教科書の例に見られるように、日常的な場面を選び、普段よく用いられそうな英語を使った教材が好まれる傾向にある。これらの題材から読み取れることは、杉村(2008)の言葉を借りれば、「道具としての英語使用に英語教育の目的」を置く姿勢である(杉村, 2008: 96)。そして、このような教育方針のもとで文学教材は積極的に用いられていないのが現状である。

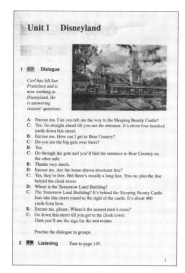

出典:（People's Education Press and Longman, 1996b: 1, 19; 原典 2 色刷）
図 2.2　中国の英語教科書―高級中学第 2 学年用―

　それでは、中国の高等教育における英語教育では、文学教材はどのように扱われているのだろうか。Qiping and Shubo（2002）は近年の中国における大学英語教育の状況を分析している。それによると、英文学を用いて教育を行なう学部に対して社会から「圧力（"pressure"）」がかけられ、「実用的（"practical"）」英語教育を行なうように対応を迫られているという（Qiping and Shubo, 2002: 317）。そして今や「実務的（"Pragmatic"）」という言葉が、中国における英語教育のキーワードの 1 つになっているという。

> Behind all this current tendency lurks a prevalent assumption: that English education is a matter of ingesting information, of mastering techniques, of acquiring facts and know-how, whereas literature is a soft option, an indulgence or a mere trimming to decorate the hard center of the market-oriented syllabus. "Pragmatic," in a nutshell, has become a buzz word.
>
> （Qiping and Shubo, 2002: 318）

これまで分析してきた韓国と中国の例から垣間見られることは、情勢の違いは多々あるものの、グローバル化を背景として学習者のコミュニケーション能力育成を目指し、より日常的で具体的な題材が英語教材として選ばれるようになったという点である。そして、このような状況下で行なわれている英語教育で、文学教材は周縁に置かれている傾向が垣間見られる。

## 2. 英語を母語とする国々―イギリス・アメリカの事例を中心に―

本節では、英語を母語とするイギリスとアメリカにおける外国語教育において、文学教材がどのように扱われてきたのか、特に1980年代以降に起きた事象に焦点を当てて分析していきたい。これらを通して、コミュニケーション能力育成を目指す英語教育から文学教材を敬遠することに再考の余地はないのか、改めて検討したい。

### 2.1 イギリスの外国語教育と文学教材

19世紀頃までのイギリスでは、ラテン語教育に見られるように、文学教材が盛んに用いられた時代もあったが(Maley, 1990; Gilroy and Parkinson, 1997: 213; Hall, 2005: 47–51 参照)、その後文学教材は、Maley(1990)の言葉を借りると「周縁に追いやられた("side-lined")」り、「無視された("ignored")」りする存在になっていく。

イギリスにおける外国語教育で、文学教材が敬遠されるようになったおもな理由は、Widdowson(1984)の分析によると(1)文学は「実用的用途("practical uses")」をもたないので役に立たない、(2)文学は「慎重に組み立てられた外国語教育の課程("the carefully controlled language course")」を破壊するような力を潜在的にもっている、(3)文学は言語の「標準的な規範("regulation standards")」を無視するような言語で書かれている、という3点である(Widdowson, 1984: 160–162)。

一方、1980年代は、イギリスの外国語教育に徐々に変化が生じた時だった。この時期は、外国語教育を行なう際は文学教材を排除するべきだという意見があった一方で、文学の意義を見直す動きが出た時期でもあった。その

原動力の1つとしてあげられるのが、コミュニカティブ言語教育(communicative language teaching、以下 CLT と略)の広がりだろう。CLT は、コミュニケーション能力(communicative competence)の育成を中心目標に掲げる教授法で、1960年代に行なわれたイギリスの語学教育改革に端を発し、その後イギリスの応用言語学者たち(D.A. Wilkins, H.G. Widdowson, Christopher N. Candlin, C.J. Brumfit, K. Johnson ら)が、CLT 普及に大きな影響を与えたと言われている(Richards and Rodgers, 2001: 154)。たとえば1979年には、Brumfit と Johnson の編集によって *The Communicative Approach to Language Teaching* が出版され、CLT の背後にあるさまざまな理論が紹介された。このような書物の出版などを通して、当初は広く知られていなかった CLT も周知の理論へ発展していったという(Howatt, 2004: 327)。

CLT を実践する上で、特別に指定されたテクストや、厳密に定められた方法論はないと一般的に言われているが、この教授法に共通して見られる特色はある。たとえば、概念・状況中心、相互交流活動中心、オーセンティック(authentic)教材の利用、タスク(task)の活用などである(Richards and Rodgers, 2001: 153–177; Savignon, 2001)。なかでも注目したい特色は、CLT ではオーセンティック教材が活用されてきた点だが、CLT とオーセンティック教材の結びつきに関しては、次章(第3章)で改めて分析したい。

それでは、CLT の中で文学教材がどのように扱われてきたのか検討するため、1986年に出版されたブラムフィット(Christopher Brumfit)とカーター(Ronald Carter)編 *Literature and Language Teaching*(1986)を見たい。同書は、英語教育と文学教育は統合的に行なうことができるという立場から書かれた論文を集めているが、CLT 普及につとめた応用言語学者たち(Widdowson, Candlin, Brumfit)が編著者に含まれている点にまず注目したい。また、以下に引用するロング(Michael Long)の論文では、CLT に基づいて教育を行なう際に、文学教材が果たす意義が説明されている。

> [Literature] is by definition authentic text, and both verbal response and activity response are genuine language activities, not ones contrived around a fabricated text. Moreover, current methodology—for "communicative" lan-

guage teaching—favours group activities and learner-learner interaction. Prediction, creating a scenario, debating topics on or around a text ... all seem to develop naturally out of literary text, while they are either difficult or impossible with the type of text favoured by "English for Specific Purposes."
(Long, 1986: 58)

ロングは、まず文学を"authentic text"だと称した上で、これを使った活動も"genuine language activities"になると指摘している。そして、CLT に基づいた授業を行なう上で、文学は有益だと主張している。「特定の目的のための英語("English for Specific Purposes")」教育で好まれて使用されるテクストよりも、文学テクストを用いたほうが効果的に活動を行なえるというのである。

イギリスでは、*Literature and Language Teaching* が 1986 年に出版された以後も、文学教材を積極的に活用しようとする研究書が出版された。たとえば Collie and Slater(1987)や Duff and Maley(1990)は、文学を教室でいかに用いたらよいかをテーマにして、現場の教師向けに書かれた。これらの研究書では、新たな時代に見合った形で文学教材を外国語教育に活かす方法を提案している。具体的には、文学を用いてディスカッションをしたり、ディベートを行なったり、プレゼンテーションをしたりするなど、かつてのラテン語教育に見られるような訳読重視ではない、新たな授業形態を提案している。このような文学の活用方法をとらえて、Maley(1990)は、"[If] indeed literature is back, it is back wearing different clothing" と述べ、近年のイギリスにおける外国語教育では以前とは異なる形で文学教材が活かされている点を強調している。

以上のように、CLT 発祥の国と言われるイギリスでは、オーセンティック教材の枠組みから文学教材は外されることなく、時代の変化に柔軟に対応しながら活用されてきた。EFL 環境にある日本・韓国・中国では、コミュニケーション能力の育成を目指しながらも、文学教材を積極的に活用しようとする姿勢が見られない一方で、イギリスの外国語教育では、文学がオーセンティック教材として認められ、活用されている。ことによると、日本などで

は、CLT のわかりやすい特色を受け入れる一方で、これが提案する方法論を中途半端に解釈し、なるべく効率的に英語を教えようとしてきたのではないだろうか。「実践的コミュニケーション能力」育成を目指す上で、実用的な教材だけを集めて教えようとする試みは、一見効率的に見えるが、実際は限界があるのではないだろうか。この疑問に対する答えは、次のアメリカの外国語教育に関する項でも引き続き検討したい。

## 2.2 アメリカの外国語教育と文学教材

本項では、アメリカにおける外国語教育の中で、文学教材がどのように扱われてきたかに焦点を当て、コミュニケーション能力育成と同教材の関連をさらに考察したい。

Kramsch and Kramsch(2000)は、時代背景を考慮しながら、アメリカの外国語教育の中で文学教材がどのように扱われてきたかについて分析している。それによると、1910 年代には「語学を学ぶことは文学を学ぶことと同じことを意味した("the study of language … meant the study of literature")」(Kramsch and Kramsch, 2000: 554)。1950 年代に入ると、「オーディオリンガル・メソッド("The Audiolingual Method")」の興隆によって、文学教材は「言語構造("the linguistic structures")」を習得してから導入する教材と見なされるようになり、結果的に、文学は「上級レベル("the advanced levels")」に対する外国語教育と結びつけられるようになった(Kramsch and Kramsch, 2000: 563)。ところが 1980 年代に入り、外国語教育の目標が「使える技能("usable skill")」の習得や、「コミュニケーション能力の習熟("communicative proficiency")」に定められるようになると、文学教材はオーセンティック・テクストとして再評価されたという。そのおもな理由は、文学は、語彙力、読解力、批判的に考える能力を育成する上で有益な教材だと見なされたためだという(Kramsch and Kramsch, 2000: 567)。

Kramsch and Kramsch(2000)以外の研究に目を向けると、Schultz(2002)は、以前は外国語教育から文学教材を排除する動きもあったが、「読者反応批評("reader-response theory")」が提唱され、「クリティカル・シンキング("critical thinking")」や「相互交流的な教授法("interactive ways of teaching")」な

どが授業に導入されるようになった影響で、文学教材が見直されるようになったという。そしてSchultz(2002)はこのような流れを"'literature—no literature—return to literature' cycle"と称し、この循環が外国語教育の中で繰り返されていると指摘している(Schultz, 2002: 4)。

このような循環を指摘したのはSchultz(2002)だけではない。Grittner(1990)もまた、外国語教育で提唱される教育方法には、ある種の循環があることを指摘している。

> In foreign languages, a bandwagon might be defined as a movement that evokes a fervent commitment to a single, unified theory of teaching. It is usually stated or implied that the new method has demonstrated results that are far superior to those of any previous approach.... [Bandwagoneers] tend to lump together all existing methods and to regard them as being outmoded, "conventional" or "traditional." Obviously, these outworn methods must be rejected out of hand and replaced in toto with the new, true bandwagon.
> 
> (Grittner, 1990: 10–11)

外国語教授法の歴史では、新しい教授法が出ると、これまでの教授法よりも「格段に優れて("far superior")」いるという研究結果が示され、従来の方法はもう「流行遅れ("outmoded")」だから新しい方法に乗り換えなければならないと見なされる傾向にあるという。Grittner(1990)の主張は、Schultz(2002: 4)の文学教材の扱いにまつわる一連の流れ("'literature—no literature—return to literature' cycle")を、より広い視点からとらえていると言えるだろう。

ここで留意したいのは、かつては使用され、次に敬遠され、再び見直された文学教材の役割が、まるで振り子がもとあった場所に戻るように、過去と全く同じ位置に収まるわけではないという点である。前項で、Maley(1990)が"[If] indeed literature is back, it is back wearing different clothing"と述べ、近年のイギリスにおける外国語教育では、以前とは異なる形で文学教材が活かされている、と指摘した点にふれた。Schultz(2002)もまた、文学は「同

じ古いもの("the same old thing")」に戻るわけではないと言い(Schultz, 2002: 27)、新たな時代背景の中で文学の役割が見直され、その時代に合った新しい役割が与えられると主張している。

　それでは、21世紀に入って、外国語教育の中の文学教材の役割はどのようにとらえられているのだろうか。アメリカでは、2001年9月11日に起きた同時多発テロ事件を機に、目標言語がもつ文化をより深く知る上で文学教材が必要であると、その存在意義が改めて見直されている。2003年に、MLA(The Modern Language Association)が"An Ad Hoc Committee on Foreign Languages"を立ち上げ、同時多発テロ事件がアメリカの大学の外国語教育に与えた影響を調査した。その結果この委員会は、目標言語を保持する国民や社会を理解するためには、その国の文化に関する深い見識と、言語能力が共に必要だとする提言を行なった(MLA, 2007: 1-2)。それにもかかわらず、現状のアメリカの外国語教育では、「言語を学ぶカリキュラムと文学を学ぶカリキュラムの間に分裂("a division between the language curriculum and the literature curriculum")」があることが問題だと指摘している(MLA, 2007: 2)。そして、この溝を埋めるためには外国語教育のカリキュラムを再編成する必要があると主張している。

> Replacing the two-tiered language-literature structure with a broader and more coherent curriculum in which language, culture, and literature are taught as a continuous whole, supported by alliances with other departments and expressed through interdisciplinary courses, will reinvigorate language departments as valuable academic units central to the humanities and to the missions of institutions of higher learning.　　　(MLA, 2007: 3)

上の提言では、言語と文学を学ぶ授業がバラバラになることなく、言語と文化と文学を統一した形で教えるカリキュラムの必要性が説かれている。文学作品をはじめとするさまざまなテクストを取り入れて外国語を学べば、学生はより広い見識をもつ機会が与えられるというのである(MLA, 2007: 4)。21世紀の新たな歴史的文脈の中で見直された、外国語教育の中の文学の役割

は、文化間の摩擦を軽減し、平和な社会を取り戻すための手段として機能することを期待されている。その後も MLA では、2012 年 1 月に開催した年次大会のテーマが、"Language, Literature, Learning" に定められ、これらの言葉をキーワードにして、さまざまな発表が行なわれた(MLA, 2012)。1980 年代頃、アメリカでも CLT の興隆とともに外国語教育の中で文学教材が果たす役割が見直されたが、21 世紀になって再び新たな時代背景のもとでその役割がとらえなおされていると言えるだろう。

　本章で焦点を当てた、外国の国々における英語教育および外国語教育の状況から示されることは、コミュニケーション能力の養成を目標に掲げながらも、文学を積極的に利用してこなかった国がある一方で、コミュニケーション能力育成のために文学教材を活用してきた国があるということである。

　先述したとおり、CLT はコミュニケーション能力の育成を中心目標にした教授法だが、この教授法は本来、オーセンティック教材の活用を特徴の 1 つとしている。CLT 発祥の国と言われるイギリスでは、外国語教育の場で文学をオーセンティック教材と見なして活用している。また、アメリカでも、外国語教育において CLT を実践する際、文学をオーセンティック教材と見なしている。論をやや先に進めると、イギリスやアメリカの外国語教育の場で文学教材が活用されていることは、両国で出版されている教科書に、文学が積極的に取り入れられている事実からもわかる。この点については、第 7 章で改めて論じる。

　問題を日本の英語教育のそれに絞れば、コミュニケーション能力育成を重視するようになったことと関連して、オーセンティック教材が注目されるようになったが、日本では同教材が狭義に解釈された結果、「オーセンティック」教材から文学教材が除外されたのではないか。換言すれば、序論・第 1 章で考察したように、「オーセンティック」教材の中に文学教材を積極的に取り入れようとせず、より日常的で具体的な題材を実用的だと見なし、これらの教材使用に傾きすぎてしまったという、矛盾を孕んだ対応をしてきたのではないだろうか。

　それでは、日本では、なぜ英語によるコミュニケーション能力育成を目指

した一方で、上記のような状況が生まれたのか。次の第3章では、オーセンティック教材本来の意味を示した上で、日本ではこれが狭い意味で解釈されたという状況を示し、その上でこのような解釈が日本で生まれた直接的・間接的な理由を、より幅広い観点から分析したい。

# 第3章
# 日本の英語教育における
# オーセンティック教材の解釈
―1980年代から2000年代に起きた出来事を踏まえて―

　序論、第1章で論じたように、日本では、1980年代以降英語教育の中心目標がコミュニケーション能力育成に収斂していくにつれて、同能力が狭い実用主義と結びつき、日常的で具体的な題材を実用的だと見なす傾向が高まった。すぐに役立ちそうに見える英語を題材にした教材が増加した結果、文学教材が減少していった。他方では、第2章のイギリスとアメリカの例を通して見たように、コミュニケーション能力育成を目指すCLTでは、オーセンティック教材の1つとして文学教材が活用されてきた。この対応のズレを生んだ、直接的・間接的な原因を考えるのが本章の目的である。

　ここで改めて確認したい点は、本書は、オーセンティック教材という概念自体に対しては反論しない。コミュニケーション能力育成を目指す日本の英語教育の状況を考慮すると、オーセンティック教材導入は自然なことだと考えるからである。しかし、今日の日本の英語教育では、オーセンティック教材の概念を狭く解釈した結果、文学を排除するという極端な事態が生じているため、この事態は是正しなければならない。

## 1. オーセンティック教材とは何か[1]

　本節では、オーセンティック教材の本来の意味と、同教材とCLTの結びつきを確認する。次に日本でこの概念がどのように受容されたか、事例を通して考察する。

## 1.1 オーセンティック教材の本来の意味

*Longman Dictionary of Language Teaching and Applied Linguistics* (2010)によると、"authentic materials"は次のように説明されている。

> in language teaching, the use of materials that were not originally developed for pedagogical purposes, such as the use of magazines, newspapers, advertisements, news reports, or songs. Such materials are often thought to contain more realistic and natural examples of language use than those found in textbooks and other specially developed teaching materials.
>
> (*Longman Dictionary*, 2010)

上の定義で注目したい第1点目は、本来「教育上の目的("pedagogical purposes")」で書かれたり話されたりした題材ではなく、「より現実的で自然な言語使用の例("more realistic and natural examples of language use")」を教材化したものを、オーセンティック教材と称していることである。そして第2に注目したい点は、オーセンティック教材の具体例として、雑誌、新聞、広告、ニュース、歌などがあげられていることである。

さらに、"authenticity"の意味を再考したLee(1995)の説明を参照すると、「教育目的ではなく、現実の生活でコミュニケーションをとる目的で書かれ("not written for teaching purposes, but for a real-life communicative purpose")」、そのテクストの中には「書き手が読み手に伝えようとしている何らかのメッセージがある("the writer has a certain message to pass on to the reader")」場合に、オーセンティック教材と呼びうるという(Lee, 1995: 323–324)。換言すれば、あるテクストがオーセンティックか否かを決める要素は、教育目的ではなく、実生活でメッセージの授受を行なうために、書かれたり話されたりしたテクストを題材にした教材か否か、という点である。このような定義に従えば、教育目的ではなく執筆された文学作品は、オーセンティック教材になりえる。

## 1.2　オーセンティック教材とCLT

　オーセンティック教材は1.1で示したような意味を本来もっているが、同教材の使用は、第2章・第2節でふれたように、CLTに共通して見られる特色の1つである。そもそも、オーセンティック教材とCLTがこのように結びついたのはなぜだろうか。

　Hymes(1972)は、コミュニケーション能力(communicative competence)の概念を形成し、CLTの基礎となった理論の1つと見なされている(Richards and Rodgers, 2001: 159–161参照)。Hymes(1972)が提示したコミュニケーション能力の概念は、後にCanale and Swain(1980)やCanale(1983)らの理論に受け継がれ、"grammatical competence"、"discourse competence"、"sociolinguistic competence"、"strategic competence"という、現在も広く知られるコミュニケーション能力の解釈を生み出すことになる(Canale and Swain, 1980; Canale, 1983参照)。これまでに幅広い研究成果が上げられているコミュニケーション能力の解釈について、本項ですべてを扱うことには限界がある。そこでここでは、コミュニケーション能力という言葉を初めて用いたと言われる(Richards and Rodgers, 2001: 159–161参照)、Hymes(1972)の理論に焦点を当てて論じたい。

　Hymes(1972)は、チョムスキー(Noam Chomsky)の生成文法的な説明では、現実の言語使用(language use)は説明しきれないと説いた。彼は、チョムスキーが言語能力(competence)と言語運用(performance)を軸にして言語使用を説明したことに対して、"First, the clarification of the concept of performance offered by Chomsky ... omits almost everything of sociocultural significance.... Second, the notion of performance ... seems confused between different meanings"と、批判的な態度を示している(Hymes, 1972: 280)。

　さらにHymes(1972)は、言語に関する知識ばかりではなく、言語の社会的・機能的な側面が、コミュニケーション能力には必要だと主張した。彼によると、コミュニケーション能力を構成する枠組みには、言語の知識と言語使用に関する、次のような基準が含まれるという。

1. Whether (and to what degree) something is formally *possible*;

2. Whether (and to what degree) something is *feasible* in virtue of the means of implementation available;

3. Whether (and to what degree) something is *appropriate* (adequate, happy, successful) in relation to a context in which it is used and evaluated;

4. Whether (and to what degree) something is in fact done, actually *performed*, and what its doing entails.

(Hymes, 1971, 1972: 281; italics by Hymes)

1. は、ある表現が形式的に(どの程度)許されるかを判断できる能力で、文法規則に関する能力を指す。2. は、ある表現が、表現方法として(どの程度)実行可能なのか判断できる能力を示す。3. は、ある表現が、運用される文脈で(どの程度)適切なのか判断できる能力を指す。そして4. は、ある表現が、どのような結果を(どの程度)もたらすか、状況判断ができる能力を指す(以上の説明に関しては、山田, 2006: 125-134 を参照)。

　上に掲げたコミュニケーション能力に関する基準を英語力にあてはめると、これらの基準を高いレベルで満たす者は、英語の母語話者と言えるだろう。本章第2節で改めて論じるが、近年、コーパス(corpus)が普及し、母語話者が実際に使った言語表現を、コンピューターを使って記録・整理・分析することが容易になった。換言すれば、ある言語について高いコミュニケーション能力をもっている人(母語話者)が表出した言語表現を、その言語を教育する上で具体的なモデルとして利用することが可能になった。

　このような状況に至れば、Widdowson(2008)が指摘するように、「教室で教師が『現実の』言語を教えないことへの言い訳がもはやできない("there is no longer any excuse for teachers not to teach 'real' language in the classroom")」、という風潮が生まれることは容易に想像できる(Widdowson, 2008: 5)[2]。コミュニケーション能力育成を中心目標に掲げる教授法において、目標言語の母語話者が表出した言語を本物と見なし、これを題材にした教材を最上と位置づけることは、ある意味自然な流れだったと言えるだろう。

　いずれにせよ、CLT にオーセンティック教材を取り入れようとする発想

は、母語話者の言語能力・言語運用能力を基準とし、これを模倣することがコミュニケーション能力を身につける上で効果的であるという考えが基盤にあると言ってよいであろう。

## 1.3　日本の英語教育とオーセンティック教材

　前項では、オーセンティック教材の本来の意味、および CLT とオーセンティック教材が結びついた経緯について論じた。本項では、日本でオーセンティック教材がどのように解釈されたのかについて考察していく。

　日本における先行研究を見る前に、オーセンティック教材という用語の、表記の仕方について確認しておく。本書では、すでに序論でもふれたように、教育目的ではなく、実生活でメッセージの授受を行なうために、書かれたり話されたりしたテクストを題材にした教材を、オーセンティック教材、と表記する。この訳語は、『英語教育用語辞典』(1999) および『改訂版　英語教育用語辞典』(2009) に従う。両辞典には "authentic material" の項があり、この訳語として〈オーセンティック教材／生の教材／自然な教材〉の3つがあげられている (『英語教育用語辞典』, 1999;『改訂版　英語教育用語辞典』, 2009)。本書では、1番目の訳語・オーセンティック教材を、"authentic material" の邦訳として用いたい。なお、これから概観する先行研究では、オーセンティック教材を意味する用語に一貫性があるとは言い難いが、まず各文献に記載されているとおりに引用し、その上で各文献がどのようにオーセンティック教材を解釈しているのか、表3.1 でまとめたい。

　さて、日本ではオーセンティック教材が、いつ頃からどのような経緯で注目され始めたのだろうか。まず石黒 (1994) は、1980年代に入った頃から、英語教師の間で「authentic な教材」が話題になり始めたと指摘している (石黒, 1994: 8)。さらに、「authentic な教材」が注目されるようになった理由は、従来の「教養中心主義の英語教育への反動」だという (石黒, 1994: 9)。すなわち、これまでの英語教育は「英語を身につけるという技術中心主義よりも、英語を通じて英米の高い文化を吸収することに目標が置かれてきた」ため、「実用的英語の価値」が十分に認められなかった結果、「authentic な教材」志向が生まれたという (石黒, 1994: 9)。浅野 (1996) も同様に、「"authentic materials"」または「生の英語」が、日本で注目されるようになった経緯を説明している。彼によると、「CLT が…わが国でも唱導され始めてから "authentic" ということがしきりに言われるように」なったという(浅野, 1996: 8)。

　上のような指摘は、大修館書店の雑誌『英語教育』の特集記事に注目すると、かなりの程度確認することができる。1990 年出版の『英語教育』第 39 巻第 2 号では、「コミュニケーション能力の育成」という特集が組まれたが、この中の論文の 1 つで高橋(1990)は、コミュニケーション能力育成に役立つ教材について説明している。彼によると、コミュニケーション能力を高めるためには、「学習のごく初期から authentic な(生の)言語使用の場面に馴れさせる」ことが必要だとしている(高橋, 1990: 12)。また、1992 年出版の『英語教育』第 41 巻第 3 号では、特集「教科書・教材研究と指導への生かし方」が組まれ、その中に「コミュニカティブな教材」、「身近な事柄の教材化」について扱った論文がある。同特集で伊佐治(1992)は、「可能な限り身近な authentic な話題を教材にして、生徒の信頼、自信、学習意欲を高めること」を考慮する必要があるとして、「私たちの身近にある『生の英語』」を「学習者のレベルに合わせて使用」することを勧めている(伊佐治, 1992: 23)。1995 年出版の『オーラル・コミュニケーションのためのデータ・バンク』と称する『英語教育』別冊には、「オーセンティックな教材」と題する記事が掲載された。同記事は、「英語力を高めるためにはオーセンティックな教材を用いて『ありのままの英語』にできるだけ触れることが大切だ」と説いている(宮本, 1995: 70)。さらに、1996 年出版の『英語教育』第 44 巻第 12 号では、特集「現代の英語教授法―授業に生きる運用を探る」が掲載された。同特集の中で、西村(1996)は、「コミュニケーション重視に対応する教授法」について論じ、「コミュニカティブ言語教育の特徴」として、「生の(authentic)材料を使う」点をあげている(西村, 1996: 24)。そして 1996 年の『英語教育』第 45 巻第 11 号では、特集「コミュニカティブ・アプローチからの視点」が組まれ、佐野(1996)が同アプローチとその他の指導法の違いについて論じている。それによると、コミュニカティブ・アプローチでは、「生徒に与える材料は自然なままの(authentic)ものを使うので、異文化をそのまま切り取っ

て持ってくることができる」という。

　以上のように、オーセンティック教材はさまざまな教育・研究者の注目を集めてきたが、この言葉はCLTとともに論じられる傾向があるとわかる。CLTでは、オーセンティック教材を用いることを特色にしているという理解から、コミュニケーション能力育成のためには、同教材を用いることが効果的だという解釈が、日本でも生まれたのだろう。一方、オーセンティック教材について論じる際、一貫した表現が用いられてきたというよりも、後に表3.1でまとめるように、各教育・研究者ごとに異なる表現方法が選ばれてきたことも注目すべき点である。

　それでは、日本の英語教育では、オーセンティック教材はどのような教材だと理解されてきたのか、具体例をさらに見たい。すでに言及した先行研究の中には、石黒(1994)のように「英米の名作のrewriteされたもの」を「極めてauthenticityが高い」と見なし、「authenticな教材」として紹介する場合もある(石黒, 1994: 8–9)。一方、浅野(1996: 8–9)は、"authentic materials"「生の英語」の例として、日常生活の中で使うものを学習者の能力に合わせて教材化する例を紹介し、高橋(1990: 12)は、「authenticな(生の)言語使用」の例として、AET(Assistant English Teacher)の自由な会話や『セサミストリート』のビデオをあげている(AETについては、本章の註3を参照)。伊佐治(1992: 24)が「身近なauthenticな話題」・「生の英語」として示した例は多岐にわたり、歌・映画といった文学的な題材を含む一方で、新聞・雑誌の最新記事や、広告・カタログ・取扱説明書で用いられている英文、テレビ・ラジオのニュースやコマーシャル、講演や会話を録音したものを例示している。宮本(1995)の場合、「オーセンティックな教材」・「ありのままの英語」の例は、鉄道の駅のプラットフォームや列車の中で聞く英語のアナウンスである。そして西村(1996)は、「生の(authentic)材料」を授業で用いる例として、料理本、買い物、案内状作成に言及している。そして佐野(1996)にとって、「自然なままの(authentic)もの」とは、新聞、雑誌、パンフレットや広告である。

　再び『英語教育』の特集に目を向けると、1996年出版の第45巻第9号では、特集「『生きた英語』を教えるために」を掲載している。浅野(1996)は

同特集に収められた論文の1つだが、これ以外の論文を見ても、日本の英語教育ではどのような教材がオーセンティックと見なされているのか、その傾向がわかる。中には、映画のせりふや児童文学など、文学的な題材をオーセンティック教材の例としてあげている論文もある。しかし、このような例は少数派であり、多くの論文は、雑誌や新聞の記事、ラジオ・テレビ放送、インターネット上に掲載された情報、広告、買い物のレシート、道路の地図やバスの路線図など、日常的で具体的な題材を教材化したものを「生きた英語」として紹介している(「『生きた英語』を教えるために」, 1996,『英語教育』: 8–31)。同様の傾向は、『現代英語教育』における特集・「『オーセンティック』な教材」にも見られ、同特集には、買い物のレシート、電話帳、新聞の求人広告、飲食店のメニュー、家の間取り図など、日常的で具体的な題材を教材化する例が細々と示されている(「『オーセンティック』な教材」, 1994,『現代英語教育』: 8–22 参照)。

　ここで、これまで見た先行研究の中で、オーセンティック教材に関連した用語がどのように表記されていたのか、さらにどのような題材をもとにした教材が、オーセンティック教材としてあげられていたのか、表3.1にまとめる。

　本項では、先行研究を概観する前に、"authentic material" の訳語として、〈オーセンティック教材／生の教材／自然な教材〉があると説明した(『英語教育用語辞典』, 1999;『改訂版　英語教育用語辞典』, 2009)。一方、次の表を見ると、〈オーセンティック、生の、自然な〉という言葉を中心に、一貫しているとは見なしがたい表現が使われてきたことがわかる。ことによると、オーセンティック教材の表記上のばらつきは、同教材の解釈に混乱が起きていた表れなのではないか。さらに次の表 3.1 から明らかになる点は、文学教材をオーセンティック教材と見なす例は少数派であり、その少数派と言えども石黒(1994)のように英米の名作の rewrite されたものを「authenticな教材」と見なしていることである。多くの教育・研究者は、より日常的で具体的な題材を教材化したものを、オーセンティック教材だと解釈していると言えるだろう。

表 3.1 各文献におけるオーセンティック教材に関連した用語の表記方法(訳語を含む)、およびオーセンティック教材としてあげられている題材例

| 文献名 | ① オーセンティック教材の表記方法(訳語を含む) | ② ①の具体例としてあげられている題材 |
|---|---|---|
| 高橋(1990) | ・authentic な(生の)言語使用 | ・AET の自由な会話、『セサミストリート』のビデオ |
| 伊佐治(1992) | ・身近な authentic な話題<br>・「生の英語」 | ・新聞・雑誌の記事、広告・カタログ・取扱説明書で用いられている英文、テレビ・ラジオのニュースやコマーシャル、歌、映画、講演や会話を録音したもの |
| 『現代英語教育』第 30 巻、第 12 号特集(1994) | ・「オーセンティック」な教材 | ・買い物のレシート、電話帳、新聞の求人広告、飲食店のメニュー、家の間取り図など |
| 石黒(1994)*<br>*上記特集の掲載論文 | ・authentic な教材 | ・英米の名作の rewrite されたもの(Charles Lamb and Mary Lamb, *Tales from Shakespeare* や、Mark Twain の自叙伝のリトールド版) |
| 宮本(1995) | ・オーセンティックな教材<br>・「ありのままの英語」 | ・鉄道の駅のプラットフォームや、列車の中で聞くアナウンス |
| 西村(1996) | ・生の(authentic)材料 | ・料理本、買い物、案内状 |
| 『英語教育』第 45 巻、第 9 号特集(1996) | ・「生きた英語」 | ・映画のせりふや児童文学<br>・雑誌や新聞の記事、ラジオ・テレビ放送、インターネット上に掲載された情報、広告、買い物のレシート、道路の地図やバスの路線図など |
| 浅野(1996)*<br>*上記特集の掲載論文 | ・オーセンティックな教材[論文のタイトルのみで使用]<br>・"authentic materials"<br>・「生の英語」 | ・日常生活の中で使うもの(荷札、各種の記入用紙、時刻表、地図、広告など) |
| 佐野(1996) | ・自然なままの(authentic)もの | ・新聞、雑誌、パンフレット、広告など |

出典: 各文献をもとに筆者が作成

註 1: 文献は、出版年順に引用した
註 2: 表中の引用符(「　」や"　")は、各文献の表記のとおり

## 1.4　オーセンティック教材と「オーセンティック」教材

　これまでの議論を踏まえて、オーセンティック教材の解釈として以下の2点を示す。加えて、各々の解釈に従った場合、オーセンティック教材を本書でどのように表記するか、序論で示した表 0.2 を再掲する。

**表 3.2（表 0.2 再掲）　オーセンティック教材と「オーセンティック」教材**

| オーセンティック教材の解釈の仕方 | 本書の表記方法 |
| --- | --- |
| 1) オーセンティック教材の意味を、本来の意味で解釈<br>・オーセンティック教材とは、教育目的ではなく、実生活においてメッセージの授受を行なうために、書かれたり話されたりした用例を題材にした教材。<br>・コミュニケーション能力育成を目指す CLT では、オーセンティック教材を 1) の意味で解釈。<br>・文学教材をオーセンティック教材の1つと見なし、積極的に活用。 | オーセンティック教材 |
| 2) オーセンティック教材の意味を、狭義に解釈<br>・オーセンティック教材の意味を説明する際、より日常的で具体的な題材を教材化したものを、「オーセンティック」教材と見なす。<br>・コミュニケーション能力育成を目指してきた近年の日本の英語教育では、多くの場合、2) に従ってオーセンティック教材の意味を解釈したと思われる。<br>・文学教材は「オーセンティック」教材ではないと見なし、敬遠。 | 「オーセンティック」教材 |

出典: 表作成は筆者による

　本書では、2) 狭い意味でオーセンティック教材を解釈した場合、「オーセンティック」教材と表記するが、この表記の仕方は Cook (2000) に依っている。Cook (2000) は、オーセンティックという言葉が狭義に解釈された場合、文学作品のように「創作された用例（"[invented] examples"）」は、「いわゆる『オーセンティック』用例（"so-called 'authentic' examples"）」にとって代わられ、「語学教育の手段や到達目標として、文学を用いることは廃れた（"The use of literature both as a means and an end of language teaching declined"）」と指摘した (Cook, 2000: 189)。上記 2) の解釈に従った場合、カギカッコつきで「オーセンティック」教材と記す理由は、Cook (2000) が「いわゆる『オーセ

ンティック』用例("so-called 'authentic' examples")」という言葉を用いたことと関連する。コミュニケーション能力育成を目指した近年の日本の英語教育は、Cook (2000) が皮肉を込めて称している「いわゆる『オーセンティック』用例」を教材化したものを、「オーセンティック」教材と見なすことが多かったと言えるだろう。オーセンティック教材の意味を本来の意味で解釈していないことに対する批判的な姿勢を示すため、本書では上記2)の解釈を指す際、カギカッコつきの「オーセンティック」教材という言葉を用いたい。

また、このような「オーセンティック」教材の解釈は、序論で考察した、1998年版・2008年版『中学校学習指導要領』、1999年版・2009年版『高等学校学習指導要領』の記載事項ともつながる。要点を繰り返せば、これらの指導要領は「実際の言語の使用場面や言語の働き」に配慮した教材を用いるべきだという但し書きをつけ、「言語の使用場面の例」と「言語の働きの例」を細々と示した。その結果、「実践的コミュニケーション能力」育成のためには、これらの例にならって実用的な教材を用いる必要があり、文学教材は敬遠するべきだという一般的な解釈が生まれたと考えられる。オーセンティック教材の解釈もこの発想と通底しており、実用的な用例を「オーセンティック」と解釈する一方で、文学は実用的ではないと見なしたのではないだろうか。

最後に、改めて本書のオーセンティック教材に対する基本姿勢を繰り返す。オーセンティック教材という概念が本来の意味で解釈された場合、この概念自体に問題はない。是正すべき点は、オーセンティック教材の概念が狭く解釈された結果、文学が排除されるという極端な事態が生じている点である。

## 2.「オーセンティック」教材の概念形成上、直接的・間接的に影響を与えた事象—1980年代から2000年代初頭を中心に—

表3.2のような1)本来の意味でのオーセンティック教材と、2)狭い意味での「オーセンティック」教材の解釈を踏まえた上で、本節では、直接的・間接的に日本における「オーセンティック」教材の概念形成に影響を与えたと

思われる、出来事や話題になった問題を分析していく。なおここでは、本書全体の考察対象期間に従って、考察の範囲を 1980 年代初頭から 2000 年代初頭に絞りたい。

## 2.1　国際競争の激化と経済界からの提言

　1980 年代といえば、Wood(1992)が指摘するように、日本は「今世紀最大の金融ブーム("the biggest financial mania of this century")」、いわゆる「バブル経済("Bubble Economy")」を経験した(Wood, 1992: 1)。この時代は、円高を背景にして日本の企業がこぞって海外進出を目指した時期でもあった。たとえば 1985 年初めから 1991 年初めまでの間に、ハワイのおもなリゾートホテルのうち、2 つを除くすべてが日本人開発業者の手に渡ったことはその一例であろう(Wood, 1992: 63 参照)。

　また、1980 年代以降、経済の国際競争激化を受けて、「英語教育に『特化』された提言」が経済界から次々と出され、ビジネスで役立つ英語力が一層求められていった(水野, 2006)。経済界から日本の英語教育への提言は、1990 年代を経て 2000 年代に入っても断続的に続いた。なかでも 2000 年に経済団体連合会(以下経団連)が提出した「グローバル化時代の人材育成について」は、「英語等のコミュニケーション能力の強化」と称した項目を立て、従来の英語教育に対する不満と、将来の同教育に対する要望を明らかにしている。それによると、近年はグローバル化を背景として「英会話力をはじめとするコミュニケーション能力」が求められているが、「わが国の英語教育は、読み書き中心であることから、聞く、話すといった英会話力がなかなか向上しない」という(経団連, 2011; 水野, 2006 も参照)。さらに同提言では、高等学校までの英語教育では「難解な英語の文章を解読する能力を身につける前に、日常で使用する基本的な英語表現を反復練習等によって身につけ、実用的な英語力を習得することに力点を置くべきである」として、「<u>英会話を重視した英語教育に一層の力を入れるべきである</u>」と提案している(経団連, 2011; 下線は原文どおり)。「日常で使用する基本的な英語表現」の反復練習が、「実用的な英語力習得」と結びつき、「英会話力をはじめとするコミュニケーション能力」育成に役立つというのである(経団連, 2011)。さらに大学・

大学院の英語教育では、「英語のコミュニケーション能力」育成に焦点を当て、教材に関しては「現代的、時事的なテーマを活用する等の創意工夫が必要」と注文をつけている(経団連, 2011)。経団連(2011)が描く理想の英語教育像は、英語のコミュニケーション能力育成は英会話力向上とほぼ同意であり、たとえばビジネスや日常生活で用いられている英語をもとに作成した教材を活用して実用的な英語力を身につける教育像ではないか。そしてこのような教育の場では、「難解な英語の文章を解読する」際に用いられそうな文学作品を積極的に活用することは、ほぼ想定されていないと言えよう。

これまで概観したように、1980年代から2000年代の日本ではグローバル化・企業間の国際競争の激化を背景として、実用的な英語力を効率的に養う教育が求められてきた。このような時代背景を踏まえながら、以下の項目では、1980年代から2000年代に起きた個々の事象に焦点を当て、コミュニケーション能力育成を目指す日本の英語教育において、なぜ日常的な題材を教材化したものを「オーセンティック」教材と見なすようになったのか、その発想が生まれた背景を探っていきたい。

## 2.2 "World Communications Year: Development of Communications Infrastructures"(1983年)

コミュニケーション能力育成を目指す日本の英語教育と、狭義の意味で解釈された、「オーセンティック」教材のかかわりを考える上で、「コミュニケーション」の意味が問題になるだろう。そこでまずは、日本の英語教育関係者がコミュニケーションという言葉をどのように解釈していたかに目を向けたい。

北(2006)は、『英語教育』創刊号(1952年)から2000年代に至るまでの同誌を調査し、「コミュニケーション」という言葉の含意を分析している。それによると、1970年代初め頃からコミュニケーションという言葉が出始めたが、当時は「別段流行した言葉でもなかったようである」としている。その上で、1980年代半ば頃になってこの言葉が『英語教育』誌上で盛んに用いられるようになった様子を紹介している(北, 2006: 49)。「コミュニケーション」という言葉が含む意味に関しては、「国際的(異文化間)」コミュニ

ケーション、「積極的な」「自己表現としての」コミュニケーション、「役に立つ」「実践的な」コミュニケーションという「3つの意味が、あまり区別もされず混濁した形で暗示されている」と指摘している(北, 2006: 47)。

　北(2006)は、英語教育に携わる教育・研究者の間で、コミュニケーションという言葉が、明確な定義をもたないまま広がっていった様子を示した点で興味深い。その一方で、この言葉が英語教育以外の場でいかに受け止められたかについて考察する必要もあろう。なぜならば、すでに序論5.でふれたように、コミュニケーション能力に対する「一般的な解釈」、すなわち狭義の解釈を生み出す上で、英語教育関係者ばかりではなく、広く世論も関与したと考えられるからである。

　そこで次に、国際連合(以下国連)総会が定めた"World Communications Year: Development of Communications Infrastructures"(1983年)を例にとって、コミュニケーションという言葉がメディアでどのように伝えられたかに注目する。メディアの報道は、情報の受け手である一般大衆の考え方に、程度の差はあるものの、何らかの影響を与えると考えるためである。

　そもそも"World Communications Year: Development of Communications Infrastructures"は、どのような趣旨で定められた国際年だったのか。Butler(1983)は本来の意図を次のように説明している。

> It was in recognition of "the fundamental importance of communications infrastructures as an essential element in the economic and social development of all countries" that, in proclaiming 1983 World Communications Year, the General Assembly of the United Nations deliberately added the sub-title Development of Communications Infrastructures.　　(Butler, 1983: 7)

　Butler(1983)は、この国際年につけられた副題("Development of Communications Infrastructures")に注目して、本来の趣旨を説明している。すなわち、1983年は、すべての国々の経済的・社会的発展のために欠かせない、通信機関の基盤づくりを世界的に推進するために設定されたという。

　ここで注目したい点は、"communications"の意味である。*Collins COBUILD*

*English Language Dictionary*(1987)によると、"communication" には次の3つの意味がある。

1) Communication is the activity or process of giving information to other people or to other living things, using signals such as speech, body movements, or radio signals.
2) Communications are the systems and processes that are used to communicate or to broadcast information, especially those that use electricity or radio waves.
3) A communication is a letter, telephone call, or some other message; a formal use. 　　　　　　　　　　　　　(*Collins COBUILD*, 1987)

さらに、同辞書によると、上の定義のうち、1)は不可算名詞として用いられ、2)は複数形で使用され、3)は可算名詞として用いられるという。Butler(1983)の説明を改めて見ると、"World Communications Year: Development of Communications Infrastructures" で用いられている "communications" の意味は、2)に該当することがわかる。

一方日本では、"World Communications Year: Development of Communications Infrastructures" は、「世界コミュニケーション年」と邦訳された。この訳では、もともとつけられていた副題が省略されている。さらに、日本語に訳す際、複数形の "communications" と単数形の "communication" の区別をつけることが困難なためか、単に「コミュニケーション」と訳されている。その結果、この国際年の日本語訳だけを見た場合、上の定義2)以外の意味でコミュニケーションという言葉を使っている、とも解釈できるのである。

それでは、「世界コミュニケーション年」は、どのように日本のメディアで報道されたのだろうか。いくつかの具体例を見たい。まず、テレビ番組では、1983年10月1日に、「世界コミュニケーション年」を記念して開かれた会議についての番組「国際社会とコミュニケーション―日本は情報の十字路となりうるか」が、NHK教育テレビで放映された。また、1983年12月8日から1984年3月22日まで、「コミュニケーションと言語」というシリー

ズ番組が、テレビ朝日系列で放映された。同シリーズでは、「言語とコミュニケーション」、「コミュニケーションの地球化」などの番組が制作された。さらに1983年10月28日に、NHK教育テレビで放映された「思春期からの発言——頭にくること」は、「現代の親と子のコミュニケーションの落差」などについて取り上げた(国立国語研究所, 1984: 33–38)。

また、「世界コミュニケーション年」は、さまざまな形で新聞にも掲載された。この国際年が1983年に始まったことを報じた記事ばかりでなく(朝日新聞, 1983年1月1日など)、関連企業の広告も載せられた。その中には、情報通信機器に直接かかわる会社が、"World Communications Year: Development of Communications Infrastructures" の元来の目的に沿って出した広告もあった。一方、情報通信には直接関係をもたない企業が掲載した広告もあった。たとえば製菓会社は、この国際年にいわば便乗し、記念切手のデザイン公募のスポンサーとなり、自社製品の販売促進に努めた。図3.1の広告には、「切手のデザイン募集」というタイトルの下に、「人も動物も植物も、みんなコミュニケーションしているから、仲良しなんだ。今年、1983年は、地球上の隣人が、一緒にこの問題を考える『世界コミュニケーション年』です」と記されている(朝日新聞, 1983年1月1日: 18)。そして、今回、切手のデザインを公募することになった理由は、「あなたの作品が世界コミュニケーション年切手となって、世界と対話」するためだという(朝日新聞, 1983年1月1日: 18)。この公募に当選した切手のデザインは、図3.2にあるように、人と人のつながりを強調した図柄になっている。

もともと情報通信網の整備を目指して作られた "World Communications Year: Development of Communications Infrastructures" は、日本では「世界コミュニケーション年」という名のもとにメディアで取り上げられた。もちろん、この国際年本来の意図を汲み取って報道された場合もある。その一方で、「みんなコミュニケーションしている」と言い、記念切手が世界との対話の一助になると謳う新聞広告に見られるように(朝日新聞, 1983年1月1日: 18)、この国際年を契機に人と人が日常生活でコミュニケーションを図る大切さを説いた場合もあった。

1983年に制定され、「世界コミュニケーション年」と邦訳された、"World

第3章 日本の英語教育におけるオーセンティック教材の解釈　85

出典:(朝日新聞, 1983年1月1日:18)

図3.1　「世界コミュニケーション年」に出された広告

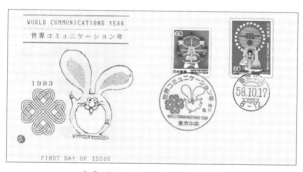

出典:("First Day of Issue," 2010)

図3.2　「世界コミュニケーション年」の記念切手

Communications Year: Development of Communications Infrastructures" は、コミュニケーションという言葉を国内に広める上で一役買った。コミュニケーションという言葉は、経済界、英語教育関係者、世論など、さまざまな人々の思惑や解釈を呑み込みながら、茫漠たる輪郭を形成していったと言えるだろう。そして、これら各方面の人々の解釈に接点を見出すとすれば、コミュニケーションという言葉と、日常性・実用性を関連づけたことである。この

ように解釈されたコミュニケーションを英語で図る能力を育成する上で、日常的で実用的な教材志向が生まれても不思議ではない。

## 2.3　JETプログラム(1987年開始)とALT

　序論でふれたように、1989年告示の中学校・高等学校の学習指導要領では、「外国語で積極的にコミュニケーションを図ろうとする態度を育てる」ことを目指し、初めて「コミュニケーション」という言葉が教育目標に盛り込まれた。これらの学習指導要領が告示される2年前の1987年、JET(The Japan Exchange and Teaching)プログラムが導入された。このプログラムは、語学指導などを行なう外国人青年を日本に招致する「国家的プロジェクト」であり(伊村, 2003: 229)、日本の英語教育界で「聞くこと話すことを重視する1つの方策として」開始されたという(次重, 2002: 248)。これ以前にも、英語の母語話者を日本に招く取り組みは行なわれてきたが、JETプログラムは母語話者の「量的拡大」に努め、各地の学校に人員を配置できた点で、英語教育に与えた影響は大きかったという(伊村, 2003: 228-229)。さらに、JETプログラムによって英語の母語話者が来日し始めた時期と、日本の英語教育界に「Communicative Language Teachingの様々なアイディアが導入」された時期は、ほぼ同時期であると言われ(和田, 1996: 8)、両者は密接にかかわりあいながら日本の英語教育に変化をもたらしたと思われる。

　JETプログラムによって招致された外国人の中で、外国語教育に携わる人員はALT(Assistant Language Teacher)と呼ばれ[3]、1987年には813名がアメリカ、イギリス、オーストラリア、ニュージーランドから来日した。その後もALTの人数は順調に伸び、2009年7月1日時点で24カ国から4063名が来日している(JET Programme Participant Numbers, 2010参照)。

　表3.3を見ると、一見、さまざまな国からALTが来日しているように思われる。しかし、表3.3をもとに円グラフを作成すると、彼らの大多数が英語を母語とする国から来日していることが明らかになる。

　図3.3から明らかなように、ALT総計4063名のうち、60%がアメリカ、9%がイギリス、6%がオーストラリア、4%がニュージーランド、11%がカナダからそれぞれ来日している。つまり、90%のALTがKachru(1985, 1988)の言

表 3.3 JET プログラムに参加している ALT の国籍および人数
(2009 年 7 月 1 日時点)

| 国籍 | ALT 数 | 国籍 | ALT 数 | 国籍 | ALT 数 |
|---|---|---|---|---|---|
| US | 2,428 | Peru | 0 | India | 11 |
| UK | 373 | Spain | 0 | Philippines | 0 |
| Australia | 251 | Israel | 0 | Netherlands | 2 |
| New Zealand | 180 | Italy | 0 | Bulgaria | 0 |
| Canada | 459 | South Africa | 102 | Singapore | 51 |
| Ireland | 93 | Argentina | 0 | Jamaica | 52 |
| France | 8 | Belgium | 0 | Malaysia | 0 |
| Germany | 2 | Finland | 1 | Barbados | 8 |
| China | 9 | Mongolia | 1 | Luxembourg | 1 |
| Korea | 3 | Austria | 1 | Trinidad & Tobago | 24 |
| Russia | 1 | Indonesia | 0 | Kenya | 1 |
| Brazil | 0 | Switzerland | 0 | Antigua and Barbuda | 1 |
| | | | | 参加人数計 | 4,063 |

出典:(JET Programme Participant Numbers, 2010)のデータをもとに筆者が作成

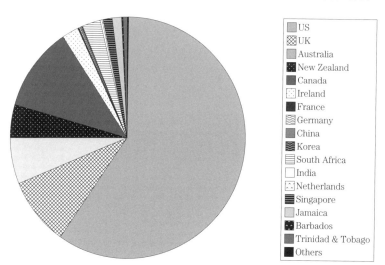

出典:(JET Programme Participant Numbers, 2010)をもとに筆者が作成
註: 凡例のうち "Others" は、ALT を 1 名のみ来日させた国を示す

図 3.3 JET プログラムに参加している ALT の国籍および人数の割合
(2009 年 7 月 1 日時点)

う"The Inner Circle"から参加している[4]。

　JETプログラムで招致されたALTは、状況に応じて単独で授業を行なったり、日本人英語教師とともにティーム・ティーチング(Team Teaching)を行なったりしている。和田(1996)によると、ALTが日本の英語教育に参加することによって、長年「試行錯誤」を繰り返してきた言語活動が、「一気に具体化」され、授業が変わったという(和田, 1996)。

　それでは、ALTが英語教育に参加することによって、授業はどのように変わったのだろうか。たとえば、中学校の英語教員である久米田(1996)は、日常的な題材を扱った読解教材をALTと協同で作成した事例を紹介している。久米田(1996)によると、彼らが作成した教材は、ALTの母国であるカナダの1都市に関する案内や、同国で人気があるスポーツの紹介、日常生活の様子などについて英語で書いたものだという(久米田, 1996)。また、高等学校の英語科目「オーラル・コミュニケーションA」で、ティーム・ティーチングを行なう例について論じた高梨・緑川・和田(1995)は、ネイティブ・スピーカーが教えるメリットは、「オーセンティックな英語を聞かせることができる」点だと主張している。その一方で、日本人英語教師の弱点は、「オーセンティシティ(authenticity)」を欠くことであり、両者の利点を活かし欠点を補いながら行なうティーム・ティーチングの有益性を強調している(高梨, 緑川, 和田, 1995: 138–139)。さらに、高等学校の英語科目「オーラル・コミュニケーションⅠ」について論じる際、木塚(2001)は、「英語を聞く・話すことがねらいの科目」のため、可能な限り「ティーム・ティーチングで行なうことが望ましい」と提言している。同著者は、電話、旅行、レストランなどの場面で交わされる会話を想定して授業を行なうことを勧め、会話の中に「外国人指導助手が入ることで、より現実的に英語を聞く・話すという状況をつくり出すことができ」る、としている(木塚, 2001: 135)。

　以上考察したように、ALTは、JETプログラムを利用して来日した人材に限って見た場合、1980年代後半から日本の英語教育に本格的に参入し、その大多数は英語を母語とする国々から来日している。序論でふれた「『英語が使える日本人』の育成のための行動計画」も英語の母語話者が教壇に立つ意義を強調し、「ネイティブスピーカーの活用は、生きた英語を学ぶ貴重な

機会である」としている(文部科学省, 2003)。英語の母語話者が表出する英語はオーセンティックであり、彼らの力を借りればオーセンティック教材を提供できるという認識を与えた点で、ALT は、コミュニケーション能力育成を目指す日本の英語教育に大きな影響を与えたと言える。しかも、彼らがかかわる授業は、聞く・話すことをおもに扱い、日常的な場面で使う英語を題材にした教材を用いることが多い。ALT が日々の授業で実際に使う英語が「生きた英語」と見なされる状況は、すでに文字化され紙媒体の形で提供されることが多い文学教材が、「オーセンティック」とは見なされにくい土壌を作る要因の 1 つになったと言えるだろう。

### 2.4 IT の発展―コーパスの普及を中心に―

2.2 の項でふれたように、1980 年代に入って情報通信網の整備が世界的規模で急がれるようになった。この年代から 1990 年代にかけては、IT (information technology: 情報技術)が飛躍的に進歩した時期でもあった。たとえば 1984 年には、アップル(Apple)社のパーソナル・コンピューター、マッキントッシュ(Macintosh)が発売された(Monaco, 2000: 521)。1990 年にはバーナーズ＝リー(Tim Berners-Lee)がワールドワイドウェブ(World Wide Web)の運用を開始した(Monaco, 2000: 555)。1996 年には、検索エンジンを運営するヤフー(Yahoo)が株式を公開し、本格的に事業を開始した(Monaco, 2000: 557)。

このような IT の発展に伴って、英語が世界に広がったと Widdowson (2003: 56)が指摘するように、IT の発展は英語という言語、ひいては英語教育にも大きな影響を与えてきた。本項では、さまざまな IT 発展の成果のうち、英語教育ともかかわりが深い、コーパスを取り上げる。まず、コーパスの意味を確認した上で、この技術が海外の英語教育でどのように活用されたか言及する。その上で、日本の英語教育とコーパスのかかわりについて考える。これらの考察を踏まえた上で、コーパスという技術が、わが国の英語教育における「オーセンティック」教材の解釈にどのような影響を与えたか考えたい。

### 2.4.1 コーパスの意味

*The Oxford English Dictionary* によると、コーパスという言葉の起源は古

く、もとは「人間や動物の体」という意味を表していた(*Oxford English Dictionary*, 1989)。本項で扱う事項と関連する、「言語分析の基礎になる書き言葉・話し言葉の資料の総体("The body of written or spoken material upon which a linguistic analysis is based")」という意味でコーパスという言葉が使われ始めたのは、20世紀後半からだという(*Oxford English Dictionary*, 1989)。さらに、当初は、言葉を収集・分析する上でコンピューターの使用は前提になっていなかったが、現在は、通常コンピューターを用いて情報処理をしている。そこで本項で扱うコーパスの意味は、「自然な言語データをバランスよく電子的に集めたもの」と定めたい(石川, 2008: 6 参照)。

コーパスは、情報の収集理念や収集方法などによって何種かに分類できるが、言語資料をどのような範囲から集めるかに焦点を置くと、一般コーパス(general corpus)と特殊コーパス(specialized corpus)に分かれる。前者は、特定のタイプのテクストに偏ることなく、幅広い分野のテクストから収集された言語データを指し、後者は、特定分野で用いられている言語を対象にして収集された言語データ示す(*Longman Dictionary*, 2010; 石川, 2008: 7-8 参照)。

### 2.4.2 *A Comprehensive Grammar of the English Language* と *Collins COBUILD English Language Dictionary*

1980年代半ばには、一般コーパスを駆使した「巨大なプロジェクト("huge projects")」が2件完成した(Howatt, 2004: 259)。1985年出版の文法書 *A Comprehensive Grammar of the English Language* と、前2.2で "communication" の意味を分析する際に参照した辞書、*Collins COBUILD English Language Dictionary*(1987年出版)である。

*A Comprehensive Grammar of the English Language* が使用したおもなコーパスは、The Survey of English Usage(SEU)、The Brown University Corpus (Brown Corpus)、The Lancaster-Oslo/Bergen Corpus of British English(LOB Corpus)である(Quirk, Greenbaum, Leech, and Svartvik, 1985: 33 参照)。SEUは、イギリスの出版物と話し言葉のデータを幅広く収集し、ほぼ手作業でこれらを整理したため、「コンピュータ援用以前の現代英語コーパス」と称さ

れている(齊藤, 1992a: 7)。また Brown Corpus はアメリカの書籍・出版物、LOB Corpus はイギリスの書籍・出版物をそれぞれ情報源とし、コンピューターを用いてデータ処理を行なった(Quirk, Greenbaum, Leech, and Svartvik, 1985: 33 参照)。

中でも Brown Corpus は、綿密な資料の収集方法を考案・実行したため、「以後の大型コーパスの基本」になったと言われている(石川, 2008: 13)。Brown Corpus のデータは、ノンフィクションとフィクションに大別され、ノンフィクションには「新聞」や「各分野の学術書」などが、フィクションには「一般小説、冒険小説、恋愛小説」などがそれぞれ含まれている(石川, 2008: 11)。換言すれば、日常的な場面で用いられた英語と並んで、文学作品の中で使われた英語が Brown Corpus に収められたことになる。

*A Comprehensive Grammar of the English Language* は、上に示したコーパスからの情報をおもに用い、これらを文法的側面から分析している。同書では、コーパスのデータがしばしば直接引用され、文法事項の説明が行なわれている。このようにコーパスを活用したことに関して、*A Comprehensive Grammar of the English Language* の出版社は、同書はイギリス・アメリカ英語の「オーセンティックな言語使用の例("authentic examples of use")」を、文法的な側面から分析していると説明している(Quirk, Greenbaum, Leech, and Svartvik, 1985 裏表紙参照)。

「オーセンティックな言語使用の例("authentic examples of use")」を分析したと謳う *A Comprehensive Grammar of the English Language* では、文学作品から収集されたコーパスのデータが分析対象となるばかりではなく、その用例が直接引用されている箇所もある。たとえば同書がテクストの構成について説明している項目では、パウェル(Anthony Powell)の小説 *Dance to the Music of Time* の1節が直接引用されている(Quirk, Greenbaum, Leech, and Svartvik, 1985: 1445)。また、文学で使われている英語全般についてふれ、「文学的と特別視されがちな英語("LITERARY English")」は、文学以外の「その他の分野("other fields")」でも用いられていると指摘する箇所もある(Quirk, Greenbaum, Leech, and Svartvik, 1985: 24; capital letter by authors)。

1985 年に出版された *A Comprehensive Grammar of the English Language*

は、一般コーパスに収録された英語母語話者の書き言葉・話し言葉を文法的側面から分析し、その結果を英語教育・研究に携わる人々に示した点で意義深い。さらに忘れてはならないことは、*A Comprehensive Grammar of the English Language* が基礎資料としたコーパスには、新聞などと並んで文学作品の中で使われた英語がオーセンティックな用例として収められ、この文法書では文学からのデータを分析対象としている点である。

　一方、1987 年に出版された *Collins COBUILD English Language Dictionary* は、世界初のコーパスに準拠した辞書である。同書は、この辞書のために作られた COBUILD Corpus に基づいているが、すでに言及した Brown Corpus 同様、幅広いジャンルのテキストからデータが収集された。集められた情報は何百万語にもおよび、これらは「本物のテクスト("actual texts")」から集められたという (Sinclair, 1987: XV 参照)。具体的には、「本、雑誌、新聞、パンフレット、広告、会話、ラジオやテレビ番組」などを情報源とし、書き言葉と話し言葉が幅広く収集された (Sinclair, 1987: XV 参照)。さらに Sinclair(1987) は、同辞書は「現在使われているとおりの言語("the language as it is used")」を掲載しているため、英語学習者や教師、研究者にとって「頼りになる手引き("a reliable guide")」になると強調している (Sinclair, 1987: XV)。

　その一方で、Sinclair(1987) は、従来の辞書は人為的に作られた用例を載せてきたと批判を加えている。

> In contrast, invented examples ... have no independent authority or reason for their existence, and they are constructed to refine the explanations and in many cases to clarify the explanations. They give no reliable guide to composition in English and would be very misleading if applied to that task.... We are so accustomed to invented examples that we often forget that they are only of value in helping to explain. Usage cannot be invented, it can only be recorded. (Sinclair, 1987: XV)

　一方、*Collins COBUILD English Language Dictionary* は「創作された用例

("invented examples")」ではなく、実際に英語の母語話者が読み書きした英語が記録されたデータを用いているため、信頼に値し、「独自の権威("independent authority")」をもっているという。

それでは、*Collins COBUILD English Language Dictionary* を編纂する際、英語で書かれた文学作品から、データは収集されたのだろうか。文学は作家が創造したテクストであるため、一見、「創作された用例("invented examples")」に分類されそうだが、実際は多くの文学作品からの用例が同辞書に採用されている。使用された文学作品の例をあげると、スタインベック(John Steinbeck)の *The Winter of Our Discontent*、ゴールディング(William Golding)の *Lord of the Flies*、エイミス(Kingsley Amis)の *Lucky Jim*、クリスティ(Agatha Christie)の *Elephants Can Remember*、オーウェル(George Orwell)の *Animal Farm* や、ドラブル(Margaret Drabble)の *The Needle's Eye* などで、英米の作家の作品を幅広く収録している (Corpus Acknowledgements, 1987: xxii–xxiv)。換言すれば、「本物のテクスト("actual texts")」から文学作品が外されることはなく、「本、雑誌、新聞、パンフレット、広告、会話、ラジオやテレビ番組」などからの情報と同様に、文学で用いられた英語が *Collins COBUILD English Language Dictionary* に収められているのである(Sinclair, 1987: XV)。

1987年の完成からしばらくたった1990年、*Collins COBUILD English Language Dictionary* 編纂の中心的人物だったシンクレア(John Sinclair)が、COBUILD Corpus を発展させ、Bank of English と呼ばれる巨大なデータベースを作り上げる構想を打ち出した(石川, 2008: 32–33)。新旧のデータを入れ替えながら同構想は継続中であるが、現在の Bank of English のデータとして収録されている中身は、書き言葉は「教科書、小説、ノンフィクション、新聞、入門書、雑誌、ウェブサイト、パンフレット、報告書など」だという。話し言葉は「主としてテレビ、ラジオ、会議、面接、議論、会話など」からデータが収集されているという(石川, 2008: 33)。Sinclair(2006)によると、*Collins Cobuild Advanced Learners English Dictionary*(2006)でも、Bank of English から「今日使われている英語の情報("information about today's English")」を抽出しているため、英語を教育・学習する上で高い信頼が置ける

という(Sinclair, 2006)。

「本物のテクスト("actual texts")」(Sinclair, 1987: XV)を情報源とすることから出発した、*Collins COBUILD English Language Dictionary* シリーズは、出版当初から文学作品をオーセンティックなテクストとして扱い、その姿勢は現在も変わらない。

### 2.4.3 コーパスと日本の英語教育

それでは、日本では、コーパスと英語教育のかかわりについてどのように受け止められてきたのだろうか。すでに言及したように、1980年代に国外では、英語の一般コーパスに基づいて文法書と辞書が編纂され、これらを英語教育に活かすことが可能になった。

1980年代初頭の日本に目を向けると、坂下(1983: III)が指摘するように、コーパスは「一般には聞きなれない」言葉だった[5]。1980年代後半になると、1988年11月に「日本英語学会」で、「コンピュータ・コンコーダンスで何が出来るか―OE・ME研究を中心にして―」というシンポジウムが行なわれた(齊藤, 1992b: iii)。さらに1990年5月には、「近代英語協会」で、「近代英語研究とコンピュータ」という題のシンポジウムが開かれた(齊藤, 1992b: iii)。1992年には、コンピューターを利用した研究に関する論文集『英語英文学研究とコンピュータ』が出版された。1993年にはコーパスを専門的に研究する学会、「英語コーパス学会」が設立された(Brief History of JAECS, 2011)。2000年代に入ってからは、コーパスを体系的に研究し、英語教育に活用しようとするさまざまな取り組みがなされている(Song, 2003;『英語コーパス言語学』, 2005, 齊藤, 中村, 赤野編; 石川, 2008;『コーパスと英語教育の接点』, 2008, 中村, 堀田編など)[6]。教育に目的を絞ったコーパスとしては「学習者の産出データをコーパス化する『学習者コーパス』」、「学習レベルに合わせたインプットに触れさせるように、語彙や言語の難易度をコントロールした『語彙レベル制御コーパス』」、「学習素材の研究などをするために作成される『教科書』コーパス」などが考えられており(投野, 2008: 4)、これらのコーパスを活用する方法が摸索されている[7]。

その一方で、コーパスという言葉は英語教育・研究の枠組みから巷にあふ

れ出し、コーパスの膨大なデータを駆使すれば、大学入試や英語の資格試験に合格できると宣伝したり、英会話習得に役立つと謳ったりする傾向も高まっている。このような傾向は、特に受験参考書や一般書に多く見られる。たとえば、大学入試用の英単語集 *DUO 3.0: The Most Frequently Used Words 1600 and Idioms 1000 in Contemporary English*（2000）は、「独自のコーパス（英語圏で実際に発せられた英文のデータベース）の分析」などを通して、掲載する語を選定したと説明している（鈴木, 2000）。そして同書に掲載している単語を習得すれば、「日常的なコミュニケーションにおいても、［各種の英語関連の］試験においても、語彙に関して困ること」はほとんどないとしている（鈴木, 2000）。同様に、英語の受験参考書の著者である赤野は、「コーパスを使えばここまでわかる！」というキャッチフレーズのもと、過去の大学入試問題のデータをコンピューターに蓄積し、このコーパスを使って執筆したため、同書を使えば「試験に『出る語・出る意味・出る例文』が一目瞭然！」と強調している（赤野, 2010）。

また、英語の一般書に目を向けると、小林、Clankie（2009）は、「ネイティブの英単語、フレーズ、決まり文句」を、著者が「複数のデータベース」に集積し、コーパスも活用した結果、同書は「ネイティブの正確で自然な英語の習得」に役立つと説明している（小林, Clankie, 2009）。さらに投野（2004）は、コーパスを活用した「100語でスタート！英会話」というテレビ番組（2003年4月から9月放送）終了後に出版された。同書は、「英米人の日常会話を収集したコーパスのデータから、よく使われる上位100語をコンピューターでピックアップ」したという（投野, 2004: 3）。

これら受験参考書や一般書は、おもに英語を自学自習する目的で出版されているため、コーパスが英語教育で使われる場合とは慎重に区別する必要があるだろう。それでも、一般的な書籍にあふれているコーパスの情報は、一般コーパスと特殊コーパスが渾然一体となり、いわば〈コーパス＝ネイティブの本物の英語→実用的、効率的〉という図式を生み、〈コーパスを使えば、試験に合格する、日常会話がすぐ身につく〉という幻想を生み出しているのではないだろうか。

本来コーパスは、コンピューターを用いて、英語の母語話者が読み書きし

たデータをバランスよく収集したものである。しかも、書き言葉の中には、雑誌・新聞・ニュースなどの「いわゆる『オーセンティック』用例（"so-called 'authentic' examples"）」(Cook, 2000: 189)ばかりではなく、「本物のテクスト（"actual texts"）」(Sinclair, 1987: XV)として、文学作品の中で用いられている英語も収められている。このように、元来、幅広いジャンルのテクストからオーセンティックな英語を収集してきたコーパスだが、日本では、特に一般的な解釈において、実用性、日常性、英会話力などと結びつけられてきたと言えるだろう。しかも、このような解釈に従うと、文学教材がコーパスと結びつけられる可能性は低い。

　本章では、コミュニケーション能力育成を目標に掲げた日本の英語教育では、なぜ文学教材を活用してこなかったのか、その理由をオーセンティック教材の解釈に焦点を当てながら論じた。まずオーセンティック教材のとらえ方を2通りあげ、1)本来の意味で解釈した場合と、2)狭義に解釈した場合を提示した。そして、日本では一般的には2)の解釈を行なった場合が多いとし、なぜこのような解釈が生まれたのか、その背景を考察した。すでに序論で示した学習指導要領の影響の他、1980年代から2000年代にかけての時代背景の中に、日常的な題材を教材化したものを「オーセンティック」教材と見なし、文学は「オーセンティック」教材ではないと見なす直接的・間接的な要因があると考えたからである。具体的には、"World Communications Year: Development of Communications Infrastructures"、JETプログラムとALT、コーパスの問題にふれた。日本では、時代背景の後押しもあって、「オーセンティック」教材というと実生活の言語活動にできるだけ近い教材だと解釈し、日常生活の特定の場面に特化した英語教材を使おうとしたのではないか。そしてこのような発想が、文学教材は「オーセンティック」教材ではないという概念を支えたと思われる。

　本書の立場を改めて確認すると、オーセンティック教材という概念が英語教育の場に出てきたことは、自然な流れだと見なす。CLTがオーセンティック教材使用を特色の1つとするように、コミュニケーション能力育成のためには、オーセンティック教材の活用が欠かせないからである。しかし、現在

の日本の英語教育では、オーセンティック教材の概念が狭義に解釈された結果、文学作品が排除されるという性急な対応が行なわれているため、この点を是正しなければならない。オーセンティック教材とは、教育目的ではなく、実生活においてメッセージの授受を行なうために、書かれたり話されたりした用例を題材にした教材であり、本来は文学教材もオーセンティック教材の中に含まれているのである。

　次章以降では、視点を変えて、「オーセンティック」教材には、文学と結びつけられることが多く、しかもコミュニケーション能力育成に役立つ特色が、どの程度含まれているのか分析する。この分析を通して、「オーセンティック」教材にはこれらの特色が含まれる場合もあるが、文学のほうがこれらを豊富に含んでいると指摘する。その上で、コミュニケーション能力育成を目指しながら、文学を排除している現在の日本の英語教育には、多くの問題点が含まれていると論じていきたい。


註
1. 英語教育における"authenticity"に関して、筆者は以下でも論じた。
   Takahashi, Kazuko. (2007). Is English of Literary Works Really "Unique"?: Doubts about Its Exclusion from Second Language Learning. *Language and Information Sciences* 5: 113–126.
2. Widdowson 自身はこの議論に懐疑的で、母語話者に遂行された用例を、教室の中で教えることが適切か否かという視点が抜け落ちていると批判している。(Widdowson, 2008: 5) 参照。
3. ALT のうち英語教育に関わる外国人は、正式には AET (Assistant English Teacher) と呼ばれる。その一方で、ALT と AET はほぼ同義で用いられることが多く、ALT という呼称の方が一般化していると思われるため、本書では英語教育にかかわる外国人教師を ALT と呼ぶことにする (和田, 1996 参照)。
4. Kachru (1985, 1988) によると、英語を母語とする人々が生活する国々を "The Inner Circle"、英語を公用語とする国々や英語が社会的に重要な役割をもつ国々を "The Outer Circle"、日本のように英語を外国語として学ぶ国々を "The Expanding Circle" と呼ぶ。近年、英語を母語とする国以外の人々が英語を使う場合が増加し、世界英語

(world Englishes)の概念が広がり、ネイティブ・スピーカー(native speaker)に対する概念も曖昧になりつつある。その一方で、JETプログラムを通して来日した人材に限っていうと、大多数のALTが"The Inner Circle"から招致され、彼らが日常的に使う英語をオーセンティックと見なす傾向にある。このような状況もまた、日常的で具体的な題材を教材化したものを「オーセンティック」と見なし、文学教材を「オーセンティック」ではないとする一般的な解釈を支えたのではないか(Kachru, 1985, 1988; Widdowson, 2004: 371 参照)。

5. 坂下(1983)は、アメリカで1981年に出版された *Newsweek* や *New Yorker* などの一般雑誌を分析し、各誌に現れた単語の中で「頻度の高いもの、特徴のあるもの」を抽出している(坂下, 1983: V)。さらに、雑誌からの情報を補うため、英米の文学作品からも文例を引用している。これらの経緯を踏まえると、坂下(1983)の研究成果は、一般コーパスと言える。その一方で、同書は、『現代米語コーパス辞典』という題名をつけながら、情報処理を行なう上でコンピューターを用いていないため、「科学的『コーパス』」とはいえない、と著者本人も指摘している(坂下, 1983: VIII 参照)。

6. 英語コーパス学会のホーム・ページには、過去の大会のプログラムとハンドアウトが掲載されており、その情報によると2000年代に入った頃から、英語教育にコーパスを用いることを題材にした研究発表が行なわれていることがわかる(英語コーパス学会. (2014). 「大会過去の記録」. Online. Internet. November 1, 2014. Available: http://jaecs.com/conference.html)。

7. 中條(2008: 67–68)は、コーパスが抱える問題点を整理して、「検索結果の英語が難しすぎて、学習者が語法の検証や発見にまで至らない」点、「コーパスを利用した教授法が不明であり指導書もない」点をあげ、これらを克服するためのさまざまな実践と研究が、今後も必要だと指摘している。

# 第4章
# 「オーセンティック」教材と文学教材の境界再考

―"literariness"を尺度として―

　第3章では、1980年代初頭から2000年代初頭にかけて起きた出来事や、同時期に注目を集めた事象に焦点を当てた。これらを分析することを通して、日本の英語教育では、なぜ狭い意味での「オーセンティック」教材の解釈が生まれたのか、その直接的・間接的な原因を考察した。現在、日本の英語教育では、「オーセンティック」教材というと、具体的であるいは日常的な場面と結びついた教材を指し、これらは文学教材とは対照的だと見なされる場合が多い。

　それでは、「オーセンティック」教材と文学教材の間にはまったく接点がないのだろうか。これらは、まったく関連性をもたない、対照的な教材なのだろうか。本章では、まずCarter and Nash(1990)が提示した"literariness"の概念を基準にして、「オーセンティック」教材と文学の関係を見ていきたい。

## 1. Carter and Nash(1990)の"literariness"

　カーター(Ronald Carter)とナッシュ(Walter Nash)によると、"literariness"はどのようなテクストにも存在しており、個々のテクストに含まれる文学性は程度問題だという(Carter and Nash, 1990; "literariness"を説明する際の訳語は、斎藤, 2000: 82を参照)。"literariness"をはかるために、Carter and Nash(1990)は、表4.1に示す6つの基準を提示している。

表 4.1 "literariness"(Carter and Nash, 1990)をはかる 6 つの尺度

| Name of the Criterion | Meaning of the Criterion |
| --- | --- |
| 1) Medium Dependence | Medium dependence means that the more literary a text will be, the less it will be dependent for its reading on another medium or media such as tables, graphs, charts, diagrams, pictures, and illustrations. |
| 2) Re-registration | Re-registration shows that "no single word or stylistic feature or register will be barred from admission to a literary context." Any language, such as legal language or the language of instructions, can be used "to literary effect by the process of re-registration." |
| 3) Interaction of Levels: Semantic Density | A text "that is perceived as resulting from the additive interaction of several superimposed codes and levels is recognized as more literary than a text where there are fewer levels at work, or where they are present but do not interact." Interactive patterning emerges, for example, at the level of syntax, lexis, phonology, and discourse. One of the most prominent of these kinds of patterns is contrast. |
| 4) Displaced Interaction | Displaced interaction allows meanings to "emerge indirectly and obliquely." "What is conventionally regarded as 'literary' is likely to be a text in which the context-bound interaction between author and reader is more deeply embedded or displaced." |
| 5) Polysemy | One characteristic of the polysemic text is that "its lexical items do not stop automatically at their first interpretant." In other words, "denotations are always potentially available for transformation into connotations, contents are never received for their own sake but rather as a sign vehicle for something else." |
| 6) Discourse Patterning | Discourse patterning occurs "[at] the suprasentential level." Repeated syntactic patterns of clause and tense is an example of this. |

出典:(Carter and Nash, 1990: 38-42)をもとに筆者が作成

上のうち、たとえば"medium dependence"は、絵や写真、図や表、略語などをテクストでどの程度用いているかに注目し、これらをあまり用いていないテクストを、文学性の高いテクストと見なす。また、"re-registration"は、本来は異なる領域で用いられるテクストに現れる表現形式が、文学性の高い

テクストには多く含まれていることを指している。たとえば文学性の高いテクストは、新聞や雑誌で頻繁に用いられている表現方法を取り込んだり、手紙やメールの本文を挿入したりするなど、多彩な言語使用域を網羅している(Carter and Nash, 1990: 38–42 参照)。

このように Carter and Nash(1990)は、文学的言語と日常的言語を2項対立させることを批判的にとらえ、文学性の高いテクストと文学性の低いテクストは、文学らしさの「連続体("a continuum")」・「連続変異("a cline")」としてつながりあっているとした(Carter and Nash, 1990: 34)。彼らの主張はその後も受け継がれ、特に教育的文体論(pedagogical stylistics)の研究に大きな影響を与えてきた(Simpson, 1997; Schultz, 2002; Hall, 2005 など)。

## 2.「オーセンティック」教材の題材と "literariness"
　―雑誌記事を中心に―

本節では、表4.1で示した "literariness" の尺度の1つ "re-registration" に従って、雑誌に掲載されたいくつかの記事を例にとり、その "literariness" を分析したい。雑誌記事を例に出す理由は、これらが「オーセンティック」教材の題材に選ばれる場合が多いためである。すでに第3章でふれたように、従来、日本の英語教育では、日常的で具体的な題材が「オーセンティック」と見なされることが多かった。第3章・表3.1で示したように、雑誌に掲載された記事は、このような「オーセンティック」教材の題材としてしばしば取り上げられてきた。そこで本節では、代表的な英文雑誌(*Time*、*Newsweek*、*The Economist*)に掲載された記事を分析することを通して、これらの中にどの程度 "literariness" が含まれるのか検討していきたい[1]。

*Time* には "World" と題するセクションがあり、ここでは世界で話題になっているさまざまな出来事が報じられている(*Time*, December 27, 2010 以前は、"The World" という項目名だった)。同セクションには、見開き2頁の中に、世界で起きた10件のニュースが掲載されている(Time, 2012)。

それでは、*Time*, January 25, 2010 の "The World" に掲載されたニュースを例にとって、これらの "literariness" を、"re-registration" の尺度から検

証したい。以下は、"The World" の中で第 4 番目に示された記事である。

出典：(World, Time, 2010: 8)

図 4.1　*Time* に掲載された記事 "Here's to You, Mrs. Robinson"

上は、北アイルランドの "First Minister" の職にあるロビンソン(Peter Robinson)の妻アイリス(Iris)が、年若い愛人のために多額の借金をしたことが発覚したと伝えている。このスキャンダルの結果、政局にも大きな影響が出かねないというのが、この記事の概要である。上図のタイトルに示された "Mrs. Robinson" は、表面的にはアイリスのことを指しているが、ウェッブ(Charles Webb)が執筆した小説 *The Graduate*(1963)に登場する、ロビンソン夫人(Mrs. Robinson)を暗に示してもいる。同作品が映画化された際に用いられた挿入歌 "Mrs. Robinson" は "And here's to you, Mrs. Robinson...." の 1 節から始まり、上の記事のタイトルとほぼ合致する(Simon, 1968, 1986)。映画に登場するロビンソン夫人は、若き主人公ベンジャミン(Benjamin Braddock)を誘惑する人物として描かれているため、同姓のアイリスが現実に起こしたスキャンダルと重ね合わせられ、上の記事のタイトルとして "Here's to You, Mrs. Robinson" が選ばれたのだろう。

また、"The World" の 7 番目の記事を "re-registration" の尺度から見ると、

グアテマラの大統領コロン (Alvaro Colom) は、ある男を殺害した嫌疑がかけられていたが、裁判の結果、その疑いが晴れたという (World, *Time*, 2010: 9)。死亡した男は、同大統領が自分を殺そうとしていると語る姿を、生前ビデオ・テープに録画していた。裁判ではこのテープが証拠品として押収されたが、審議の結果、そのビデオが捏造されたことが明らかになった。この記事には、"The Tale of the Tape" というタイトルがつけられている。これを文字どおりに解釈すると、「(捏造された) ビデオ・テープの話」だが、"tale" には "the complete sum, enumeration, or list" の意味があり、"tape" には "tape-measurement" の用例があるように (*Oxford English Dictionary*, 1989 参照)、このタイトルは何かを測った結果を暗に指しているとも考えられる。*The Oxford English Dictionary* のように確固たる定義を示しているとは言い難いが、"tale of the tape" をボクシング用語に分類し、対戦相手がそれぞれ試合前に行なった計量結果を比較したものを指す、と説明する辞書もある (*Wiktionary*, 2012 参照)。この記事は、タイトルの解釈によっては、ボクシングのイメージを借りて、裁判の勝敗に関する記事を書いている可能性もある。

これまで *Time*, January 25, 2010 の "The World" 欄に掲載された記事を見た。これらの中には、"re-registration" の尺度から見ると、多少の差はあるものの、"literariness" を含んだ記事があることがわかった。さらに、"Here's to You, Mrs. Robinson" のように、ウェッブの小説の映画版とその挿入歌という、文学作品の理解を前提とする記事もあることを確認した。

他の英文雑誌に目を向けると、*Newsweek* には、*Time* と同じように世界のニュースをまとめて報じている "The World on a Page" と題したセクションがある。同セクションに掲載された記事に含まれる "literariness" を、"re-registration" の尺度から見ると、"I Did It My Way" と題した記事がある (World on a Page, *Newsweek*, 2012a)。この記事は、キューバの政治家カストロ (Fidel Castro) の反アメリカ的な姿勢を報じているが、題名はシナトラ (Frank Sinatra) が歌った "My Way" の 1 節を引用しており (Sinatra, 1969, 2009)、歌を取り込んで政治的な記事を報じている。また、中国の銀行が、アメリカの銀行を買収しようとしているニュースには、"The Fed Sees Red" という題名がついた (World on a Page, *Newsweek*, 2012b)。同記事は、中国の

銀行がアメリカの銀行を買収しようとしているが、アメリカ合衆国連邦政府がこれを阻止しようとしていると記している。ここでは、交通関係の用語(タイトルに赤信号を示す"Red"、本文に"green light"と"balk at")が使われ、買収に関する一連の行為を、交通量が多い道路を渡るイメージと重ねて報じている。

さらに The Economist には、"Europe"や"Britain"など世界の主要地域ごとにニュースを報じるセクションがあるが、ここに"Waiting for Angela"というタイトルの記事が載った(Europe, *Economist*, 2010)。この記事は、"In a Berlin cabaret theatre, a comedy that opens with the discovery that Angela Merkel has disappeared is leaving audiences rolling in the aisles"という1文で始まる。ドイツの首相メルケル(Angela Merkel)が、どこかへ姿を消したことが判明した場面で「喜劇("a comedy")」の幕が開き、それを見ていた「観客("audiences")」が動転して、彼女を探す様子が描かれている。この冒頭部は、明らかに創作された話であり、政治的混乱の中で首相が手腕を発揮することを待ちわびる人々の心境が、劇場の場面を借りて示されている。冒頭で「喜劇("a comedy")」に言及している点、さらにメルケル首相の手腕発揮を「待つ」状況を報じている点を考え合わせると、この記事はベケット(Samuel Beckett)作の戯曲 *En Attendant Godot*(1952; タイトルの英訳は *Waiting for Godot*)が下敷きになっていると推測できる。また、別のセクションで、"Campbell's Soup"と題する記事が掲載された(Britain, *Economist*, 2010)。これは、ブレア(Tony Blair)の報道対策アドバイザーであった、キャンベル(Alastair Campbell)の窮地を報道した記事である。キャンベルは、イラクが大量破壊兵器を保持していると、かつて強力に主張したため、同兵器が見つからなかった結末を受けて、糾弾される立場に立たされた。彼は、イラク問題に関する厳しい質問に答える際、歯切れが悪く、周囲に「後味の悪い印象を残した("left a bad taste in the mouth")」という。この記事の題名と本文は、広く知られるキャンベル(Campbell)社の商品(スープ)のイメージを取り込み、これと同じ苗字をもつ人物の苦境を伝えている(Britain, *Economist*, 2010)。

本節では、文学教材と「オーセンティック」教材は、対照的な教材なのか検証するために、従来から「オーセンティック」教材の題材になることが多かった雑誌記事を分析した。そして、これらにどの程度 "literariness" が含まれているのかはかるため、Carter and Nash (1990) が提唱した "literariness" の尺度の1つ "re-registration" を適用した。その際、Time、Newsweek、The Economist から例をあげた。結果、多少の差はあるものの、これらの雑誌には "literariness" を有した記事が掲載されていることが確認できた。加えて、Time に掲載された "Here's to You, Mrs. Robinson" や、Newsweek に載った "I Did It My Way"、The Economist 掲載の "Waiting for Angela" の例に見られるように、映画、歌、戯曲など、文学の理解を前提としている記事がある点も確認した。このような記事を英語の授業で用いる場合、前提となる文学作品を理解できなければ、どのような意図で書かれた記事なのか正確に理解することは難しい。

前章の表3.2でまとめたように、本来の意味で解釈されたオーセンティック教材とは、〈教育目的ではなく、実生活においてメッセージの授受を行なうために、書かれたり話されたりした用例を題材にした教材〉である。「オーセンティック」教材の題材になることが多い雑誌記事には、文学の理解を前提とするものがしばしば含まれる点を考慮すると、文学を英語教育から排除することは、書き手のメッセージを正しく理解する上で好ましくないと言えるだろう。

## 3. "literariness" 以外の尺度を求めて—creativity と narrativity—

前節で見たように、"literariness" は有用な尺度であるが、「オーセンティック」教材と、文学教材の関連性を検討するためには、"literariness" 以外の観点も取り入れる必要がある。なぜならば、Carter and Nash (1990) が発表されてから20年あまりが経過した現在、IT の発展をはじめとして英語教育を取り巻く環境が大きく変化した結果（第3章参照）、より幅広い観点から両者の関係をとらえる必要があるからである[2]。

そこで本節では、従来、文学作品と結びつけられることが多かった2つの

特色(creativity と narrativity)に注目する。creativity と narrativity を新たな尺度に加える意義は、斎藤(2004)から読み取ることができる。斎藤(2004)は、「従来の教養英語教育に対する反発」として「極端な文学忌避」が生じた近年の英語教育に対して批判的な立場に立ち、「文学テクストこそが最良の語学教材である」理由を次のように説明している。

> 第一の理由として、それがまず高度なレベルで実用的だということが挙げられる。文学が現実離れしていて語学教育の役に立たないと主張する人の多くは、我々の日常会話のかなりの部分が過去の出来事に関する広い意味での「物語(ナラティブ)」であること、そして(少なくとも教養のある)母語話者の言説のなかに文学作品に対する言及やそれをもじった洒落が頻繁に現れることに気づいていない。たとえば、物理学の専門用語たる「クォーク(quark)」がジェイムズ・ジョイスの小説『フィネガンズ・ウェイク』から取った言葉であることは、少なくとも教養ある英語使用者の間ではよく知られた事実である。
>
> また、文学の英語は、いわゆる「科学英語」や「ビジネス英語」といった形で特化される「実用」英語よりもはるかに癖がなく、どのような状況にも柔軟に対応できる言語である。文体論的な概念を用いて説明するならば、文学は、ほかのいかなる言語使用域(register)で用いられる言語をも取り込むだけの容量を有している。
>
> さらに文学テクストは単に意味を伝達する媒体であるに留まらず、語彙、文法構造、修辞技巧の選択、音の配列、さらには表記法に至るまで、意匠に即した緻密な計算に基づいて構成された言語構造体である。したがって、学習者の語学的な感性を高めるには、これ以上優れた教材はない。
>
> (斎藤, 2004: 31)

上の第2段落目冒頭では、すでに言及した Carter and Nash (1990) の "literariness" を念頭に置きながら、文学テクストが英語教材として有益である点が説明されている。さらに、第3段落目では、文学テクストが「緻密な計算に基づいて構成された言語構造体」である点を、文学の「語彙」、「文法構造」、

「修辞技巧」、「音の配列」、「表記法」に言及しながら説明している。

　斎藤(2004)の主張の中で、本書が特に注目したい部分は、第1段落目である。同段落では、文学テクストが語学教材として優れていることを、2つの点から説明している。第1点目は、「我々の日常会話のかなりの部分が過去の出来事に関する広い意味での『物語(ナラティブ)』であること」である。第2点目は、「(少なくとも教養のある)母語話者の言説のなかに文学作品に対する言及やそれをもじった洒落が頻繁に現れること」である。そしてこれら2点は、それぞれnarrativityとcreativityに関連して論じられていると思われる。母語話者の日常会話の中では、narrativityとcreativityを含んだ表現が頻繁に用いられているため、これらを豊富に含んだ文学テクストを英語教材として活用するべきであるという主張だと解釈してよいであろう。

　ここで、creativityとnarrativityという概念が、従来どのように解釈されてきたか、確認したい。まず、*The Oxford English Dictionary*(1989)の"creative"の項によると、この言葉は元来、神・神性と結びつけられてきた。それが19世紀頃になると人間の能力と関連づけられるようになり、特に文学作品や美術作品を作り出す人間の能力、さらには作家や芸術家の想像的もしくは創造的な能力を示すようになったという(*Oxford English Dictionary*, 1989参照)。また、*The Oxford English Dictionary*(1989)の"narrative"の項によると、"[an] account or narration; a history, tale, story, recital (of facts, etc)"と記されている(*Oxford English Dictionary*, 1989参照)。さらに、同辞書の"narrative"の項目で説明に使われている"story"の意味は、"[a] narrative of real or, more usually, fictitious events, designed for the entertainment of the hearer or reader...."と記されている(*Oxford English Dictionary*, 1989参照)。これらの定義を見ると、creativityとnarrativityは、文学作品と結びつけられることが多かった概念である。加えて、第5・6章で詳細に論じるように、creativityやnarrativityを含んだ教材は、コミュニケーション能力育成のための活動に活用しやすい。したがって、「オーセンティック」教材にもcreativityやnarrativityが含まれることがわかれば、これらの特色を有したテクストを提供するのならば、文学教材のほうが適切だと主張できる。なぜならば、creativityやnarrativityは、文学教材のほうが豊富に含んでいるた

めである。その結果、コミュニケーション能力育成を目標とする英語教育の場で文学教材を敬遠する姿勢に対して、異議を唱えることができるだろう。

そこで、第5章、第6章では以下の大きな流れで論じていく。

- creativity や narrativity を含んだ教材は、コミュニケーション能力育成のための活動に活用しやすい。
- 狭義の「オーセンティック」教材にも、実は creativity や narrativity が含まれている。
- creativity や narrativity を含んだテクストを用いるのであれば、文学作品が最も適切である。
- 文学作品もオーセンティック教材として活用するべきである。

creativity については第5章、narrativity については第6章で詳細に論じる。両章では、まず creativity と narrativity の意味を定義した上で、これらの特色をもったテクストは、コミュニケーション能力育成のための活動に活用しやすい点を指摘する。次に、「オーセンティック」教材中心に編纂された英語教科書にも、実際は creativity や narrativity を含んだテクストが選ばれている点を示す。そして、creativity と narrativity を含んだテクストを提供するならば、文学作品のほうが適切だと主張していく。

　併せて次章では、creativity の観点から見ると「オーセンティック」教材の題材は、そもそも文学の理解を前提としている場合が多い点も指摘する。さらに、近年の文学の中には、文字の力を十分に活かしながら、時代に合った creativity のあり方を模索している作品もある点にふれたい。このような考察の結果、creativity の観点から見ると、英語教育から文学教材を排除することなく、オーセンティック教材として活用するべきであると論じていく。

**註**

1. Carter and Nash (1990) の "literariness" について、筆者は以下の論文ですでに論じている。

    Takahashi, Kazuko. (2004). "The Use of 'Authentic' Literary Materials in Second Language Learning." Master's Thesis. University of Tokyo.

    Takahashi, Kazuko. (2007). Is the English of Literary Works Really "Unique"?: Doubts about Its Exclusion from Second Language Learning. *Language and Information Sciences* 5: 113–126.

    また、以下の論文でも、筆者は "literariness" について言及している。

    髙橋和子. (2009).「文学と言語教育―英語教育の事例を中心に―」. 斎藤兆史編著.『言語と文学』. シリーズ朝倉『言語の可能性』. 東京: 朝倉書店: 148–171.

    上記のように "literariness" についてはすでに詳細に論じたため、本書では雑誌に掲載されたいくつかの記事を取り上げて、その中に含まれる "literariness" について検討することに留めたい。

2. 昨今の大学英語の授業を例にとると、大多数の学生たちが紙製の辞書ではなく、電子辞書を使って単語の意味を調べる時代になった。また、ごく最近は、携帯電話の機能を使って英単語の意味を調べる学生も多く見られる。これらの身近な例をとっても、IT 技術発展以前と、現在の状況は大きく変わっていることがわかる。なお、この点に関しては、学生へのアンケート結果を示しながら第 7 章で改めて言及する。

# 第 5 章
# creativity からとらえ直した「オーセンティック」教材と文学教材

　第 5 章では、creativity を基準として、「オーセンティック」教材と文学教材の接点を探っていく。はじめに、creativity という言葉が従来どのように定義されてきたか概観した上で、本書における creativity の定義を示す。次に、この定義に従って、creativity をふんだんに含んだ教材はコミュニケーション能力育成を目指す英語教育に有益であると指摘する。さらに、「オーセンティック」教材中心に編纂された英語教科書には、実は creativity を帯びたテクストが選ばれていることを示した上で、creativity を十分に含んだテクストを提供するためには文学が適切であると論じていく。その後、「オーセンティック」教材の題材として選ばれることが多かった新聞・雑誌記事、広告などの例を示し、これらの題材は文学の理解を前提としている場合が少なくないことを示す。加えて、「オーセンティック」教材の題材になることが多い日常会話や広告との比較を通して、文学は映像や音声といった視聴覚的な要素にあまり頼ることなく、文字中心の表記に工夫を加えながら、creativity をふんだんに有したテクストを作り出している点も指摘する。そして、creativity を豊かに含む文学教材を排除することなく、オーセンティック教材として活用するべきであると主張していく。

## 1. creativity の意味の変遷

### 1.1　神から人間がもつ能力へ
　第 4 章で言及したように、元来、creativity という言葉は神・神性と結び

つけられてきた。creativity というと、聖書の中の "In the beginning, God created the heaven and the earth" という記述や (*Genesis*: 1.1)、"So God created man in his own image, in the image of God created he him; male and female created he them" (*Genesis*: 1.27) が想起される。

creativity の概念の中に人間がもつ能力が含まれるようになったのは、神中心の中世文化から人間中心の近代文化へと転換が図られた、ルネサンス (Renaissance) 以降と考えられている。たとえば、creativity という言葉がもつ意味の変遷を考察した Dacey (1999) は、"from earliest times until the Renaissance, it was widely believed that all desirable innovations were inspired by the gods or by God" と記した上で、"During the Renaissance, this view began to give way to the idea that creativity is a matter of genetic inheritance" と説明し、この言葉が人間の能力と結びつけられていった過程を示している (Dacey, 1999: 310)。

神がもつ力から人間がもつ能力へと意味を広げていった creativity という概念は、当初、特別な能力を有した人間、中でも芸術作品を生み出す人々と結びつけられることが多かった。たとえば Cropley (1999) は、creativity と関連づけられた人々の例として、画家、彫刻家、詩人、作家などをあげている (Cropley, 1999: 512)。

その後、creativity は、芸術関連の分野ばかりではなく、多彩な領域で発揮される人間の能力も含むようになっていった。Cropley (1999) はこのように複雑化していった creativity の概念を説明する上で、"'sublime' creativity" と "'everyday' creativity" の2つを示している。"'sublime' creativity" は、これまでにない「偉大な作品 ("great works")」やこれを生み出す能力と関連し、たとえばミケランジェロ (Michelangelo) やアインシュタイン (Einstein)、シェイクスピアといった人物や彼らの作品がこの枠組みに入るという (Cropley, 1999: 514–515)。一方、"'everyday' creativity" は、日常的な領域で発揮される人間の創造力を指し、程度は異なるものの、多くの人々がもつ能力だという (Cropley, 1999: 514–515)。

今や creativity という概念は、特殊な思考や芸術的な作品を生み出す能力に関連するとは限らず、より幅広い領域で何かを生産する力とも関係づけら

れるようになった。

## 1.2 多彩な領域で用いられる creativity という概念

　前項で見たように、creativity という概念が人間の能力を指す場合、当初、特別な能力を有した人間、なかでも芸術作品を生み出す人々と結びつけられることが多かったが、近年、creativity の概念はさまざまな分野で用いられるようになった。たとえばグローバル経済の領域では、20世紀後半の英国ブレア政権(Tony Blair administration、1997年–2007年)のもとで、"creative industries" が注目を集めた。"creative industries" に含まれた産業は、"Advertising, Architecture, Art & Antiques Markets, Computer and Video Games, Crafts, Design, Designer Fashion, Film & Video, Music, Performing Arts, Publishing, Software, and Television & Radio" であり (Department for Culture Media and Sport, 2010)、多彩な領域が creativity と結びつけられたことがわかる。

　また、競争が激しくなったビジネスの世界では、他者に打ち勝つ方策を生み出そうと、"creative management"、"creative leadership" といった用語が使われるようになった(Cropley, 1999: 512)。ビジネス・マネジメントの分野には、"organizational creativity" という概念がある。この概念は、Woodman, Sawyer, and Griffin(1993)によると、複雑な社会構造の中で個人が協力し合って働くことによって、価値ある製品やサービス、アイデアを生み出すことを指すという(Woodman, Sawyer, and Griffin, 1993: 293)。さらに、社会学の分野では、"Creative Class" という新たな階級名が出現した。この階級に属する人々は、おもに何かを創造することによって報酬を得ているとされる(Florida, 2004b: 8参照)。具体的には、科学者や技術者、芸術家、デザイナーなど、特別な知識や技能を用いる職業に就く人々を、"Creative Class" と呼ぶという(Florida, 2004a: xiii)。

　言語教育に関する分野では、creativity は日常的な言語表現と関連づけられることがある。たとえば Carter(2004b: 21) は、"creativity and cultural embedding are not the exclusive preserve of canonical texts but are pervasive throughout the most everyday uses of language" と指摘している。同様に、Toolan(2006: 76)は、"[creative] language use is deep at the core of our language uses and is not just an exceptional decoration; it is a means by which we adjust and adapt to changing circumstances, meet new challenges and needs, and make renewed sense of our lives" と論じている。両者は、日常的な言語には creativity が内包されていることを指摘している。

　以上の例から見られるように、今や creativity の概念と結びつけられているのは、特別な才能をもった天才たち、芸術家、作家、または彼らが生み出した作品とは限らない。換言すれば、かつてはハイカルチャー (high culture) と結びつけられることが多かった creativity という概念が、時代を下るにつれて、多彩な職業に就く人々、または彼らが生産する有形・無形の事物と結びつけられるようになったと言える。

　このような creativity の意味の変遷を、文学教材と「オーセンティック」教材の接点を探るという目下の課題と重ね合わせると、どのようなことが言えるだろうか。文学教材の素材となる文学作品に関して言えば、creativity という概念は古くから芸術家やその作品と結びつけられてきた経緯もあり、文学には程度の差はあるものの creativity が含まれている点は、周知の事実と言ってよいだろう。「オーセンティック」教材の題材に関して言えば、creativity という概念は近年日常的なレベルでも用いられるようになったため、日常的で具体的な題材にも、多少の差はあろうが creativity が含まれている可能性があると言えるだろう。

　次節では、本節で概観した creativity の意味の変遷を踏まえた上で、本書におけるこの言葉の定義づけを行ないたい。

## 2. creativity の定義

　creativity という言葉は、現在さまざまな領域で用いられているばかりではなく、これまでに多様な解釈がなされてきた。これらを踏まえながら、以下では、creativity を基準として、「オーセンティック」教材と文学教材の接点を探ることを前提にして、本書における creativity の定義づけを行ないたい。

## 2.1　既存の言語表現を踏まえて新たな表現を創造すること

　Papen and Tusting (2006) は、creativity の意味を、"making something which is new, which did not exist before the creative act"、"making something which is original, which is unlike things that have been made before" と、簡潔に定義している (Papen and Tusting, 2006: 315)。その上で彼らは、どのような方法を使って、新しく独創的なものを作ることが creativity につながるのか、詳しい説明を加えている。

> [All] meaning making involves bringing together existing cultural resources for a particular purpose in a particular setting. While the meaning-making resources which are drawn on in this process have come from people's previous experiences and may be culturally typical, this combination of particularities is always unique….　　（Papen and Tusting, 2006: 315–316）

　上記によると、creativity は、無の状態から何かを新しく作り出す行為とは限らない。creativity は、各文化の中でそれまで継承されてきた有形無形の事物を踏まえて、新たな何かを創造することだという。このような creativity の解釈は、Papen and Tusting (2006) 以外の研究者も示しており、たとえば North (2006) は、"[the creative act] combines, reshuffles and relates already existing but hitherto separate ideas, facts, frames of perception, associative contexts" という見方を紹介している (North, 2006: 252)。

　上で指摘したように、creativity は無の状態から新たな何かを作り出す場合ばかりではなく、過去から現在へと継承されてきたものを基盤にして何かを創造する場合を含むが、このような解釈は一般的にはあまり意識されていないのではないか。たとえば日常的に用いられている辞書を見ると、*Oxford Advanced Learner's Dictionary of Current English* (2005) の "creative" の項では、"involving the use of skill and the imagination to produce sth [something] new or a work of art" とある (*Oxford Advanced Learner's Dictionary*, 2005 参照)。*Longman Dictionary of Contemporary English* (2005) では、"involving the use of imagination to produce new ideas or things" と説明され (*Longman*

Contemporary English, 2005 参照)、Collins COBUILD Advanced Learner's English Dictionary (2006) では、"A creative person has the ability to invent and develop original ideas, especially in the arts" と記されている (Collins COBUILD, 2006 参照)。これら日常的に使用されている辞書では、"new" や "original" という言葉が説明上用いられていることからもわかるように、新しいものを何もない状態から作り出すことが creative であると見なす場合が多いのではないか。

一方、creativity という概念がもつ、各文化の中でそれまで継承されてきた有形無形の事物を踏まえて新たな何かを創造するという側面は、他者の言葉の伝達と描写について論じた Bakhtin(1981) の解釈と通底している。Bakhtin(1981) は、「我々の言語活動は、その生活とイデオロギー的創造のいかなる領域においても、伝達された他者の言葉—その伝達の正確さと公平さは千差万別だが—に遍く満たされている」としている (Bakhtin, 1981: 337; 和訳はバフチン, 1996, 伊東訳: 152)。日常生活において、意識的または無意識のうちに、我々はこれまで見聞した他者の言葉を引用しながら、新たな言語表現を生み出しているのである。Bakhtin(1981) を援用すると、creativity とは、無の状態から新しく独創的な言語表現を作り出すこととは限らない。むしろ過去から受け継いださまざまな形の表現を、意識的または無意識のうちに組み合わせ、新たな表現を生み出すことだと言えるだろう。そして、このような creativity の側面は、日常的な場面でも頻繁に見られる。我々が何かを表現する際、自身が生み出した表現だけを使うのではなく、他者がすでに表出した多様な表現を素材にすることが多いのである。

本章の目的と照らし合わせると、creativity がもつこの特色は注目すべき点だろう。たとえば「オーセンティック」教材の題材になることが多い広告、新聞・雑誌記事などが、過去に執筆された文学作品を素材にしていることがわかれば、このような題材と文学との接点を示すことができる。加えて、前提となっている文学がわからなければ、これらの題材に含まれる creativity を理解することが難しいことも指摘可能になるだろう。

## 2.2 ユーモアと関連性をもつこと

creativity の 2 番目の特色は、ユーモアと関連づけられる点である。たとえば O'Quin and Derks (1999: 845) は、ユーモアと creativity の結びつきを説明する上で、"the humor-creativity link" という言葉を用いている。彼らによると、従来の「ものの見方の角度 ("the angle of vision")」をずらすことが、ユーモアのある発想を生む鍵だという (O'Quin and Derks, 1999: 845)。さらに O'Quin and Derks (1999) は、"the joy of discovery seems to be a fairly common emotional theme in both humor and creativity" と述べ、これまでとは違った見方を発見し、これを喜ぶ点で、ユーモアと creativity は共通しているとしている (O'Quin and Derks, 1999: 847)。

また、Carter (2004b) によると、creativity とユーモアの結びつきは、日常的な場面でも見出せる。Carter (2004b: 108) は、日常会話を収めたコーパスのデータを分析した結果、「言葉遊び ("verbal play with language")」をはじめとする "linguistic creativity" が多く見られると指摘し、これらは会話にユーモアを込める目的で使用されることが多いと説明している。

このように、creativity が発揮される場面では、ユーモアが創出されることが多いと言えるだろう。この特色と、「オーセンティック」教材と文学教材の接点を探るという本章の課題を考え合わせると、どのような点が明らかになるだろうか。たとえば「オーセンティック」教材の題材になることが多い広告が、文学作品のパロディ (parody) として制作される場合があると指摘すれば、これらの題材と文学との接点を示すことができる。加えて、前提となった文学作品が理解できない場合、文学と広告の間に生じたズレに気づくことができず、そこに込められたユーモアを受け止めることが難しい点も指摘できるだろう。

## 2.3 creativity を理解する相手が必要なこと

誰かの発想や作品などに、creativity がどの程度含まれるのかを判断するためには、これを受け止め、評価をする相手が必要である。もちろん作品や思想などを公表することを願わず、1 人で創作に励む芸術家も少なからず存在するだろう。その一方で、たとえば Carter (2004b: 148) は、"[creativity] almost always depends for its interpretation on the intentions and inferences of the participants" として、creativity を理解する者の必要性を説いている。また、O'Quin and Derks(1999: 848) も、creativity を発揮していると見なされるためには、それを評価する人々の存在が欠かせないとしている。たとえば、芸術家の作品にどの程度 creativity が含まれるかを評価するためには、美術館や博物館に勤務する人々、劇場の観客、作品の購入者などの他者が必要だという。さらに彼らは、"the social dimension in creativity lies in the implicit or explicit evaluation of the creative idea or product" と論じ (O'Quin and Derks, 1999: 848)、社会と creativity の関連性も指摘している。

　creativity がもつこのような双方向性をコミュニケーション能力育成を目指す英語教育と関連づけてとらえた場合、creativity を有した教材にはどのような利点があるだろうか。第2章でコミュニケーション能力育成のための代表的な教授法である CLT に言及した際、同教授法に共通して見られる特色の1つとして、相互交流活動を行なうことをあげた (Richards and Rodgers, 2001: 153–177; Savignon, 2001)。日本の英語教育が目指しているコミュニケーション能力育成のためには、情報の送り手が英語で書いたり話したりした内容を、情報の受け手が理解し、双方向的なやりとりを行なうことが必要である。creativity が成立するためには相互交流が必要であるという点は、コミュニケーション能力育成を目指す英語教育において、必要な観点だと言えるだろう。

## 2.4　さまざまな尺度で解釈が可能であること

　creativity は、さまざまな尺度で解釈をすることが可能である。たとえば Maybin(2006)は、表 5.1 のように creativity を分析する方法を提示している。

　1) の "Linguistic analysis, word and sentence level" は、最もテクストに即して creativity を分析する方法で、7) の "Historical analysis" は最も文脈 (context) に即して creativity を分析する方法である[1]。Maybin(2006: 416)は、上の7種の分析方法を厳密に区別することは困難であり、互いに重なり合う部分があると付け加えている。creativity は一面的に解釈ができる概念ではなく、テクストに即して分析するレベルから、文脈を考慮して解釈するレベ

表 5.1　Creativity の分析方法

| Analysis Type | |
|---|---|
| 1) Linguistic analysis, word and sentence level | Textual |
| 2) Linguistic analysis beyond the level of the sentence | ↑ |
| 3) Multimodal analysis | |
| 4) Interactional analysis | ↕ |
| 5) Ethnographic analysis | |
| 6) Critical discourse analysis | ↓ |
| 7) Historical analysis | Contextualized |

出典：(Maybin, 2006: 417) をもとに筆者が作成

ルまで、さまざまな尺度で解釈をすることが可能な概念である。

　このようにさまざまなレベルで解釈が可能である creativity の特色は、英語教育を実践する上で、何か利点があるのだろうか。creativity に富んだ英語教材を用いた場合、たとえば初級レベルの英語学習者に対しては単語や文章に含まれている creativity の理解に留め、中級・上級になるに従って文脈に即してテクストに込められた creativity を理解するという対応ができる。学習者の状況に応じて、教材を柔軟に活用できる点で、さまざまなレベルで解釈が可能であるという creativity の特色は、語学教材として役立つと言えるだろう。

## 2.5　程度ではかる特色であること

　creativity は、それが存在するか、存在しないかの 2 項対立で評価できる概念ではなく、どの程度存在するかではかる概念である。この点について Carter (2004b: 139) は、"[Creativity is] not a yes/no category. We are dealing with tendencies and not with absolutes. Creativity is clinal" としている。

　creativity は、その有無で論じる問題ではなく、多寡でとらえるべきだという点は、第 4 章で分析した Carter and Nash (1990) の "literariness" と共通している。また、次章で考察する narrativity も「あるかないか ("either-or")」ではなく、「多いか少ないか ("more-or-less")」という観点ではかるべきだという点で (Herman, 2007: 8 参照)、creativity、"literariness" とも共通点がある。

## 2.6 本書における creativity の意味

本章の冒頭ですでにふれたように、creativity という言葉は、現在多様な領域で用いられており、さまざまな解釈がなされている。本書では、creativity を基準として、「オーセンティック」教材と文学教材の接点を探ることを念頭に置き、creativity の定義づけを行なった。その結果、以下5点をあげた。

1) 既存の言語表現を踏まえて新たな表現を創造すること
2) ユーモアと関連性をもつこと
3) creativity を理解する相手が必要なこと
4) さまざまな尺度で解釈が可能であること
5) 程度ではかる特色であること

次節以降では、この定義に基づいて、まず creativity を有した題材は、コミュニケーション能力育成のための活動に活用しやすいことを示す。次に「オーセンティック」教材中心に編纂された英語教科書にも、実は creativity を含んだテクストが選ばれていると指摘する。そして、creativity を有したテクストを提供する上で文学のほうが適切だと論じていく。

## 3. creativity と、コミュニケーション能力育成のための英語教育

本節では、creativity を豊かに含んだ教材を、コミュニケーション能力育成を目指す英語教育で用いる意義を考えたい。

先に creativity の第1番目の特色として、既存の言語表現を踏まえて新たな表現を創造する点をあげた。たとえば学習者にとって身近な題材を例にとり、それが前提としている素材に注目させることによって、新たな気づき (noticing) を与え、言語意識を高める効果が期待できる。近年、コミュニケーション能力を育成する上で、学習者の主体的な気づきが重要だと指摘されているが、creativity の第1番目の特色はこのような気づきを促す上で有益だと言えよう (Doughty and Williams, 1998: 219–220; 和泉, 2009: 45 参照)。

creativity の第 2 番目の特色として、ユーモアと関連する点を示した。この点と関連して Cook(2008)の意見を引用したい。彼は、近年の第 2 言語教育は功利主義的な考えに基づいて行なうことが多いと指摘した上で、言葉がもつ重要な側面である「遊び("play")」を、教育に取り入れる大切さを説いている。

> Could there not be room in second language learning for play, a focus on the code away from the demands of immediate social and ideational skills. For the classroom, like the sitting room where we watch TV ads, can be a place to escape the demands of social interaction rather than confront them: a protected environment where we can gain confidence and skill with the language code through the pleasures of language play. （Cook, 2008: 234–235）

Cook(2008)が上で指摘するように、近年の日本の英語教育も功利主義的な考えにとらわれがちであり、「言葉遊びの楽しみ("the pleasures of language play")」を通して、言葉を学ぶ余裕がないのが実情であろう。現状のままだと、やがてコミュニケーション能力育成のためには、情報の授受を行なう力だけを養えばよいという極論を招きかねない。ユーモアを含んだ教材を使うことによって、余裕のない授業を潤し、「言葉遊びの楽しみ」ひいては言葉を学ぶ楽しみを知る上でも、creativity をふんだんに含んだ教材は欠かせないと言えるだろう。

また、creativity の第 3 番目の特色(creativity が成立するためにはこれを理解する相手が必要であること)と関連して、双方向的な活動を行ないやすい点をあげたい。第 2 章で CLT に言及した際、この教授法に共通して見られる特色の 1 つとして、相互交流活動を行なう点を示した(Richards and Rodgers, 2001: 153–177; Savignon, 2001)。近年、日本の英語教育が目指しているコミュニケーション能力育成のためには、情報の送り手が英語で書いたり話したりした内容を、情報の受け手が理解し、双方向的なやりとりを促す必要がある。creativity が成立するためにはこれを理解する相手が必要な場合があるため、creativity を含んだ教材を用いると双方向的なやりとりが生じやすくなり、コミュニケーション能力育成上、有益だと言えよう。

さらに、creativity の第 4 番目の特色として、さまざまな尺度で解釈が可能な点をあげた。この特色を活かすと、学習者の状況に応じて、教材を柔軟に活用できる利点がある。学習者のレベルによって、単語や文章に含まれている creativity の理解に留めたり、文脈を考慮しながらテクストに込められた creativity を理解したりするなど、多様な活動が行ないやすくなる。

本節で見たように、creativity を含んだ題材は、コミュニケーション能力育成を目指す英語の授業で活用しやすい種々の特色をもっていると言えるだろう。

## 4.「オーセンティック」教材重視の教科書と creativity

### 4.1 大学英語教科書

さて、「オーセンティック」教材中心に編纂された英語教科書には、creativity を含んだテクストがどの程度含まれているのだろうか。まず、大学英語用に出版された教科書の例を見たい。

大学英語教育学会関西支部教材開発研究グループ(1998)の『発信型リーディングの総合演習』は、「英語発信能力の向上に重点をおいて」編集されたリーディング用の教科書である。題材は、「新聞、雑誌、海外の教科書、広告など様々なところから集め」られているため(大学英語教育学会関西支部教材開発研究グループ、1998a: i)、「オーセンティック」教材中心に編まれた教科書だと言えるだろう。

一方同教科書の Unit 3 は、会ってみたい有名人について書かれた雑誌記事を採用しているが、ここには次のような 1 節がある。

> Surely a conversation with your favourite writer should be a profound experience? Well, maybe not. The most brilliant writers can often be the dullest people. For example, the great poet T.S. Eliot was a quiet man who worked in a bank. Wordsworth was an inspector of postage stamps for most of his life. Other writers, though sensitive in their work, can be conceited or obnoxious in person. The American dramatist Tennessee Williams (*Streetcar*

*Named Desire*; *Cat on a Hot Tin Roof*) was often drunk and violent. Con-
　　temporary American writer Norman Mailer is known for his egotism and
　　violence; he tried to kill his wife by stabbing her. Some writers are extremely
　　eccentric. J.D. Salinger, a writer who influenced an entire generation with
　　his masterpiece, "A Catcher in the Rye," suddenly stopped writing and went
　　into seclusion. No one has heard a word from him since. The American poet
　　Ezra Pound decided to stop speaking later in life.
　　　　　　（大学英語教育学会関西支部教材開発研究グループ，1998b: 14）

　上の引用文では、エリオット(T.S. Eliot)からパウンド(Ezra Pound)まで総勢6名の作家があげられている。そして、作家自身の性格は彼らの作品からは想像がつかない場合が多いため、たとえ作品に惹かれその作家に会ったとしても、心に残る経験はできないだろうと主張している。ここでは、各作家の作品について詳細な説明がないにもかかわらず、彼らの性格と作品を比較して、"The most brilliant writers can often be the dullest people"、"Other writers, though sensitive in their work, can be conceited or obnoxious in person"、"Some writers are extremely eccentric" と述べている。上の雑誌記事は、各々の作家が描いた作品を踏まえて彼らの性格分析を行ない、そのズレを指摘する文章を作り上げた点で、creativity の第1番目の特色〈既存の言語表現を踏まえて新たな表現を創造すること〉と関連していると言えるだろう。
　上の雑誌記事の他にも、大学英語教育学会関西支部教材開発研究グループ(1998)の教科書には、creativity を含む教材が用いられている。たとえばUnit 4 では、"If You Can't See / See Us" という見出しのついた照明器具会社の広告を載せている(大学英語教育学会関西支部教材開発研究グループ，1998b: 24)。この見出しは、"see"の意味を「見る」と「会いに(買いに)来る」の2通りにとらえており、ユーモアが込められている。またUnit 5 には、ディズニー(Disney)映画ばかりを見て育った結果、言語習得上問題を抱える子どもに関する雑誌記事がある(大学英語教育学会関西支部教材開発研究グループ，1998b: 43)。この記事の見出しは、"Cartoon Kid Talks Like Donald Duck!" とつけられ、医師のコメント("For all I know he [the child] might still be Don-

ald Duck or Mickey Mouse") も本文で紹介されていて、ディズニー映画の登場人物になぞらえて、子どもの言語発達の遅れを若干のユーモアを込めて記している。

別の大学英語教科書に目を向けると、Knudsen and Mihara (2007) の『新TOEIC テスト：ポイント攻略』は、英語資格試験の1つ、TOEIC 対策用の教科書である。同教科書は、「今日、コミュニケーション能力と国際性を身につける必要性がますます高まっ」たため、「英語コミュニケーション能力を測ることができる TOEIC テスト」で高得点を取ることは、「自分の英語力を強くアピールすることができ」るとしている (Knudsen and Mihara, 2007a)。この教科書で用いられている教材は、広告、観光用のパンフレット、ビジネス・レター、電話での会話などであり、「オーセンティック」教材中心に構成されていると言える。

一方、この教科書の Lesson 6 には、次のような読解問題用の教材がある。

```
Part 7  Reading Comprehension (Single passage)
Questions 1-3 refer to the following office notice.

            A NICER OFFICE IS A MORE PRODUCTIVE OFFICE
         Here are a few things we are grateful to you for NOT doing:
  a. Thank you for NOT forgetting that smoking is not permitted.
  b. Thank you for NOT shouting or yelling.
  c. Thank you for NOT allowing your ringing cellphones to pierce the office
     atmosphere.
  d. Thank you for NOT making off-color jokes or sexist remarks.
  e. Thank you for NOT wearing overpowering perfume or cologne.
  f. Thank you for NOT forgetting to flush the toilet and clean up the wash-
     room after you.
  g. Thank you for NOT forgetting to wear a smile on your face and to offer a
     kind word to your co-workers.

Notes off-color joke「下品な冗談」 sexist remark「性差別発言」 cologne「オーデコロン」 flush「水を流す」 co-worker「同僚」
```

出典：(Knudsen and Mihara, 2007b: 31)

図 5.1 「オーセンティック」教材に含まれる creativity の例

上は、職場内の規則を記した文書だが、7つの注意事項が "Thank you for

第 5 章　creativity からとらえ直した「オーセンティック」教材と文学教材　125

NOT …" の構文で統一して書かれている。"Thank you for …" の構文をあえて使わず、しかも "not" を大文字にして強調している点が特徴的である。ことによると、バックリー (Christopher Buckley) の小説 *Thank You for Smoking* (1994)、またはこれを映画化した *Thank You for Smoking* (2005) をもじって最初の規則 "Thank you for NOT forgetting that smoking is not permitted" が書かれ、それ以降も構文を統一して記されたのかもしれない (Buckley, 1994; Reitman, 2006)。いずれにせよ、規則を記した文書は、事務的に記されていることが多い点を踏まえると、上の文章にはユーモアが込められていることがわかる。

また、同じ教科書の Lesson 2 では、観光客向けに発信されたインターネット上の情報を教材にしている。

> **Bear Mountain Hot Springs**, America's highest, are located at the end of a 7-mile hike through rugged mountain terrain.  Water temperatures run from 105 to 130 degrees.  This is a sensitive salmon spawning area, so visitors are requested to leave their soap at home.
>
> （Knudsen and Mihara, 2007b: 15; bold-faced type by Knudsen and Mihara）

上の文章は高地にある温泉の名所を紹介しているが、同地は環境変化に敏感な鮭の産卵場所でもあるため、ここを訪れる人は「石鹸を家に置いてくる ("leave their soap at home")」ようにと記している。この文章は、鮭の産卵場所を守るために、この温泉でむやみに入浴をしないでほしいという意図を、ユーモアを込めて示している。石鹸と入浴を結びつけることができる読み手であれば、書き手の意図を簡単に理解できるだろう。このように Knudsen and Mihara (2007) で用いられている教材は、creativity の第 2 番目の特色〈ユーモアと関連性をもつこと〉と関係している。

これまで、「オーセンティック」教材中心に編まれた大学英語教科書には、どの程度 creativity が含まれているのか検討した。試みに大学英語教育学会関西支部教材開発研究グループ (1998) の教科書を、大学英語教科書協会のホーム・ページで検索すると、「総合教材・リーディングスキル」のジャン

ルに分類されている。また、同じようにKnudsen and Mihara(2007)の『新TOEICテスト:ポイント攻略』を検索すると、「LL・リスニング教材・TOEIC/TOEFL・リーディングスキル」のジャンルに分類されている(大学英語教科書協会, 2012b)。これらの教科書は、一見するとcreativityとは無縁なジャンルに属する教材のようだが、程度の差はあるものの、実際はcreativityを有した教材を含んでいる。

### 4.2　高等学校「リーディング」用教科書

次に、高等学校の2011年度「リーディング」用教科書の中から、シェア第3位までの教科書を例にとって、creativityがどの程度含まれているのか分析したい。

第1章で示したように、1番のシェアをもつ *Element English Reading Reading Skills Based*(第1章表1.2, No. 1参照)は、正課で映画 *The Dictator* を教材にしており、"Rapid Reading"でダールの短編小説を用いている。しかしその他は、裏表紙に歌を掲載している程度だった。同教科書は、おもに「オーセンティック」教材を用いてコミュニケーション能力育成を目指している。

一方、*Element English Reading Reading Skills Based* の Lesson 17 では、ダイアモンド(Jared Diamond)作 *Guns, Germs and Steel* (1997)のリトールド版が用いられている(大熊, 他, 2008a: 100–101; 出典情報は大熊, 他, 2008b参照)。ダイアモンドの原作はさまざまな観点から人類史を紐解いた書物だが、この一部を教材化したのが、"Necessity Is the Mother of Invention?"である。この題名が"Necessity is the mother of invention"をもとにしていることは明らかだが、最後に疑問符(?)がついている理由は、ここでは必要よりも発明が先行した例を中心に論じているからである。教材の最後は"Invention is often the mother of necessity, rather than vice versa"と記され(大熊, 他, 2008a: 101)、本文全体の内容をまとめている。この教材は、格言に新たな解釈を加えている点で、creativityの第1番目の特色〈既存の言語表現を踏まえて新たな表現を創造すること〉と関連している。

*Element English Reading Reading Skills Based* には、上であげた例以外に

も Lesson 12 で入浴の歴史を扱った教材の中に、ユーモアが見出せる。ここでは以前、ギリシア人が石鹸の代わりにオリーブ・オイルや灰を使って体を洗っていたエピソードが紹介され、"They were no doubt clean, but how would they smell if we followed them down the street today?" とコメントがつけられている(大熊, 他, 2008a: 70)。読者が、オリーブ・オイルと灰の混ざったにおいを、受け入れがたく感じるであろうことを想定して、ユーモアを込めて記した文章と言えよう。さらに、各課の本文以外から creativity と関係した例を指摘すると、Lesson 11 の英作文に、「ジョンは音楽によって世界を変えようとした」という問題がある(大熊, 他, 2008a: 68)。短文の英作文のため、文脈が理解できず執筆者の意図ははっきりとつかめないが、中学・高校の英語教科書にも取り上げられることがある、ジョン・レノン(John Lennon)の歌・"Imagine"(1971)を想定して出題しているのかもしれない。

このように、*Element English Reading Reading Skills Based* は、「オーセンティック」教材中心に編纂されてはいるが、creativity を含む教材も用いられていることがわかる。

シェア2位の *Crown English Reading New Edition* は、雑誌・新聞記事や講演、論説文などをおもな教材として採用している。その一方で、正課で文学教材を扱わずに、"Short Story" や "Rapid Reading" と題した箇所でこれらを用いている(第1章、表1.2、No. 1 参照)。したがって、同教科書も「オーセンティック」教材中心に編纂されていると言える。しかし、このような教科書にも creativity を含む教材が含まれている。Lesson 2 の教材は、月にまつわる錯覚を扱っており、同書の目次では「科学・論説文」に分類されている(霜崎, 他, 2009a)。一方、この教材には次の文章が含まれている。

> As you can imagine, people have come up with many "explanations" over the years.　　　　　　　　　　　　　　　　　　　　(霜崎, 他, 2009b: 34)
> Our experience has always told us that horizons are far away, but there is nothing in our experience to tell us that the "top of the sky" is also far away.
> 　　　　　　　　　　　　　　　　　　　　　　　　　(霜崎, 他, 2009b: 38)

上の2つの引用文には、引用符で囲まれた語句が1つずつ含まれている。このテクストの他の箇所で用いられている引用符は、誰かの発話を引用する場合に限られている。なぜ上の引用文では、"explanations"、"top of the sky"にも引用符がつけられているのか。

　"explanations"、"top of the sky"に引用符が用いられている理由は、おそらくカーペンターズ(Carpenters)の歌・"Top of the World" (1972)をもとにしているからだろう。この歌の中心部分には、"explanation"、"top of the world"が含まれていて、"explanations"と"top of the sky"はこれらをもじっていると思われる: "I'm on the top of the world lookin' down on creation, / and the only explanation I can find is the love / that I've found ever since you've been around. / Your love's put me at the top of the world." "Top of the World"は、中学校の英語教科書に掲載されることがある歌の1つであり(佐野, 山岡, 松本, 佐藤, 他, 2005: 113; 歌詞の引用も左記より)、日本でも幅広く知られた歌と言えようが、*Crown English Reading New Edition* の「科学・論説文」に分類される教材のもとにもなっている。この教材は、既存の言語表現を踏まえて新たな表現を創造している点で、creativity を含んでいると言えるだろう。

　シェア3位の *Big Dipper Reading Course* での文学教材の扱いは、Lesson 20でキルガノンの短編小説を使い、それ以外は正課と正課の間で歌を挿入している程度だった(第1章、表1.2、No.1参照)。一方、この教科書でおもに用いられている教材は、観光案内や説明文、手紙やインタビュー、エッセイが中心であり、「オーセンティック」教材中心に編纂されていると言えるだろう。

　同教科書の Lesson 21 では、エッセイストのブライソン(Bill Bryson)が書いた文章が教材になっている。ここで彼は、空港で身分証明書の提示を求められた際の経験を書き綴っている。

> 　　Finally, at the back of the wallet I [Bryson] found an old Iowa driver's license that I had forgotten I even had.
> 　　"This is expired," he [the clerk] sniffed.
> 　　"Then I won't ask to drive the plane," I replied.
> 　　"Anyway, it's fifteen years old. I need something more up to date."

(松坂, 他, 2008: 132)

係官の求めに応じて、ブライソンは期限切れの自動車運転免許証を提示するが、前者はまるで取り合わない。そこで彼は、免許証が無効だと言うならば、飛行機は運転(操縦)しないから、せめて搭乗させくれるように頼む。ブライソンは、自動車の免許証で飛行機を操縦できないと当然承知していると考えられるため、このせりふにはユーモアが込められている。ところが係官は、このユーモアを解そうとせず、執拗に新たな身分証明書の提示を求めている。creativityの第3番目の特色として、creativityが成立するためにはこれを理解する相手が必要な場合が多い点をあげたが、上の場面ではこの理解者が少なくとも表面上は不在である。自動車運転免許証で飛行機を操縦できないというおそらく誰でも知る常識を踏まえて、ブライソンがユーモアを込めた発言をし、係官がそれに全く応じない状況を描くことによって、全体としてユーモアが込められた場面になっている。

　本節では、「オーセンティック」教材中心に編纂された、大学英語教科書と高校の「リーディング」用教科書の中にも、creativityを含む教材があることを示した。これらの教科書には一見、creativityが含まれないように思えるが、程度の差はあるものの、creativityを含んだ教材が用いられている。

　しかし、creativityを含んだテキストを英語教育に導入するのであれば、文学のほうが適切である。なぜならば、旧来から文学作品はcreativityと深く結びつけられてきたからである。creativityを含んだ教材は、本章3.で考察したようにコミュニケーション能力育成のための活動に活用しやすい点を踏まえると、creativityをふんだんに含む文学作品を英語教育の場から排除する姿勢は是正しなくてはならない。

　さらに、次節で分析するように、「オーセンティック」教材の題材に含まれるcreativityは、文学の理解を前提とする場合が多い点から見ても、文学を英語教育から排除する姿勢には問題がある。

## 5.「オーセンティック」教材の題材と creativity (1)
　　―文学作品の理解を前提とする例を中心に―

　本節では、「オーセンティック」教材の題材として選ばれることが多い題材は、文学の理解を前提としている場合が少なくない点を示す。ここでは、本章 2. で示した creativity の特色の中から 1) と 2) に注目し、5) の特色も考慮しながら、新聞・雑誌記事、広告 (駅の広告板、テレビ・コマーシャルを含む) などを分析する。この分析を通して、「オーセンティック」教材の題材に含まれる creativity をはかり、これらに含まれる creativity は、前提となっている文学作品がわからなければ理解することが難しい点を指摘したい。

### 5.1　既存の言語表現を踏まえて新たな表現を創造する例
　creativity の第 1 番目の特色は、〈既存の言語表現を踏まえて新たな表現を創造すること〉である。ここでは、過去に執筆された文学作品を素材にして、新たな表現を作り出した例に焦点を当てる。そして、一見文学とはかかわりがないように見える領域でも、文学を素材とした言語表現が生み出されていることを示したい。

#### 5.1.1　文学の登場人物名を素材にした例
　　　―メルヴィル (Herman Melville) の *Moby-Dick, or the Whale* を
　　　　中心に―
　「オーセンティック」教材の題材になることが多い、新聞や雑誌記事を見る前に、ごく身近な例から始めたい。メルヴィルが執筆した *Moby-Dick, or the Whale* (1851) は、アメリカ文学史上、今や古典的な作品の 1 つだが、同小説に登場するスターバック (Starbuck) の名は、現在でもいたるところで目にすることができる。コーヒー店を世界的規模で経営するアメリカの会社・スターバックス (Starbucks) が、スターバックに因んで店名をつけたからである (Starbucks, 2010 参照)。確かに *Moby-Dick, or the Whale* には、コーヒーに言及した場面が数箇所ある (たとえば Melville, 1851, 1950: 9, 349, 487)。さらにスターバックは、冷静沈着で勇敢な男として描かれたため (Melville,

1851, 1950: 112)、ことによると彼の好ましい性格も店名に選ばれた理由の1つかもしれない。いずれにせよ、スターバックスのホーム・ページには、スターバックスの社名が、メルヴィルのスターバックに因んでつけられたと明記されている。

## Company Profile

### The Starbucks Story
Our story began in 1971. Back then we were a roaster and retailer of whole bean and ground coffee, tea and spices with a single store in Seattle's Pike Place Market.

Today, we are privileged to welcome millions of customers through our doors every day, in more than 16,000 locations in over 50 countries.

### Folklore
Starbucks is named after the first mate in Herman Melville's *Moby Dick*. Our logo is also inspired by the sea – featuring a twin-tailed siren from Greek mythology.

### Starbucks Mission
Our mission is to inspire and nurture the human spirit – one person, one cup, and one neighborhood at a time.

### Our Coffee
We've always believed in serving the best coffee possible. It's our goal for all of our coffee to be grown

出典:(Starbucks, 2010; ホーム・ページの一部分)

**図5.2　スターバックスの社名の由来**

日本でも、スターバックスの看板はいたるところで目にすることができる。同店の名前が文学作品の一登場人物に因んでつけられたとわからなければ、そこに込められたcreativityを読み取ることなく、単なる店の看板として眺めることしかできない。

　文学の登場人物の名前は、店の名前に留まらず、さまざまな場面で用いられている。たとえば日本語で書かれた新聞から例をとると、「ガリバーと世界」というタイトルの連載記事が、『讀賣新聞』に掲載されたことがある。この連載は、「ガリバーのような巨大な力で、新しい世界の形を描こうとしている」アメリカが他国にもたらす影響を、政治・経済・文化など多角的な側面からとらえた内容だった(「ガリバーと世界1」、『讀賣新聞』、2003年1月3

日)。本記事の「ガリバー」は、スウィフト (Jonathan Swift) の *Gulliver's Travels* (1726) の主人公、ガリバー (Gulliver) を素材にしていることは明らかである。日本の新聞記事からもう一例をあげると、『日本経済新聞』には、「暮れのハムレット」と題するコラムが掲載された。これは日本人建築家が書いた記事で、自身の困惑した心理状況を、ハムレット (Hamlet) のそれにたとえている。シェイクスピアの *Hamlet* は、多くの読者にとって常識だという前提に立ち、ハムレットという人物名に注釈を加えることもなく、筆者は自身をハムレットにたとえているのである (石山、「暮れのハムレット」、『日本経済新聞』、2011年12月21日)。

このように文学作品の登場人物名を素材にして、新たな言語表現が作り出された例は数多く見出すことができるが、これらは英語教育の教材として活用できる。たとえば Andrews (2006) は、"Starbuck has more recently become immortalized since a national coffee franchise has assumed his name" とした上で (Andrews, 2006: 251)、スターバックス以外の社名や商品名もあげて、学習者にとって身近な名前を教材にし、これに注目させることによって、言語意識を高められると指摘している (Andrews, 2006: 251-254)。一方、これらの名前が文学を前提にしているという気づきが得られなければ、そこに込められた creativity を読み取ることは不可能であり、言葉に対する意識を高める機会も逸することになるのである。

### 5.1.2 文学の作品名を素材にした例
――ウルフ (Virginia Woolf) の *A Room of One's Own* を中心に――

文学の登場人物名ばかりではなく、作品の題名を素材にして、新たな言語表現が作り出される場合もある。本項では、「オーセンティック」教材の題材になることが多い雑誌記事の例を通して、そこに含まれる creativity は、文学の理解を前提としている場合があることを指摘したい。

第4章で "literariness" に関する分析を行なった際、*Time* に掲載された "Here's to You, Mrs. Robinson" や、*Newsweek* に載った "I Did It My Way"、*The Economist* 掲載の "Waiting for Angela" の例をあげ、歌や戯曲の理解を前提としている雑誌記事がある点を確認した。このように文学作品の理解を

前提とした雑誌記事は少なくない。

ウルフが 1929 年に発表した A Room of One's Own は、その題名が Newsweek に掲載された記事のタイトルとして用いられた(Tepperman, 2010)。ウルフは A Room of One's Own で、女性が経済的・精神的に自立するためには、「1 人につき年に 500 ポンドの収入と自分だけの部屋("five hundred a year each of us and rooms of our own")」が必要だと主張した(Woolf, 1929, 1987: 108)。一方、2010 年に Newsweek に掲載された同名の記事は、まったく異質の空間を扱っている。この記事は、飛行機の中に設けられた「超高価、極上で、完全に囲われた小さな部屋("superexpensive, superluxurious, fully enclosed little rooms")」(Tepperman, 2010: 54)を紹介している。

出典：(Tepperman, 2010: 54)

図 5.3　Newsweek に掲載された "A Room of One's Own"

昨今の世界的な経済危機を背景として、ほとんどの航空会社がファースト・クラスの座席を旅客機から削減した一方で、一握りの会社はまったく逆の戦

略を打ち出し、「前例にないほどぜいたくな("unprecedented luxury")」座席を設置した(Tepperman, 2010: 55)。Newsweek に掲載された "A Room of One's Own" は、ウルフの作品で描かれた空間と比較すると、かなり異なった空間を扱っている。飛行機という狭い空間の中にもかかわらず、ここで報じられている座席は快適な空間であり、ほぼ完全にプライバシーが約束され、極上のサービスも受けられるという(Tepperman, 2010: 55-57)。さらに、ウルフが女性「1人につき年に500ポンドの収入」が必要だと主張した一方で(Woolf, 1929, 1987: 108)、Newsweek では超高級な座席に座るために、乗客は「最高額の値段("a stratospheric price")」を支払わなければならないと説明している(Tepperman, 2010: 55)。ここで報じられた飛行機の中にある限られた空間は、高額な代金さえ支払えば、男女を問わず目的地に到着するまで占有できる、「自分だけの部屋」なのである。

すべての点において異なる状況を扱っているにもかかわらず、Newsweek に掲載された記事は、ウルフの作品と同じ題名を用いている。その落差からうかがえる点は、ウルフの生きた時代から80年あまりの時間を経た今、空間や金銭に対する感覚が大きく変化したことだろう。

本項では、creativity の定義のうち、第1点目の〈既存の言語表現を踏まえて新たな表現を創造すること〉が見出せる例をあげた。その際、店の名前や、新聞・雑誌記事の例をあげ、これらの素材として文学が用いられる場合があることを示した。確かに、各々の題材に込められた大まかな意味は、文学作品が素材になっていることに気づかなくても理解できる。それでも、これらの題材は、文学作品の理解を前提として作られたり書かれたりした。したがって、そこに込められた creativity を読み取りメッセージを十分に理解するためには、前提としている文学を知ることが欠かせないと言えるだろう。

## 5.2　ユーモアと関連性をもつ例

creativity の第2番目の特色は、〈ユーモアと関連性をもつこと〉である。本項では、この特色を基準にして、店の看板、広告(駅の広告板、テレビ・コマーシャル)にどの程度 creativity が含まれているのか、検討したい。これ

らの題材は、日常的で具体的だと見なされ、「オーセンティック」教材の題材になることが多い。さらに、インターネット上に流れるツイッターの例もあげ、このような新しいメディアには、creativity がどの程度含まれるのか検討したい。

なお、ユーモアという言葉の歴史は古く、多様な意味をもっているが、本項では *The Oxford English Dictionary*(1989)に記載されている、"quality of action, speech, or writing, which excites amusement; oddity, jocularity, facetiousness, comicality, fun" の定義に従う(*Oxford English Dictionary*, 1989 参照)。

### 5.2.1 文学作品を素材として、ユーモアを込めた表現を作り出した例
・トウェイン(Mark Twain)のハックルベリー・フィンと「タックルベリー」

前項では、*Moby-Dick, or the Whale* のスターバックが、コーヒー店の名前に使用されている例を見た。本項も、店の名前と看板にトウェイン作品の登場人物が用いられ、しかもユーモアが込められている例から始めよう。

トウェインの *The Adventures of Tom Sawyer*(1876)と *Adventures of Huckleberry Finn*(1885)は、120 年以上も前に書かれたにもかかわらず、その翻訳や映画などが生まれ続け、現在でもよく知られた作品である。日本国内で複数の店舗をもつ釣具店の名前が、トウェインの作品に登場する主要人物の 1 人、ハックルベリー・フィン(Huckleberry Finn)に因んでつけられている。しかも、ハックルベリーの名をそのまま用いずに、タックルベリー(Tackle Berry)と、言い換えられている。

*Adventures of Huckleberry Finn* の第 40 章には、ハックルベリー・フィンとトム・ソーヤ(Tom Sawyer)が川へ釣りに行く場面がある: "We was feeling pretty good, after breakfast, and took my canoe and went over the river a-fishing, with a lunch, and had a good time...." (Twain, 1885, 2003: 335) 2 人が釣りをしているこの箇所は、原作では挿絵とともに描かれている。

釣具店タックルベリーのロゴマーク(図 5.4)は、図 5.5 に示す原作の挿絵と酷似している。また、タックルベリーという店名の一部であるタックル("tackle")は、*The Oxford English Dictionary*(1989)によると、"[apparatus]

出典: (筆者撮影; 東京都渋谷区で 2009 年 11 月 9 日撮影)

出典: (Tackle Berry, 2010)

図 5.4　タックルベリーの店舗と同社のロゴマーク

出典: (Twain, 1885, 2003: 335)

図 5.5　*Adventures of Huckleberry Finn*

for fishing; fishing-gear, fishing-tackle" と記載されており、釣具を意味する単語である (*Oxford English Dictionary*, 1989)。この単語は、ハックル (Huckle) と似た音でもあるため、タックルベリーという名前が考えられたのだろう。

　タックルベリーの看板は、前提となっている文学作品を知らなければ、ありふれた看板にしか見えない。一方、この店名は、ハックルベリーとタックルを複合して作られた名前であり、文学の登場人物の名をもじったしゃれだと気づくことができれば、看板に込められたユーモアを理解することができるのである。

・カポーティ (Truman Capote) の *Breakfast at Tiffany's* と「カロリーメイト」

　次に、文学の作品名を素材として、ユーモアを込めて新たな表現が生み出された例をあげたい。ティファニーは 1837 年にニューヨークで設立された老舗宝飾店であるが、最高級、高品質などのイメージを顧客に与え続けてきた (Tiffany, 2010 参照)。この店に言及した文学作品に、カポーティ作 *Breakfast at Tiffany's* (1958) がある。主人公ホリー (Holly Golightly) はニューヨークで独り暮しをしてきたが、ティファニーで買い物を楽しむような金銭的余裕はなかった。それでも彼女はこの高級店に憧れ、いつの日かこの店で朝食を食べることが、人生における最上の喜びだと語っていた (Capote, 1958, 1984: 39–41)。

　カポーティの *Breakfast at Tiffany's* は、1961 年に映画化された (Edwards, 1961)。原作では、ティファニーは登場人物の話の中で出てくるだけの場所で、この店で買い物をしたり食事をしたりする場面は、直接的には描かれていない。一方映画では、ホリーがティファニーの外でウィンドウ・ディスプレイを眺めたり、男友だちと店内で買い物をしたりする場面がある。特に彼女がティファニーの外でコーヒーを飲みながらパンを食べる冒頭部は、この映画でも印象的な場面の 1 つであり、これに基づいてスチール写真も撮られている。

出典:(Edwards, 1961)

図 5.6　映画 *Breakfast at Tiffany's* のスチール写真

着飾ったホリーの手元には、紙コップに入ったコーヒーと菓子パンが置かれ、決して裕福とはいえない彼女の日常生活の様子を映し出している。このような *Breakfast at Tiffany's* のスチール写真を素材として、ユーモアを込めた広告が日本で作られた。

出典:(筆者撮影; 東京都港区、日比谷線六本木駅構内で 2009 年 10 月 20 日撮影)

図 5.7　「カロリーメイト」の広告板

図 5.7 は、栄養調整食品として販売されている「カロリーメイト(メープル味)」の広告である。広告に掲載されている女性の髪形や服装、宝飾品に至るまで、図 5.6 のホリーのそれをほぼ再現している。この女性は、ホリー同様に着飾って、ティファニーの中にあるレストランで食事を楽しんでいるという設定だろう。また、図 5.7 の広告には、「メープルで朝食を。」という説明文が付されている。この一文は、*Breakfast at Tiffany's* の邦訳、『ティファニーで朝食を』をもじっている。これらを踏まえると、「カロリーメイト(メープル味)」の広告は、図 5.6 で示したスチール写真のパロディ(parody)であることは明らかである。高級感あふれるイメージをもつティファニーが、簡易型食品の広告の素材になることによって、従来のイメージとの間にズレが生じ、ユーモアが生まれているのである。

上の広告板では、カポーティが描いた小説の映画版を素材にして、その本来のイメージを崩し、新たに広告を作ることによって、ユーモアを生み出している。「オーセンティック」教材の題材になることが多い広告にも、このように文学作品を前提にしたものがある。それでも、広告板を見た際にもととなる文学を想起できなければ、そこに込められたユーモアを読み取ることは難しい。

・シェイクスピアの *Romeo and Juliet*

文学作品を素材として、ユーモアを込めた新たな表現が生み出された例を、もう1つあげたい。シェイクスピアの *Romeo and Juliet* (1594–1595) は、彼の作品の中でも最も広く知られた作品の1つで、これをもとにしてさまざまな劇や映画が作られてきた。これらの中には、原作に忠実なものもあるが、ミュージカル *West Side Story* (1961)(岩崎,1994: 16 参照)や、映画 *Shakespeare in Love* (1998) のように(脚本は Norman and Stoppard, 1999 参照)、登場人物や背景を大幅に変更して作られたものもある。

*Romeo and Juliet* は、日本でもかつては教科書の題材に多く用いられたり(中島, 宮内, 松浪, Goris, 他, 1993b; 根岸, 他, 2007)、漫画化されたりと(いがらし, 1995)、さまざまな形式で紹介されてきた。

出典:(いがらし, 1995: 92–93)
図 5.8　漫画版 *Romeo and Juliet*

図 5.8 は、*Romeo and Juliet* の第 2 幕を漫画化した作品である。このバルコニーの場面は、Loehlin(2002: 1) が "The image of a young woman on a balcony, conversing with her lover by moonlight, is a universally recognised icon" と指摘するように、世界的に知られている。図 5.8 のような漫画以外にも、同場面を題材にして、これまでにさまざまな広告や、テレビ番組、歌などが作られてきた(Loehlin, 2002: 1)。そこで以下では、*Romeo and Juliet* のバルコニーの場面を素材にして、ユーモアを込めた表現が創作された例を見たい。

　まず、国内のテレビ・コマーシャルに作り変えられた *Romeo and Juliet* から検討を始めよう(大東建託, 2010)。図 5.9 に示す *Romeo and Juliet* のバルコニーの場面を使ったこのコマーシャルでは、ロミオ(Romeo) がはしごを上ってジュリエット(Juliet) の部屋に入ろうとする。ところが、バルコニーの壁が突如崩れ落ち、ロミオが「[この建物は] メンテナンスがなってねー[ママ]」と叫びながら、はしごもろとも落下する。その姿を見たジュリエットが、彼に走り寄り介抱しようとすると、突然、彼らの前に新しい家が出現し、2 人が喜ぶというコマーシャルである。

出典: 大東建託(2010)

図 5.9　*Romeo and Juliet* を素材としたテレビ・コマーシャル

本来、バルコニーの場面では、ロミオとジュリエットが建物に関して何かを話し合うことはない。一方、大東建託はアパートやマンションの賃貸を営む会社であるため、上のコマーシャルを通して、同社が扱うのはメンテナンスが行き届いた優良物件だと、宣伝しようとしている。大東建託(2010)は、*Romeo and Juliet* のバルコニーの場面を物件という観点からとらえなおし、原作との間にズレを生じさせて、ユーモアを込めた広告に仕上げている。

　2つ目の例は、ツイッター(Twitter)を通してインターネット上に投稿された *Romeo and Juliet* である。ツイッターは「わずか140文字という短い文章で自分の近況をネットでつぶやく」というきわめて現代的な表現方法だが(小川, 2009)、このようなIT時代の題材にも、文学を前提としたやりとりが書き込まれている。

*Romeo and Juliet* は、"Such Tweet Sorrow" と題するツイッターに書き換えられ、英国の劇団 Royal Shakespeare Company の役者たちによって発信された。"Such Tweet Sorrow" では、ユーモアあふれる表現が多く使われている。まずその題名は、*Romeo and Juliet* の第2幕に現われるせりふがもじられている。

>     ROMEO
>         I would I were thy bird.
>     JULIET                   Sweet, so would I.
>         Yet I should kill thee with much cherishing.
>         Good night, good night.  Parting is such sweet sorrow
>         That I shall say good night till it be morrow.
>                     (Shakespeare, *Romeo and Juliet*, 1594–1595, 1986: 2.1.227–230)

　上記やりとりのうち、ジュリエットの "Parting is such sweet sorrow" という言葉が、Twitter という新たな言葉と複合され、"Such Tweet Sorrow" という題名が作り出されている。また、ジュリエットの名前は、ツイッター版では "julietcap16" と表記されており、キャピュレット (Capulet) 家のジュリエットという名が、インターネット上で用いるハンドル・ネーム (handle name) のように短い言葉に変換されている[2]。

　"Such Tweet Sorrow" では、ロミオとジュリエットの会話の中にも、随所にユーモアを見出すことができる。

>     Good morning Twitter!!! =D You no longer have to put up with me asking what love is like, I KNOW BABY!! Best night-and morning-EVER!=D=Dxx
>     Romeo  12:02pm Saturday 24 April
>
>     just slid down the drain pipe, nearly broke my ankle on the ridiculous gravel drive and nearly implayled (sic) myself on the gate but so worth it!!
>     Romeo  12:06pm Saturday 24 April

第 5 章　creativity からとらえ直した「オーセンティック」教材と文学教材　143

@Tybalt_Cap You awake yet?x
julietcap16　12:06pm Saturday 24 April


The swift exit included a lovers [lovers'] farewell kiss, my window, the drain-
pipe and the view of a part of my future running down the drive! x
julietcap16　12:12pm Saturday 24 April.　　　　（"Such Tweet Sorrow," 2010）

　上は、バルコニーの場面から一夜が明けた後、ロミオとジュリエットが各々つぶやいた言葉である。ロミオは、ジュリエットの部屋からこっそりと抜け出す際に、「配水管を滑り降りた（"slid down the drain pipe"）」ため、もう少しのところで足首を痛めるところだったという。それでも、彼はジュリエットと出会うことで愛とは何かがわかったと大仰に告白している。ロミオの言葉に応じてジュリエットも、彼が走り去る姿を自室で見送った際の様子を、ユーモアを込めて表現している。
　次項で詳述する creativity の 3 番目の特色〈creativity を理解する相手が必要なこと〉の観点からみると、"Such Tweet Sorrow" のやりとりは、世界中の人々がこれを読み、評価を下す可能性をもつ。実際、"Such Tweet Sorrow" を読んだ "Nic" と名乗る人物が、BBC News のデジタル版に投稿した意見によると、これは原作を台無しにするくだらない試みだという（Modern Twist for Shakespeare Tale, 2010, *BBC News*）。一方、"Lara" と名乗る女性は、どのような形であれ、シェイクスピアの作品が見直されることはよいとしている（Modern Twist for Shakespeare Tale, 2010, *BBC News*）。賛否両論はあるにせよ、インターネット上の世界で蘇ったシェイクスピアの *Romeo and Juliet* は、多くのユーモアが込められ、そのやりとりが多数の人々に読まれる可能性をもつという、新たな表現形式を生み出したと言えよう。
　上では、*Romeo and Juliet* を素材とした、テレビ・コマーシャルとツイッターの例を見た。これらは、原作との間にズレを生じさせて、ユーモアを込めた新たな表現を生み出している。テレビ・コマーシャルやツイッターという新たな形式に作り変えられた *Romeo and Juliet* に込められたユーモアを読み取り、その creativity を解するためには、もととなっている文学作品の

理解が必要だと言えよう。

　本節では、本章 2. で示した creativity の 1) と 2) の特色を中心に、5) の特色も考慮しながら、「オーセンティック」教材の題材として選ばれることが多い、新聞・雑誌記事、店の看板、広告などにはどの程度 creativity が含まれるか分析した。さらに、現代的なメディアであるツイッターのやりとりも紹介した。例示した題材は、文学作品をもとにしており、中には原作の文学を書き換えてズレを生じさせた結果、ユーモアを生み出しているものもあった。このような形で「オーセンティック」教材の題材に含まれる creativity は、前提となる文学作品がわからなければ、理解することが難しい場合が多い。

　次節では、やや視点を変えて、「オーセンティック」教材の題材になることが多い日常会話や広告との比較を通して、文学は映像や音声といった視聴覚的な要素にあまり頼ることなく、文字中心の表記方法に工夫を加えながら、creativity をふんだんに含んだテクストを作り出している点に注目する。

## 6.「オーセンティック」教材の題材と creativity (2)
　　―最近の文学作品との比較―

　本節では、すでに示した creativity の 3) と 4) の特色を基準として、5) も考慮しながら、「オーセンティック」教材の題材として選ばれることが多い日常会話や広告には、どの程度 creativity が含まれているか検討する。その上で、これらの題材が扱っている話題が、文学作品ではどのように描かれているのか分析する。この分析を通して、文学は映像や音声といった視聴覚的な要素にあまり頼ることなく、文字中心の表記に工夫を加えながら、creativity を多く含んだテクストを構成している点を指摘したい。

### 6.1　日常会話の例

　本章 2. で示した creativity の第 3 番目の特色は、creativity が成立するためには〈creativity を理解する相手が必要なこと〉である。本項では、CAN-CODE (the Cambridge and Nottingham Corpus of Discourse in English) に収めら

第5章 creativity からとらえ直した「オーセンティック」教材と文学教材　145

れた会話を例にとって、日常会話にも creativity が含まれることがあり、しかも creativity が生まれるためにはこれを理解する相手が必要な点に注目したい。

　第3章でふれたように、コーパスは実際に母語話者が表出した膨大なデータを収集し、これを解析することを可能にしたため、英語教育にも大きな影響を与えてきた。CANCODE は、そのようなコーパスの1種で、アメリカ・イギリス・アイルランドの英語を母語とする人々が発した、500万語の話し言葉から構成されている (Carter, 2004a: xiii 参照)。

　次のやりとりは、CANCODE に収められたデータの1つで、*S01* (speaker 1) が *S02* (speaker 2) を自宅に招いた場面である。日頃、*S01* と彼女の家族は家庭菜園で野菜を育てているが、最近は不作である。そこで *S01* は、*S02* に自家製の野菜をふるまえないことをわびている。

⟨*S01*⟩: And so I'm afraid we're a bit sort of erm challenged *greenwise*.
⟨*S02*⟩: *Greenly* challenged.
⟨*S01*⟩: We're *greenly* challenged so erm sorry about that.
(Carter, 2004b: 100; italics by Carter)

　上の会話で *S02* は、*S01* が使った "challenged *greenwise*" を受けて、"*Greenly* challenged" という表現を用いている。その言葉を聞いた *S01* は、自分たち家族は "*greenly* challenged" だと繰り返している。

　"challenged" は、英語ではたとえば "visually challenged" のように、何らかの点でハンディを背負っている状況を婉曲的に表す単語である (Carter 2004b: 100 参照)。また、表現にユーモアを込めることをねらって、慣用的には結びつくことが少ない単語と "challenged" を結びつける場合がある (*Collins COBUILD*, 2006 参照)。したがって、*S02* が、あたかもコロケーション (collocation) のように "challenged" と "greenly" を結びつけた意図は、会話におもしろみをもたせようとしたためと思われる。また、*The Oxford English Dictionary* (1989) の "green" の項には、"to have green fingers" および "to have a green thumb" の用例があり、"to be unusually successful in making plants grow" の意味だと説明されている (*Oxford English Dictionary*, 1989 参照)。これらを踏まえると、"*greenly* challenged" は、*SO1* 家の人々は野菜を栽培することが不得手だということを、ユーモアを込めて示した表現だと言えよう。

上の2人の会話に対して Carter(2004b)は、"The creative play with words works on several levels, and it is significant that the joke is jointly created or 'co-produced' by the two speakers, emphasising the high degree of shared cultural knowledge as well as alignment and convergence between the speakers"(Carter, 2004b: 100)とコメントしている。*SO1* と *SO2* は、英語の母語話者としてコロケーションの知識を共有しているため、"challenged"、"greenly" などの言葉を使って、ユーモアを込めたやりとりができたと言える。

*SO1* と *SO2* のやりとりが示すように、話に込められたおもしろみを理解する相手が得られれば、creativity を含んだ会話が成立する。とは言っても、会話を英語教材にする場合、1度録音してコーパスなどの形で保存したものを授業で用いる場合が多い。そのような際、会話は文脈から切り離され、本来は豊かに creativity を含んだやりとりであったとしても、単語や文章に含まれる creativity の理解に留まってしまう点に限界がある。

## 6.2 雑誌広告の例

本書で定めた creativity の第4番目の特色は、〈さまざまな尺度で解釈が可能であること〉である。本章ではすでにいくつかの広告の例をあげたが、ここでは雑誌に掲載された広告をあげ、そこに見られる creativity が複数の観点から分析可能なことを示したい。

アメリカで出版されている女性誌 *Good Housekeeping* に、在宅介護サービスを提供する Home Instead 社が広告を出した(Home Instead, 2009)。同社の広告で中心となるのは次の部分である。

**Instead of stress, there's Home Instead.**
Struggling to care for an aging loved one? You're not alone. Learn why more families trust us to provide personalized care in the comfort of their loved

第 5 章 creativity からとらえ直した「オーセンティック」教材と文学教材　147

one's home.

Visit homeinstead.com/goodhousekeeping. Or call 1.866.996.1055

(Home Instead, 2009)

　この宣伝文のうち、ホームページ・アドレスと電話番号を記した部分が、広告主が読者に一番知らせたい箇所だろう。この情報を効果的に伝えるために、上記引用では工夫が凝らされている。1 行目には、言葉遊びが見られる。自分の肉親を介護する立場にある人は、ストレスをためる「代わりに（"Instead of"）」、Home Instead 社の介護サービスを利用するようにと、呼びかけている。上の見出しでは、社名の一部である "Instead" が、社名以外

出典: (Home Instead, 2009)

図 5.10　*Good Housekeeping* に掲載された Home Instead 社の広告

の意味でも用いられており、語彙レベルでのcreativityが見出せる。

　Home Instead 社が *Good Housekeeping* に掲載した広告の中心的な部分はすでに引用したとおりだが、この広告はさらに図 5.10 の写真と文章から構成されている。写真の上に重ねられた 3 つの段落は、異なる 3 人が書いた意見を載せている。まず 1 番目の人物は問題提起役で、介護と家族の世話を 1 人でこなす困難さを訴えている。これに応じて、2、3 番目の人物も、肉親の介護に伴う苦労について述べている。そして、これら 3 人の意見の下（図 5.10 下の帯部分）に、すでに引用した Home Instead 社の広告文が掲載されており、自社サービスの有益さを説いている。

　以上が文字によって示された情報だが、語彙・文のレベルを超えた観点から見ても、図 5.10 の広告には creativity を見出すことができる。まず、やりとり全体の構造を見ると、〈悩み相談〉のそれに似ている。悩み相談は、新聞や雑誌にしばしば取り入れられてきた企画で、質問者が日頃の悩みを相談し、回答者がそれに答えるという形式をとってきた。図 5.10 では、3 人が介護上の悩みを打ち明け、Home Instead 社がそれに答える方式をとっているとも解釈できる。先に引用した Home Instead 社の広告文は、「あなたは独りではない（"You're not alone"）」と、介護中の読者に呼びかける形式で書かれている。Home Instead 社に介護を依頼すれば、介護上の悩みは解決できるというのである。

　さらに、敢えて女性の顔の上に文字を印刷したデザインは、映画のボイス・オーバー（voice-over）を髣髴させる。ボイス・オーバーは、画像を映しながら、音声を通してその画像を説明するという映画製作上の一方式である。図 5.10 の広告は紙に印刷された雑誌に掲載されたため、映画のように音声を取り入れることは一般的には難しい。それでも、女性の顔の上に文字を重ねることによって、あたかも音声を通して女性の悩みを聞いているような、同時性が得られる。

　また、介護の悩みを寄せた 3 人の名前に注目すると、各々 "Mothering-Mother"、"HoldingOn"、"Kathy4T8" と名乗っている。このように本名ではなく若干ユーモアを込めた短いハンドル・ネームを使用し、名前の後にコロンを置いてから自身の意見を書き込むスタイルは、インターネット上の電子

掲示板のそれと似ている。電子掲示板では、ある話題について興味をもった人々が次々と自分の意見を書き込むが、図 5.10 の広告もこのスタイルがとられているのである。このように、Home Instead 社が雑誌に掲載した広告は、語彙・文レベルばかりではなく、全体の構造から見ても creativity を感じさせる。この広告がもつ creativity は、さまざまな観点から分析が可能だと言えよう。

一方、Home Instead(2009)は、1 頁の広告にもかかわらず写真が果たす役割が大きい。語学教材の観点から見た場合、同広告は与えられたスペースと比較して、文字数が極端に少ない。同様の傾向は本章ですでに例示した広告全体にも指摘できる点である。確かに、生徒・学生の英語力によっては、視聴覚的な助けは、文字で書かれたテクストの理解に役立つ。しかし、学習者によっては、このような広告を通して英語を学ぶ際、語学教材として物足りなさを感じることがあるのではないか。

本項では、「オーセンティック」教材の題材として選ばれることが多い、日常会話と広告を例にとり、creativity の第 3・4 番目の特色である〈creativity を理解する相手が必要なこと〉と、〈さまざまな尺度で解釈が可能であること〉を基準として、これらの題材にどの程度 creativity が含まれているか分析した。それぞれの題材によって程度は異なるが、日常会話や広告にも creativity が含まれる場合があることを示した。一方、これらの題材は、語学教材として十分活用できるとは言い難い側面を併せもっている点も指摘した。

## 6.3　文学作品の中の会話の例

前項では、creativity の第 3・4 番目の特色に照らし合せて、日常会話や広告に含まれる creativity を検証したが、同じ観点から文学作品を見るとどのような結果が得られるだろうか。本章冒頭で creativity の意味の変遷を示した際、creativity という概念は古くから芸術家やその作品と結びつけられてきた経緯があり、文学に creativity が含まれている点は周知の事実であると述べた。それでも、新たな工夫を加えながら、時代に合った文学作品のあり方を模索している作品例を以下で見ることは、近年の英語教育における文学教材のあり方を考察する上で無駄ではないだろう。

ここでは、最近発表された戯曲を例にとり、この中で会話がどのように扱われているか見たい。レッツ(Tracy Letts)の *August: Osage County* (2008) は、2008年に戯曲部門でピューリッツァー賞(Pulitzer Prize)を受賞した彼の代表作である。この戯曲は、深刻な問題(父親の自殺後、マリファナ中毒の母親を誰が世話するかを巡って、娘たちの間に言い争いが起きる)を中心に扱っているが、随所に最近の劇ならではの工夫が見られる。まず、creativityの第3番目の特色〈creativity を理解する相手が必要なこと〉に照らし合せて、以下のやりとりを見たい。

*Mattie Fae*: If I make a pasta dish of some kind, he'll [Mattie Fae's son will] just be like, "Okay, that was good for an appetizer, now where's the meat?"
*Violet*: "Where's the meat?" Isn't that some TV commercial, the old lady say, "Where is the meat?"
*Karen*: "Beef." "Where's the beef?" (Letts, 2008: 88)

上のやりとりでは、まずマッティ(Mattie)が、自分の息子は肉が大好きで、料理に肉がたくさん入っていないと満足できず、「肉はどこにあるのか？("where's the meat?")」と聞くような反応を示す、と説明する。続いてヴァイオレット(Violet)が、「肉はどこにあるのか？」を受けて、テレビ・コマーシャルを連想し、どこかのコマーシャルで老婦人が「肉はどこにあるのか？」と聞いていたはずだ、と言う。最後にカレン(Karen)が、そのコマーシャルに登場する老婦人は、「肉はどこにあるのか？」と言ったのではなく、「牛肉はどこにあるのか？("Where's the beef?")」と聞いたはずだと正している。このやりとりは、アメリカのハンバーガー店・ウェンディーズ(Wendy's)のテレビ・コマーシャルと関係している。ウェンディーズは、他店は中身(牛肉)が大して入っていないハンバーガーを売っていると揶揄し、自店の中身の多さを強調するために、このせりふを使ったコマーシャルを流した(Wendy's, 1984; 岩崎, Smith, Tuseth, 1998 も参照)[3]。上の会話では、話し手の息子の話をきっかけにして、聞き手の1人目がテレビ・コマーシャルへと発

想を広げ、別の聞き手がコマーシャルの内容を正確に思い出して話をつなぐことによって、おもしろみのあるやりとりが交わされている。この会話の例が示すように、文学作品の中でも、ある登場人物が発信した表現に含まれる creativity を理解する相手を置くことによって、ユーモアを込めたやりとりが描かれる場合が多い。加えて上の例では、「オーセンティック」教材の題材に選ばれやすいテレビ・コマーシャルが、会話の中に書き込まれている。文学は、本章ですでに分析したように、「オーセンティック」教材の題材に含まれる creativity を理解する上で前提となる場合が多くあったが、「オーセンティック」教材の題材を取り込む場合もある。

次に、creativity の第4番目の特色〈さまざまな尺度で解釈が可能であること〉に照らし合せて、引き続き *August: Osage County* の1節を見たい。前項では、在宅介護サービスを提供する Home Instead 社の広告を示した (Home Instead, 2009)。内容面からみると同広告は、3人の女性たちがそれぞれの介護に悩む状況が簡潔に示されていたが、*August: Osage County* でも母親の世話にまつわる話が詳細に描かれている。この戯曲では、母親の介護を巡って、3人の娘たちが自分の都合を主張し合い、責任を互いに転嫁し、結局母親を使用人に押しつけて皆いなくなるという話がおもに描かれている。

Home Instead 社の広告と *August: Osage County* を表現方法の観点から見ると、前者は写真と文字を用いて3人の女性が介護上の悩みをあたかも電子掲示板上に書き込んでいるようなスタイルをとり、女性の顔写真の上に文字を重ねることによって、映画のボイス・オーバーのような効果も上げていた。一方、*August: Osage County* は、表紙の写真を除くとすべて文字で表現されている。そうは言っても、同作品では表記上の工夫が見られ、たとえば夕食の場面では、図5.11で示すように会話が示されている。

図5.11左の頁(Letts, 2008: 80)はせりふとト書きを3列から2列に並べ、9名が会話をする場面が示されている。このような文字配列上の工夫は、従来の文学作品でも試されることはあったが、その数は多くはない。ここでは母親の介護問題をどのような表記上の工夫を通して描いているかに注目したい。

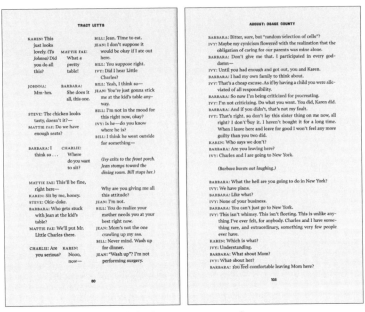

出典:(Letts, 2008: 80, 103)

図 5.11 *August: Osage County* の一場面

　図 5.11 左頁(Letts, 2008: 80)では、テーブルの上の料理をほめたり、席順を相談したり、親が子どもに食事前に手を洗うように注意したりしている。ここでは会話を複数列で示すことによって、大勢が同時ににぎやかに話している様子が写真などの視覚的な助けを借りずに描かれ、それぞれのやりとりが重なり合って聞こえてくるようである。一方、娘たちが母親の介護問題について話し合う右頁(Letts, 2008: 103)では、せりふとト書きが一列で示されている。1 人 1 人のせりふが次々に示され、この家を立ち去り母親を置き去りにすることに対して罪の意識はないのかと互いを責め合い、「母親はどうなるのか("What about Mom?")」を巡って、緊迫した会話が交わされている(Letts, 2008: 103)。*August: Osage County* は、Home Instead(2009)のように写真を用いてはいないが、文字の配列に工夫を凝らし 1 文を超えたレベルでも creativity を高めながら、介護問題という深刻な話題を扱っている。

　本項では、近年発表された文学作品の 1 つである *August: Osage County*

を見た。文学は、かねてからおもに文字を使って描かれ、creativity に富んだテクストだと言われてきたため、この点を改めて確認する必要はないかもしれない。それでも、近年は、テレビ・コマーシャルなど「オーセンティック」教材の題材になることが多いテクストを取り込んだり、表記方法に気を配ったりしながら、時代に即した文学作品が生み出されている点を強調したい。

　第5章では、日本の英語教育で「オーセンティック」と見なされることが多かった題材には、どの程度 creativity が見出せるかを検証した。はじめに、creativity という言葉が従来どのように定義されてきたかを概観した。その上で、本書における creativity の意味を定義づけた。次に、この定義に従って、creativity をふんだんに含んだ教材はコミュニケーション能力育成を目指す英語教育に有益であると指摘した。さらに、「オーセンティック」教材中心に編纂された英語教科書にも、実は creativity を含んだテクストが選ばれていることを示した上で、creativity を十分に含んだテクストを提供するためには文学が適切であると論じた。

　次に「オーセンティック」教材として選ばれることが多い題材を例にとって、そこに含まれる creativity を検証した。提示した例は、店の名前のように短いものから、新聞や雑誌の記事、駅の広告板、テレビ・コマーシャル、ツイッターなどである。そしてこれらの題材は、文学の理解を念頭に置いているものが少なくない点を指摘した。加えて、日常会話や雑誌広告の例との比較を通して、近年の文学作品の中には、文字の力を活用し新たな時代に対応しながら、creativity に富んだテクストを生み出している例もあると述べた。

　本章の分析を踏まえて特に強調したい点は、creativity をふんだんに含み、「オーセンティック」教材の creativity を理解するための前提になり、新たな creativity のあり方をも模索している文学を、英語教育から排除する事態は是正しなければならないということである。

## 註

1. 表 5.1 に示された 7 つの分析方法を説明するために、Maybin (2006) は次のような具体例をあげている。

    1) Examples of "Linguistic analysis, word and sentence level" examine, for example, "[different] forms of poetic language" such as "word play, metaphor, children's phonological play."
    2) "Linguistic analysis beyond the level of the sentence" is based on "Labovian [W. Labov's] narrative analysis"; that is, narratives have up to six basic parts: abstract, orientation, complicating action, evaluation, resolution, and coda.
    3) "Multimodal analysis" means that there is the "contribution of other modes as well as verbal texts, and the relationship between modes, to creative effects"; examples of this analysis are "the importance of letter shape in graffiti," and "the use of design features in online creativity."
    4) "Interactional analysis" includes "[social] function" such as "word play or narrative including/excluding others" and "stylistic choices indexing identity."
    5) "Ethnographic analysis" is to examine "[how] creative language practices are embedded within and emerge from social practice in particular contexts." One of the examples is "creative literacy in prison."
    6) "Critical discourse analysis" is to analyze creativity in relation to discourse. Here, discourse refers to "ways of representing, understanding and being in the world which encode particular world views and ideologies."
    7) "Historical analysis" is to examine "[relationship] of creative literacy practices to social, economic and political change." One of the examples is "shaping stories in response to changing historical circumstances."

    出典: (Maybin, 2006: 57, 416–417) をもとに筆者が整理

2. シェイクスピアの *Romeo and Juliet* に登場するジュリエットは、あと 2 週間あまりで 14 歳の春を迎えるとされているが (Shakespeare, *Romeo and Juliet*, 1594–1595, 1986: 1.3.13–17)、ツイッター上のジュリエットは役者の年齢に合わせて"julietcap16"とされている。
3. 岩崎, Smith, Tuseth (1998) は、テレビ・コマーシャルを教材化した大学英語教科書であり、「オーセンティック」教材主体に編まれている。同書は、本書で言及したウェンディーズのコマーシャルも教材にしている。*August: Osage County* は、このような教科書が扱う題材をも取り込み、全体として creativity に富んだテキストを構成している。

# 第6章
# narrativity からとらえ直した「オーセンティック」教材と文学教材

　第6章では、narrativity を基準として、「オーセンティック」教材と文学教材の接点を探っていく。はじめに、narrativity という言葉がこれまでにどのような意味で用いられてきたかを概観した上で、本書における narrativity の定義を示す。次に、この定義に従って、narrativity を含んだ教材は、コミュニケーション能力育成のための活動に活用しやすいことを説明する。その上で、「オーセンティック」教材中心に編纂された英語教科書にも、実際はnarrativity を含んだテクストが用いられていることを指摘し、narrativity を含んだ題材を提供するためには、文学のほうが適切であることを示していく。

　加えて、文学は「オーセンティック」教材の題材として選ばれることが多い新聞・雑誌記事、テレビ・コマーシャル、日常会話などと比較すると、十分に story を展開して、豊かな文脈を作り上げることが多いと指摘する。しかも、文学は映像や音声といった視聴覚的な要素に頼ることが少なく、文字を中心として narrativity をふんだんに含んだテクストを構成していることを示す。そして、英語教育から文学教材を排除することなく、学習者の状況を十分考慮しながら、オーセンティック教材として活用するべきであると論じていく。

## 1. 多彩な領域における narrative

　本節では、さまざまな領域で用いられてきた narrative の意味を概観する。

この考察を踏まえて、次節では本書における narrativity の定義を考えていきたい。なお、本書では、状況に応じて、narrative と narrativity の 2 語を使っていく。narrative と narrativity の使い分けは、Abbott (2008) の "to mean the degree to which a text generates the impression that it is a *narrative*" の解釈にならい (Abbott, 2008: 238; italic by Abbott)、あるテクストがどの程度 narrative であるという印象を与えるのか、その度合いを narrativity と呼びたい。

## 1.1　narrative と日常性

第 4 章で言及したように、narrative は、従来、小説などの文学作品と結びつけられることが多かった。文学に narrative が含まれているということは、周知の事実と言ってよいだろう。その一方で、この言葉は日常的に使用される言語とも関連づけられてきた。本項では、まず、narrative と日常的な言説のつながりを指摘した資料を見たい。

*The Oxford English Dictionary* (1989) は、"narrative" の意味を "[an] account or narration; a history, tale, story, recital (of facts, etc)" と記し、"story" の意味を "[a] narrative of real or, more usually, fictitious events, designed for the entertainment of the hearer or reader...." と説明している点については、第 4 章ですでにふれた。その一方で、同辞書は、"story" の項で "[an] incident, real or fictitious, related in conversation or in written discourse in order to amuse or interest, or to illustrate some remark made...." という意味も示している (*Oxford English Dictionary*, 1989 参照)。すなわち narrative は、story と関連をもち、文学で描かれるような架空の出来事ばかりではなく、「現実の ("real")」出来事をもとにして、話したり書いたりした場合も含むとしている。

narrative が、現実に起きた出来事や日常的な事柄と関係するという点は、さまざまな研究者によっても指摘されてきた。たとえば Holloway (1979: 110) によると、人間は大切な経験をしたり強い印象を受けたりした際、それらを「narrative の形式で具現化すること ("embodiment in the narrative mode")」を望む傾向があるという。また、Toolan (2006: 76) は、"Narrative creativity is not the reserve of an elite cadre of inspired poets but something we all participate in, to a greater or lesser degree, in our everyday interactions" と主張し、narrative を作り出す力は特別な能力ではなく、多少の差はあるものの、私たちも日常生活で発揮している力だとする。そして Ochs and Capps(2001: 33)は、文学作品と、日常的な語りの間には、はっきりとした隔たりはなく、「曖昧な境界("[the] blurring of boundaries")」が存在しているだけだと指摘している。

　以上の説明を見ると、narrative は、文学作品に限られた形式ではなく、日常生活でも頻繁に用いられているものだとわかる。この点を踏まえると、「オーセンティック」教材の題材にも、narrative が含まれている可能性が考えられる。

## 1.2　多彩な領域における narrative―文学から政治まで―

　前項で見たように、narrative は、文学作品ばかりではなく、現実的・日常的な場面でも用いられている概念である。本項では、さまざまな領域で用いられてきた narrative の概念を見ていきたい。

　まず、物語論の分野では、プロップ(Vladimir Propp)が、*Морфология Сказки*(『昔話の形態学』、1928)を記した。彼は、ロシアの昔話を分析して物語の構造を解明したため、近年の物語論(narratology)の発展に大きな貢献をしたと言われている(Abrams, 1985: 124 参照)。プロップは、昔話に登場する人物が果たす機能を 31 種、彼らの行動領域を 7 種にそれぞれ分類した(プロップ, 1928, 1983, 北岡, 福田訳)。また、ジュネット(Gérard Genette)の論文集 *Figures*(『フィギュール』)第 3 巻、*Discours du Récit*(『物語のディスクール』、1972)では、「物語("récit")」の定義が示されている。ジュネットによると、「物語」という語は、物語の言表そのもの、言説の対象となる出来事、語る行為、という 3 つの概念から成り立っている(ジュネット, 1972, 1985, 花輪, 和泉訳: 15–23)。

　哲学の分野では、フランスの哲学者リオタール(Jean-Francois Lyotard)が、*La Condition Postmoderne: Rapport sur le Savoir*(『ポストモダンの条件』、1979)の中で、「大きな物語("grands récits")」の概念を提示し、現在はこの物語が解体されたとした。従来、「大きな物語」は、たとえば「国家＝国民、党、職業、制度そして歴史的伝統など」によって「誘引の極」を作っていた

が、もはやこれらの力は失われたという(リオタール, 1979, 1986, 小林訳: 42)。

心理学の分野でも、narrative の概念は注目されてきた。たとえば河合隼雄は、物語がもつ重要な特性として、「『関係づける』はたらき」をあげている(河合, 2003b: 221)。物語によって、私たちは、過去と結びつき、他者と結びつき、自分の無意識とさえ結びつくことが可能になる。その結果、物語は、私たちが統合性を維持する上で、大きな役割を果たしているという(河合, 2003b: 221–225)。

このような特性をもった物語は、医療にも活用されている。近年、「物語を基礎とする医療("Narrative Based Medicine")」が注目を集め、患者の身体の状態という「事実」ばかりではなく、患者の「物語」を治療に活かすことを目指している(河合, 2003a: xiv)。同医療では、たとえ余命1カ月と宣告された患者にも、これまで生きてきた「物語」・これから生きようとする「物語」があることを受け止めようとしている(河合, 2003a: xiv)。

narrative とは、あまりかかわりがないように思える政治の世界でも、この概念は用いられている。たとえば *The New York Times* が、2004 年のアメリカ大統領選挙に関する記事を掲載した際、narrative という言葉を用いている。この記事は、ブッシュ(George W. Bush)には、「投票者が票を投じたくなるような、*narrative* があった("had 'a *narrative* that motivated their voters'")」ため、勝利を収めることができたという分析を紹介している(Safire, 2004; italic by Safire)。また、Toolan (2001)のように、narrative は情報の受け手に何らかの影響を与えるという観点から、そこに隠された政治性やイデオロギーを分析する研究も行なわれている(Toolan, 2001: 206–241)。

以上の例に見られるように、narrative という概念は、物語論のように文学作品を対象とする領域で用いられる場合もある。その一方で、この言葉は哲学、心理学、医学、政治学というように、多彩な領域でも注目されてきた。

このように narrative が幅広い分野で活用されていることを、やや話を先に進めて英語教育の観点からとらえると、narrative を豊かに含んだ教材を用いれば、多彩な領域で運用可能な英語力を養うことができるのではないか。英語教育と narrative の関連は、次節で本書における narrativity の定義を提

## 2. narrativity の定義

narrative は、さまざまな領域で多様な意味を込めて用いられてきたため、一定の定義を定めることは容易ではない。そこで本節では、narrativity を基準として、「オーセンティック」教材と文学教材の接点を探ることを前提にして、本書における narrativity の定義づけを行ないたい[1]。

### 2.1 narrativity の特色

narrativity を定義する端緒として、Toolan(2001)と Herman(2007)の解釈を示し、これらを踏まえて本書における narrativity の定義を定めたい。Toolan(2001)は、narrative の意味を次のようにまとめている。

> A narrative is a perceived sequence of non-randomly connected events, typically involving, as the experiencing agonist, humans or quasi-humans, or other sentient beings, from whose experience we humans can 'learn'.
>
> (Toolan, 2001: 8)

一方、Herman(2007)は narrative の意味を次のように説明している。

> [Core] or prototypical instances of narrative represent or simulate
> (ⅰ) a structured time-course of particularized events which introduces
> (ⅱ) disruption or disequilibrium into storytellers' and interpreters' mental model of the world evoked by the narrative (whether that world is presented as actual, imagined, dreamed, etc.), conveying
> (ⅲ) what it's like to live through that disruption, that is the "qualia" (or felt, subjective awareness) of real or imagined consciousness undergoing the disruptive experience.
>
> (Herman, 2007: 9; numbers i–iii by Herman)

Toolan(2001)とHerman(2007)は、各々"a perceived sequence of non-randomly connected events"、"a structured time-course of particularized events"というように、"events"という語を使った説明から始めている。彼らによると、narrativeは、何らかの「因果的連鎖("sequence")」によってつながり合った出来事、もしくは「特定の("particularized")」出来事から構成されている。

　narrativeを構成するおもな要素として"events"をあげる点は、Holloway(1979)も共有しており、たとえば"[we can see the structure of a narrative] as not a single set of event-items but as a set of sets or rather series of sets, each greater than its predecessor by one item, and each representing our sense of the narrative as we read it progressively on"と説明している(Holloway, 1979: 8)。これらを踏まえると、narrativeの特色としてあげられる第1点目は、何らかの因果的連鎖によってつながり合った出来事である点、もしくは特定の出来事から構成されている点である。(上を踏まえて、本書では、narrativeを構成する出来事をstoryとも称したい。)

　さらに、これらの出来事には、特定の前景化された存在が登場する。それらは、人間、擬似的人間などである(Toolan, 2001: 8参照)。これらの存在は、現実の世界であれ、想像裏であれ、夢の中であれ、何らかの経験をする(Herman, 2007: 9参照)。そして彼らの経験は、語り手(書き手)から聞き手(読み手)に伝えられる。その結果、語り手(書き手)ばかりではなく、聞き手(読み手)の心が動かされる状況に至った際、narrativeが生まれると言える。

　また、Herman(2007)のnarrativityに関する説明を参照すると、narrativityは「あるかないか("either-or")」の二者択一ではかれる尺度ではなく、「多いか少ないか("more-or-less")」の程度ではかる尺度だという(Herman, 2007: 8参照)。この点は、第4章でふれた"literariness"(Carter and Nash, 1990)、および第5章で分析したcreativityと共通している。

　これまでの考察を踏まえると、narrativityの4つの特色があげられる。すなわち、(a)何らかの関連性をもった出来事(story)の連なりであること、(b)前景化された登場人物、またはそれに類したものが登場し、何らかの経験をすること、(c)話し手(書き手)が、(b)で示した経験について語ったり書いたりした結果、聞き手(読み手)の心が動くこと、(d)narrativityは、有無では

かるのではなく、多寡ではかる特色である、という4点である。

上の(c)を別の角度からとらえると、Toolan(2001:2)も"narratives always involve a Tale, a Teller, and an Addressee"と指摘するように、narrativeが成立するためには話し手(書き手)ばかりではなく、聞き手(読み手)が必要である。この点に関しては、「テクスト("text")」と「言説("discourse")」の違いを説明したWiddowson(2007)が参考になる。

> People produce texts to get a message across, to express ideas and beliefs, to explain something, to get other people to do certain things or to think in a certain way, and so on. We can refer to this complex of communicative purposes as the discourse that underlines the text and motivates its production in the first place. But at the receiving end readers and listeners then have to make meaning out of the text to make it a communicative reality. In other words, they have to interpret the text as a discourse that makes sense to them. Texts, in this view, do not contain meaning, but are used to mediate it across discourses.　　　　　　　　　　　　　　　(Widdowson, 2007: 6)

上に引用したWiddowson(2007)の説明を援用してnarrativeの意味をとらえ直すと、話し手(書き手)が話したり書いたりした「テクスト("text")」に、聞き手(読み手)が意味づけを行ない、両者の間に双方向的なやりとりが生まれた時、「言説("discourse")」としてのnarrativeが成立すると言えるだろう。

すでに第5章で分析したcreativityも、これを理解する相手が必要だった。creativityとnarrativityがもつ双方向性を英語教育の観点から見ると、これらを含んだ題材は、コミュニケーション能力の育成に有益だと言えよう。この点に関しては、次の第3節で改めて考察を深めていきたい。

## 2.2　本書におけるnarrativityの意味

これまで本節では、narrativityを基準として、「オーセンティック」教材と文学教材の接点を探ることを前提にして、narrativityの定義づけを行なった。その結果、次の5点をあげた。

1) narrative は、何らかの関連性をもった出来事(story)の連なりである
2) narrative では、前景化された登場人物、またはそれに類したものが登場し、何らかの経験をする
3) narrative が成立するためには、聞き手(読み手)が必要である
4) narrative では、話し手(書き手)が、2)について語ったり書いたりした結果、聞き手(読み手)の心が動く
5) narrativity は、有無ではかるのではなく、多寡ではかる特色である

次節ではこの定義に基づいて、narrativity を含んだ教材は、コミュニケーション能力育成のための活動に活用しやすいことを示す。その上で、「オーセンティック」教材中心に編纂された英語教科書にも、実際は narrativity を含んだテクストが用いられていることを指摘する。そして、narrativity を有したテクストを提供する上で文学のほうが適切だと論じていく。

なお、以下で文学教材の narrativity について言及する際、narrative が多く含まれていると見なされてきた小説のそれを念頭に置いて論じることを、あらかじめ記しておく。

## 3. narrativity と、コミュニケーション能力育成のための英語教育

本節では、narrativity を豊かに含んだ教材を、コミュニケーション能力育成を目指す英語教育で用いる意義を考えたい。

本章第1節で、narrative は多彩な領域で用いられていることを指摘した。この点を別の角度からとらえると、narrativity を多く含んだ題材を積極的に選択すれば、多彩な領域のテクストに対処できる能力を養うことにつながる。

併せて、私たちが日常生活において narrative を多く用いていることを踏まえると、narrativity が十分に含まれたテクストを英語教材として用いれば、将来私たちが narrative を通して、さまざまな経験を話したり聞いたりする能力を養うことになる。この点については、Ochs and Capps(2001)も分析している。両研究者によると、私たちは過去の経験を narrative の形で再現し、

誰かに向かって語りかけることが多いという。

> [Everyday] storytelling is the primary vehicle through which human beings engage in this process. In collaboration with their interlocutors, tellers examine their own and others' expectations about what should or could happen in life. Narrative interaction, in other words, facilitates a philosophy of life and a blueprint for living. We interpret and anticipate experience through narrative engagement. (Ochs and Capps, 2001: 154)

Ochs and Capps(2001)と同じように、Holloway(1979: 110)も、"certainly the most important realities in human affairs, of what engage men's deepest terrors and desires, and also their most potent—and indeed most affirmative—emotions, call for embodiment in the narrative mode"と主張している。過去の経験をnarrativeとして表出することは、意識的・無意識的に、私たちが日常生活で行なっている行為である。narrativeを通して、私たちは過去の経験を呼び起こし、これを解釈し直している。したがって、narrativityを豊富に含んだテクストを英語教育で用いれば、将来的にさまざまな経験を話したり聞いたりする能力を養うことにもなる。

このようにnarrativityに富んだ教材を英語教育で用いる大切さは、"story"を授業で使う意義を説く、Lee and Liu(2011)の主張と関連している。彼女たちによると、"story"を授業で用いることによって、"mechanical language learning"を改善し、"more personal involvement"を実現する授業へと転換できるという(Lee and Liu, 2011: 25)。なぜならば、1つには"storytelling is an activity shared by storyteller and listeners"というように、"story"が生じる場には多くの場合、話し手と聞き手が存在するからである(Lee and Liu, 2011: 25)。そして、2つ目の理由としては、"The meaningful context embedded in a story can help to give learners a deeper understanding of linguistic forms and their functions"というように、言語の形式や機能を学ぶ上で、"story"は有意味な文脈を提供するからである(Lee and Liu, 2011: 25)。narrativeという因果関係でつながれたstoryを英語教材として用いれば、文脈を含めて言葉の

形式や機能を理解する可能性が高くなる。

　これらの点を考慮すると、コミュニケーション能力を育成する上で、narrativity に富んだテクストを英語の授業で用いることは、意義があると言えるだろう。

## 4.「オーセンティック」教材重視の教科書と narrativity

### 4.1　大学英語教科書

　さて、「オーセンティック」教材中心に編纂された英語教科書の中には、narrativity を含んだテクストがどの程度存在しているのだろうか。本項では、大学英語用に出版された教科書の例をあげる。

　まず JACET リスニング研究会(2011)の『総合英語パワーアップ〈基礎編〉─リスニングからリーディング─』を見たい。同教科書は、「コミュニケーションの手段として英語が使える人材が、これまで以上に強く求められて」いる社会背景の中で、「本物の総合的コミュニケーション能力の涵養に貢献すること」を目指して出版されたという(JACET リスニング研究会, 2011a: 3, 5)。同書の内容を見ると、道案内や、商品の取扱説明書、観光案内など日常的で具体的な教材が多く、「オーセンティック」教材を中心に編纂していることがわかる。この教科書の構成をあらかじめ確認しておくと、"Listening Section"、"Grammar Section"、"Reading Section" があり、「主な［英語の］検定試験の出題形式を可能な限り採用」したという(JACET リスニング研究会, 2011a: 3)。

　このような教科書にも、narrativity を有した教材がある。たとえば Unit 3 の "Reading Section" では、ポー(Edgar Allan Poe)の伝記が教材として選ばれている。この読解教材には、短いながらも彼の生涯が書かれており、narrativity を含んだ教材と言えるだろう(JACET リスニング研究会, 2011b: 24)。

　上の教科書と同シリーズに収められている JACET リスニング研究会(2005)、『総合英語パワーアップ〈中級編〉─リスニングからリーディング─』に目を向けると、広告や観光案内、新聞記事などをおもな題材としており、「オーセンティック」教材を中心に編纂していることがわかる。この教

科書も〈基礎編〉同様、英語の検定試験の出題形式に対応して構成されている。一方、同教科書・Unit 2 の"Reading Section"では、アンデルセン(Hans Christian Andersen)童話の 1 つ *The Snow Queen* のごく一部分を載せており、冒頭では「物語を読む時のポイント」として「物語を理解するには、誰が、いつ、どこで、何をしたかをきっちり押さえて読む必要」があると説明している(JACETリスニング研究会, 2005: 16)。Unit 12 では、ハーン(Lafcadio Hearn)の *Yuki-Onna* の 1 場面(リトールド版)が選ばれ、「話の中で実際に言った言葉がどのような形で伝えられているのかに焦点を絞って」読むように、指示が与えられている(JACETリスニング研究会, 2005: 76)[2]。

別の大学英語教科書に目を向けると、すでに前章でふれた大学英語教育学会関西支部教材開発研究グループ(1998)、『発信型リーディングの総合演習』でも、narrativity を含んだ教材が用いられている。同教科書の Unit 12 では、タイのおとぎ話"The King and His Jester"が教材になっている(大学英語教育学会関西支部教材開発研究グループ, 1998b: 110-112)。同じ unit には、日本に伝わる昔話「京のカエルと大阪のカエル」の英訳版も短いながら載せられている(大学英語教育学会関西支部教材開発研究グループ, 1998b: 116)。

これまで、「オーセンティック」教材中心に編纂された大学英語教科書には、どの程度 narrativity が含まれているのか検討した。試みに『総合英語パワーアップ〈基礎編〉―リスニングからリーディング―』を、大学英語教科書協会のホーム・ページ上で検索すると、「総合教材・LL・リスニング教材・リーディングスキル」のジャンルに登録されている(大学英語教科書協会, 2012b)。また、『総合英語パワーアップ〈中級編〉―リスニングからリーディング―』は、同ホーム・ページ上では「総合教材・LL・リスニング教材・英語検定・リーディングスキル」のジャンルに分類されている(大学英語教科書協会, 2012b)。『発信型リーディングの総合演習』は、すでに前章でもふれたように、「総合教材・リーディングスキル」のジャンルに分類されている(大学英語教科書協会, 2012b)。これらの教科書は、分類されたジャンルに基づくと narrative と関連しているようには思えないが、実際は程度の差はあるものの narrativity を含んだ教材を用いていることがわかる。

一方、これらの教科書に掲載されている narrativity を含んだ教材は、本文

だけの長さを見ると半頁以下から多くても3頁程度である。このようなわずかな文字数で、十分にstoryを展開させることは難しい。「オーセンティック」教材中心に編纂された大学英語教科書で用いられているテクストは、たとえnarrativityを含んでいたとしても、豊かな文脈を有したnarrativeとは言い難い。

### 4.2　高等学校「リーディング」用教科書

　次に、高等学校の2011年度「リーディング」用教科書の中からシェア第3位までの教科書を例にとり、narrativityがどの程度含まれているのか分析したい。

　1番のシェアをもつ(第1章、表1.2、No.1参照)、*Element English Reading Reading Skills Based* のLesson 8では、少女を救うために命をかけて献血をしようとした少年の話が教材として選ばれている。主人公の少年が採血を恐れながらも、これに応じるまでの出来事が描かれ、周囲の人々の反応も示されている(大熊, 他, 2008a: 46–47)。Lesson 13には、車いすの生活を送っている作者が、どのような経緯で今のような状況に至り、周囲の人々が自分とどのようにかかわっているかについて記した自伝的な教材がある(大熊, 他, 2008a: 76–77)。Lesson 15の教材は、ある日本人がアフガニスタンで医療活動を始めるまでの経緯と、そこでの経験が描かれている(大熊, 他, 2008a: 88–89)。これらの教材は、関連性をもった出来事が示され、前景化された登場人物が何らかの経験をし、周囲の人々の反応も示されている点で、程度の差はあるがnarrativityを含んでいると言えるだろう。

　シェア2位の *Crown English Reading New Edition* は(第1章、表1.2、No.1参照)、同書では「雑誌記事」に分類されているLesson 5で、デフォー(Daniel Defoe)の *The Life and Strange Surprising Adventures of Robinson Crusoe* (1719)に影響を受けた日本人が、探検に出かける話を教材にしている(霜崎, 他, 2009b: 78–82)。ここでは、彼が探検に出かけるまでの経緯や、探検の様子、現地の人々との出会いが描かれている。これ以外にも、「講演」に分類されたLesson 6で、ノーベル平和賞受賞者ユヌス(Muhammad Yunus)のグラミン銀行(The Grameen Bank)への取り組みが、関連する人々の反応と

ともに説明されていたり(霜崎,他,2009b: 90-96)、「論説文」に分類されたLesson 10で建築家・安藤忠雄の人生が紹介されていたりする(霜崎,他,2009b: 152-158)。*Crown English Reading New Edition* では、上のような教材の中に、程度の差はあるものの narrativity を見出すことができる。

シェア3位の *Big Dipper Reading Course* では、narrativity を含んだ教材がどの程度用いられているのか(第1章、表1.2、No.1参照)。同書のジャンル分けに従うと「人物」に分類された Lesson 6 と Lesson 7 では、ダ・ヴィンチ(Leonardo da Vinci)とエジソン(Thomas Edison)の略歴が教材として用いられている(松坂,他,2008: 28, 36)。「人物・歴史」に分類された Lesson 16 では、シェイクスピアの略歴と *Romeo and Juliet* の映像版のあらすじが、「文化・人物」に分類された Lesson 17 では、ポター(Beatrix Potter)の略歴が、それぞれ教材になっている(松坂,他,2008: 82-87; 92-97)。また、「歴史・国際」に分類された Lesson 18 には、ブータンの農業発展に尽力した日本人の半生に関する教材もある(松坂,他,2008: 100)。

上では、高校の「リーディング」用教科書3冊の中で、narrativity を含んだ教材例を示した。これらの教科書の目次などに示された教材の分類(ジャンル)を見ると、narrativity を含んでいるようには思えない場合でも、narrativity が含まれていることがある。一方、これらの教科書で用いられている narrativity を含んだ教材は、本文が1頁以下のものも含まれていて、十分に story を展開させることが難しい場合が多い。

本節では、「オーセンティック」教材中心に編纂された、大学英語教科書と高校の「リーディング」用教科書の中にも、narrativity を含む教材があることを示した。これらの教科書には、程度の差はあるものの、narrativity を含んだ教材が用いられている点を指摘した。しかし、ここで繰り返し指摘したい点は、これらの教科書に収録された narrative は、短いものでは1頁以下、長いものでも10頁程度に限られ、しかも写真や挿絵・図表なども本文とともに掲載されているため、本文自体が短いことである。このように限られた文字数では、story を十分に展開させることは困難であり、得られる文脈も乏しいと言わざるをえない。

narrativity を含んだテクストを英語教育に導入するのであれば、やはり文

学作品が適切である。なぜならば、旧来から言われてきたとおり、文学には豊かな narrativity が含まれているためである。narrativity を含んだ教材は、コミュニケーション能力育成のための活動に活用しやすい点を踏まえると、narrativity をふんだんに含む文学作品を英語教育の場から排除する姿勢は是正しなくてはならない。文学作品は、「オーセンティック」教材の題材と比較して、十分に story を展開して、豊かな文脈を作り上げることが多い。しかも、文学は映像や音声といった視聴覚的な要素に頼ることが少なく、文字を中心として narrativity をふんだんに含んだテクストを構成している。この点は、次節以降で分析するように、「オーセンティック」教材の題材として選ばれることが多い、新聞・雑誌記事、テレビ・コマーシャル、日常会話などと、文学作品を比較すると確認できる。

## 5. 「オーセンティック」教材の題材と narrativity
### ―新聞記事、テレビ・コマーシャル、日常会話を中心に―

　本節では、「オーセンティック」教材の題材を例にとり、すでに示した定義に従って、その中に含まれている narrativity を分析していく。この分析を通して、これらの題材にはどの程度 narrativity が含まれるのかを検証していく。併せて、これらが扱う話題と類似した話を、文学作品ではどのように描いているのか比較するため、文学からも例をあげる。確かに、ここで改めて文学の中に含まれる narrativity の豊かさについて論じる必要はないと考えることもできる。それでも、英語教育の場において文学の有用性を主張するためには、「オーセンティック」教材の題材と文学を比較することは無駄ではないだろう。

### 5.1　新聞記事

　新聞記事は、これまでに「オーセンティック」教材の題材として選ばれることが多かった。ここでは新聞に取り上げられた話題の中でも、子どもの誕生に注目し、そこにどの程度 narrativity が含まれているのか確認したい。
　出産は、子どもの両親が著名である場合や、両親が無名でも出産までの経

緯が特異である際に、新聞に掲載されることがある。ここでは、まず両親とも著名で、誕生に至るまでの経緯も世間の注目を集めてきた例を見る。2006年9月6日、秋篠宮文仁親王夫妻の第一男子・悠仁親王が誕生した。この件に関する新聞記事を見ると、母子とも健康で無事出産に至ったため、分娩時の様子は"[nothing] unexpected happened"と報じられたに過ぎない(*Japan Times*, September 7, 2006a)。それでもこのニュースが注目を集めた理由は、誕生した親王が"a long-awaited male heir to the Chrysanthemum Throne"であったためである(*Japan Times*, September 7, 2006a)。悠仁親王が誕生する以前は、国会でも"a controversial legal revision to allow women to ascend the Chrysanthemum Throne"が取り上げられていたが、同親王誕生後は審議の必要がなくなった(*Japan Times*, September 7, 2006b)。悠仁親王誕生に関する記事は、出産前にさまざまな論議が起こり、世間の注目を集めてきたという点で、ある程度のnarrativityを有していると言えよう。

皇位継承者誕生のように大きなニュースでなくても、narrativityを多く含んだ新生児誕生に関する新聞記事もある。2009年12月23日、アメリカのある病院で、世間的にはまったく知られていない夫婦の子どもが生まれた。出産直前に妊婦が心肺停止状態に陥り、胎児も仮死状態だったが、母子ともに奇跡的に助かった。このニュースは、後日、主治医、父親のコメントとともに新聞に掲載された。

> After their miraculous recovery, both mother and the baby, named Coltyn, appear healthy with no signs of problems, Martin [the mother's doctor] said.
> 
> "We did a thorough evaluation and can't find anything that explains why this happened," she said.
> 
> Mike Hermanstorfer [the baby's father] credits "the hand of God." "We are both believers ... but this right here, even a nonbeliever—you explain to me how this happened. There is no other explanation," he said. Asked about divine intervention, Martin said, "Wherever I can get the help, I'll take it."
> 
> (*Japan Times*, January 4, 2010)

上の記事は、母親のコメントも併せて掲載しており、彼女は"miracle baby"の誕生に感謝しているという(*Japan Times*, January 4, 2010)。この新聞記事は、奇跡的な新生児の誕生を神の加護に帰し、医学を超えた力の存在を報じている。そして、関係者のコメントを引用することで、今回の出産の不思議さを読者が共有できるような構成になっている。

　子どもの誕生自体は、その都度新聞で報じられる必要がない平凡な出来事である。そうは言っても、悠仁親王誕生のようにさまざまな人々の思惑が込められていたり、アメリカの出産例のように、非凡な要素が加わったりする時、これらを報じた新聞記事にはnarrativeが生まれる可能性が高い。

　その一方で、悠仁親王誕生に関する記事に関して言えば、文字ばかりではなく家系図や写真などを取り入れてニュースが報じられた(*Japan Times*, September 7, 2006b)。新聞のようなメディアでは、文字ばかりではなく、視覚的な要素を取り入れてnarrativeを構成することがある点も特色としてあげられる。加えて、アメリカの出産に関するニュースでは、この記事以前にはどのような出来事が起きたのか読者はうかがい知ることができない。したがって、文脈を把握できないまま、読者はこの記事を読むことになる。新聞記事にはnarrativityが含まれることが少なからずあるが、story展開の不十分さや文脈の希薄さ、さらには視覚的な資料に頼る一面をもっていると言えるだろう。

　一方文学作品の中で描かれる子どもの誕生は、文字主体で描かれ、storyが緊密に積み重ねられた結果、文脈を十分に理解した上で読み取る場合が多い。従来から、さまざまな文学作品が子どもの誕生を描いてきたが、ここではドラブル(Margaret Drabble)の小説 *The Millstone*(1965)の1節を見たい。ペーパーバック版で約190頁の総頁中、110頁を超えてから、子どもの誕生場面が描かれる。この場面は、小説全体の中盤以降に表れることになるが、それ以前は子どもの出産を巡ってさまざまなstoryが展開される。*The Millstone*の主人公・ロザマンド(Rosamund Stacey)は、研究者としてのキャリアを築き上げる途中で思いがけなく妊娠をしたため、流産を試みるなど出産前は大いに悩むが、結局は未婚の母になる決意を固めて出産当日を迎える。以下は、ロザマンドが病院で女児を出産した直後の場面である。

[The] midwife asked me [Rosamund] if I would like to see the child. "Please," I said gratefully, and she went away and came back with my daughter wrapped in a small grey blood-stained blanket, and with a ticket saying Stacey round her ankle. She put her in my arms and I sat there looking at her, and her great wide blue eyes looked at me with seeming recognition, and what I felt it is pointless to try to describe. Love, I suppose one might call it, and the first of my life.　　　　　　　　　(Drabble, 1965, 1998: 114)

引用文最後でロザマンドは、「愛、と人は呼ぶかもしれない」未知の感情を抱き、このような感情を経験することは生まれて初めてだと思う。子どもの誕生以前の彼女は、誰に対しても心から愛情を抱くことができず、この点については上の引用部分に至る前に作品の中で説明されてきた。したがって、読者はそれまでの story 展開を踏まえ、文脈を理解した上でこの場面を読むことができる。子どもの誕生後、ロザマンドが執筆した本が出版され、彼女の研究者としての地位が確立するが、最終場面で"There was one thing in the world that I knew about, and that one thing was Octavia"(Drabble, 1965, 1998: 191)と記されるように、彼女にとって一番確固たる存在は子どもになる。

　The Millstone の例に見られるように、文学作品では関連性をもった story が連なり、登場人物がさまざまな経験をする。そしてこのようなテクストの読み手である読者は、何らかの感情を抱くことになる。新聞記事のような「オーセンティック」教材の題材と比較すると、文学作品は、文字主体で描かれ、十分に story を展開して豊かな文脈を作り上げることが多く、その結果 narrativity を豊かに含むことが多い。

## 5.2　テレビ・コマーシャル

　前項では、新たな家族の誕生に関する題材を見た。本項では、新聞記事と同様に「オーセンティック」教材の題材になることが多いテレビ・コマーシャルを例にとって、その中で描かれる家族関係が、どの程度 narrativity を含んで表現されているのか検討したい。

　「キット・カット(Kit Kat)」は、イギリスで生まれたチョコレート菓子だ

が、商品名が日本語の「きっと勝つ」に似ていることから、日本では受験と関係づけられて販売・購入されることが多い(Nestlé Japan, 2012)。2010年に放映された同商品のテレビ・コマーシャルでも、ある女子高校生が大学入学試験に合格したエピソードを描いている。

Nestlé Japan(2010)のコマーシャルは、彼女が合格通知を持って高校教師に駆け寄る場面で始まる。

出典:(Nestlé Japan, 2010; 以下の映像の出典も同左。
以下、コマーシャルの一部分を引用)

**図6.1 「キット・カット」テレビ・コマーシャル**

彼女は合格のお礼を言うが、教師は、これまでずっと心配をかけてきた人に感謝の思いを伝えなさいと言う。

教師の言葉を聞いた彼女は、これまで自分の母親に一番心配をかけてきたことに気づき、帰宅後、「キット・カット」の箱に感謝の言葉を書く。

第 6 章　narrativity からとらえ直した「オーセンティック」教材と文学教材　173

そして、彼女は、母親にメッセージを書いた「キット・カット」を渡し、足早に家を出ていく。驚いた母親がふと箱を見る。

すると、箱には、娘の感謝の言葉が書かれている。

図 6.1 は、関連した出来事が次々と映し出され、全体として母と娘のつながりを描いている。この点で、このテレビ・コマーシャルは、narrativity を含んでいると言えよう。narrative とテレビ・コマーシャルのような広告は、併

せて論じられることが少ないように思えるが、上木(2007)によると、近年は「ナラティブ広告("narrative advertisement")」を取り入れる企業が増えているという。この新たな形態の広告は、「ネット時代になり、情報発信のやり方が多様化」したことを背景にして生まれ、「派手なアピールの代わりに、じっくりと共感を誘うような物語性」を用いて、「商品を［消費者の］記憶にとどめてもらうことを狙った手法」だという(上木, 2007)。「キット・カット」のテレビ・コマーシャルは、たとえばインパクトのある映像を使ったり、商品名を連呼したりするなど、派手な演出をしていない。むしろ同コマーシャルは、大学受験を乗り越えた母と娘の関係を主題として、娘から母への感謝の気持ちを軸にstoryを構成している。この点で図6.1で示したNestlé Japan(2010)は、上木(2007)が示す「ナラティブ広告」の一種と言える。

　ここでは日本語で制作されたテレビ・コマーシャルの例を見たが、英語教育の場では、英語で作られたコマーシャルを活用することになるだろう。そのような場合、これらが語学教材として十分な効果を発揮できるかについて、疑問の余地が残る。なぜならば、テレビ・コマーシャルは"music, pictures and language"の3要素から構成されることが多いため(Cook, 2001: 42)、"language"だけで構成された題材と比較すると、語学力を伸ばす上で必ずしも有益とは言えないためである。もちろん、生徒・学生の英語力によっては、視聴覚面からの情報に助けられて、文字のみで書かれたテキストよりも学習しやすい教材になりえる。また文化や習慣の違いなど、映像を伴った題材のほうが、実感をもって理解できる点も多々あるだろう。それでも、narrativityの観点から見ると、映像を見ればstory展開がおおよそ理解できてしまうため、英語教育の場では十分な効果が得られないのではないか。加えて、コマーシャルの中で展開されるstoryは、短時間のうちに次々と場面が切り替わり、その展開をじっくりと味わうことは難しい。学習者によっては、凝縮された形で示されるnarrativeを通して英語を学ぶことに対して、物足りなさを感じる場合もあるのではないか。すぐにstoryが完結してしまうコマーシャルを見て、もっと深みのあるnarrativeを通して、英語を学びたいと思うこともあるのではないだろうか。

　「キット・カット」のテレビ・コマーシャルでは、母と娘のつながりが主

題として選ばれていたが、文学作品でも母と娘の関係はよく取り上げられる話題である。「キット・カット」のテレビ・コマーシャルでは、娘が母親に感謝の気持ちを示していたが、以下では同じように娘が母親に感謝の意を表す1場面を引用したい。

ギッシング (George Gissing) の *Born in Exile* (1892) は、100年以上も前に発表された小説だが、ここでも母と娘の関係が描かれている。同小説に登場する主要人物の1人・シッドウェル (Sidwell Warricombe) は、母親のウォリコム夫人 (Mrs. Warricombe) から、ある男 (Mr. Walsh) と親密な仲にならないように注意される。シッドウェルは男の知性に惹かれただけだったが、母親から見ると2人の関係は誤解を招くというのである。

"I am surprised that you have taken such a liking to Mr. Walsh."

Sidwell coloured, and made answer in the quiet tone which her mother had come to understand as a reproof, a hint of defective delicacy:

"I don't think I have behaved in a way that should cause you surprise."

"It seemed to me that you were really very—friendly with him."

"Yes, I am always friendly. But nothing more."

"Don't you think there's a danger of his misunderstanding you, Sidwell?"

"I don't, mother. Mr. Walsh understands that we differ irreconcilably on subjects of the first importance. I have never allowed him to lose sight of that."

Intellectual differences were of much less account to Mrs. Warricombe than to her daughter, and her judgment in a matter such as this was consequently far more practical.

"If I may advise you, dear, you oughtn't to depend much on that. I am not the only one who has noticed something—I only mention it, you know."

Sidwell mused gravely. In a minute or two she looked up and said in her gentlest voice:

"Thank you, mother. I will be more careful."

(Gissing, 1892, 1978: 319–320)

*Born in Exile* は全体で7部から構成されている長編だが、引用部分は、ほぼ中間の第4部で描かれている。読者はこの場面に至るまでに、シッドウェルがどのような家庭環境で育ち、母親とはどのような関係にあり、問題になっている相手がどのような男性なのかに関する情報を与えられている。読み手はこれまでの story 展開に則って、この場面を読むことになる。さらに、「キット・カット」のテレビ・コマーシャルと、上の引用文との歴然とした差は、前者が音声・映像・文字で複合的に表され、後者が文字のみで描かれている点である。

　*Born in Exile* では、娘と母親のせりふが示されるばかりではなく、語り手がこの場面に説明を加えている。説明部分では、会話の最中に娘がどのような表情を浮かべているのかを示したり、各々がどのような意図で言葉を発しているのか説明を加えたりしている。たとえば、上の引用文のうち第2番目の説明箇所では、娘は "[intellectual] differences" を男とつき合う上で一番問題にするが、母親の判断基準はこれとは異なって "practical" だという。引用場面の後にシッドウェルは、くだんの男からプロポーズを受けるが (Gissing, 1892, 1978: 325)、母親の忠告もあってこれを断ることになる。作品では、それを知った「彼女の母親の安堵 ("her mother's relief")」の気持ちを描く場面もある (Gissing, 1892, 1978: 325)。

　文学作品は、「オーセンティック」教材の題材と比較して、文字中心に narrative を構成することが多い。文学では、関連性をもった story が作品冒頭から積み上げられ、読者は豊かな文脈に照らし合わせながらテクストを読み進めていくことができる。確かに、学習者の英語力によっては、テレビ・コマーシャルのように視聴覚面からも理解できる題材のほうが、活用しやすい場合もあるだろう。それでも、"music, pictures and language" が組み合わされて構成される (Cook, 2001: 42) テレビ・コマーシャルを語学教材にする場合、学習効果が十分に得られない場合もある。今後は、それぞれの英語教育の場で、学習者の状況に十分配慮しながら、文学教材を活用することが求められるだろう。

## 5.3 日常会話

これまで、新生児の誕生、母と娘の関係という家族にまつわる題材を例示した。これらを通して明らかになった点は、「オーセンティック」教材の題材にも、程度の差はあるものの narrative が含まれていることである。ここで改めて強調したい点は、「オーセンティック」教材の題材と比較すると、文学作品は、十分に story を展開して、豊かな文脈を作り上げることが多い点である。しかも、文学は映像や音声といった視聴覚的な要素に頼ることが少なく、文字を中心として narrativity をふんだんに含んだテクストを構成している。

本項では、日常会話、なかでも家族間で交わされるそれに焦点を当てたい。会話もまた、「オーセンティック」教材の題材に選ばれることが多い。あらかじめ narrative における「会話("conversations")」の位置づけを確認しておくと、"there is, or can be, a significant difference between conversations and other events in a narrative" のように出来事と区別してとらえる見方がある一方で、"some conversations in narrative can be, or at least can include, events of the greatest and most obvious substantiality" のように、出来事と関連づける見方もある(Holloway, 1979: 53-54 参照)。いずれの見方にせよ、会話は narrative の中で一定の役割を果たしていると言えるだろう。

さて以下では、Ochs and Capps(2001)に収められている家族間の会話例をあげる。これらの例は、実際に交わされた会話を 1 度録音した上で文字化したテクストであることを、あらかじめ記しておく。次の引用は、ある母親と娘が交わした短いやりとりである。

Mom:    Sharon?
Sharon: Yes?
Mom:    I wanted to know what you did … in kindercamp today …
Sharon: All I did was take a nap
Mom:    That's all you did all day long?
Sharon: yeah
Mon:    You took a *nap* all day long?

Sharon: yea:h

Mom: *Boy* ... You must not be tired at all? ...

(Ochs and Capps, 2001: 129; italics by Ochs and Capps)

母親は、娘のシャロン (Sharon) が "kindercamp" でどのような事をしたかたずねているが、後者はただ昼寝をしたとだけ答えている。娘の答えの信憑性は明らかではなく、ことによると母親の質問に答えるのが面倒なため、昼寝と答えたのかもしれない。しかし、ここで注目したい点は、まがりなりにも娘が過去の出来事について語っている点である。母親の質問に応じて、娘が過去の経験について語り、母親が聞き手になってそれなりの反応を示している点で、この会話にはわずかながらも narrativity が含まれていると言えるだろう。その一方で、この会話はどのような文脈で交わされたのかに関して情報がなく、この会話の前後に何か関連する出来事が起きたのか、あるいは何も起きなかったのかについての説明がない。加えて、母親の反応も簡単にしか示されていない点が特徴と言えるだろう。

次に見る日常会話では、ある夫婦 (Mom と Dad と以下では表記) が、知り合いの女性が怪我をしたことを話題にしている[3]。

Mom: Judy Wilson was on the ski trip and she was uh (0.3 pause) I don't know what they call it-snowboarding?

Dad: oh [*that*

Mom: [or something like that, it's like a surfboard. She was standing up on it and she *fell* and broke her *wrist*. ...

Dad: Yeah those are dan-

Mom: And the thing *is* she's supposed to be in this big *piano* recital or contest in a couple of *weeks* and now she can't play the piano in the recital.

Dad: OH *NO*! That's too bad.

(Ochs and Capps, 2001: 177–178; italics by Ochs and Capps)

## 第6章　narrativity からとらえ直した「オーセンティック」教材と文学教材

　上の会話の冒頭で、妻が、知人女性ウィルソン(Wilson)の怪我を話題にする。彼女は、1番目と2番目のせりふの中で、なぜウィルソンが怪我をしたのか、原因を説明している。そして、結果として彼女が怪我をしたことを夫に伝えている。さらに、妻は3番目のせりふで、彼女が出場する予定の演奏会が間近に迫っているが、それまでに怪我が快復する見込みがないとしている。この一連の説明に対して、夫は相づちをうち、驚きの反応を示し、聞き手に徹している。上の例では、話し手と聞き手以外の第3者の身に起きた出来事を話題にして、話し手が概要を説明し、聞き手がこれに反応するという構造がとられている。ここで引用した夫婦の会話は、先に引用した母と娘の短いやりとりよりも、narrative の特色が多く含まれていると言えよう。その一方で、上の夫婦間の会話がどのような文脈で交わされたのか、理解することはできない。加えて、ウィルソンの怪我は上の会話後に治癒したのか否かについての情報もなく、story が十分に展開されたとは言い難い。

　本項で分析したように、「オーセンティック」教材の題材になることが多い日常会話の中にも、narrativity が含まれることがある。とは言っても、実際交わされた会話を英語教材にする場合、1度録音してコーパスなどの形で保存したものを、授業で用いる場合が多いだろう。そのような際、会話は文脈から切り離され、どのような状況で交わされたやりとりなのかが不鮮明になる。出来事のつながりが薄れ、story が十分展開されず、narrative としての特色が薄れる可能性が高い。

　一方、文学作品では、どのような文脈で交わされた会話なのかが理解しやすい。上の日常会話の例には、夫婦の会話があり、第3者が話題になっていた。以下では、文学作品の中で夫と妻が第3者について話している場面に注目したい。

　オースティン(Jane Austen)の *Pride and Prejudice* (1813)は、夫婦の会話から始まる。ベネット夫人(Mrs Bennet)が話し手で、近所に越して来る若き資産家・ビングリー(Bingley)についての噂を話し、自分たちの娘の誰かと結婚させたいと願い、夫にあいさつに行くように頼む。この場面で、聞き手であるベネット氏(Mr Bennet)は、皮肉を込めてつれない返事をする(Austen, 1813, 1985: 51–53)。

この冒頭部が伏線になって、次の会話が交わされる。

[Mr Bennet] continued, 'let us return to Mr Bingley.'

'I am sick of Mr Bingley,' cried his wife.

'I am sorry to hear *that*; but why did not you tell me so before?  If I had known as much this morning, I certainly would not have called on him. It is very unlucky; but as I have actually paid the visit, we cannot escape the acquaintance now.'

The astonishment of the ladies [Mrs Bennet and their daughters] was just what he wished; that of Mrs Bennet perhaps surpassing the rest; though when the first tumult of joy was over, she began to declare that it was what she had expected all the while.

'How good it was in you, my dear Mr Bennet!  But I knew I should persuade you at last....'　　　　　　　(Austen, 1813, 1985: 55; italic by Austen)

上の場面では、ベネット夫人がビングリーについて話したがらない理由が、おのずとわかるようになっている。この場面の前でベネット氏が示した反応 (Austen, 1813, 1985: 51–53) が伏線になって、彼女は、夫がビングリーに会いに行くわけがないと思い込んでいる。同時に、ビングリーを密かに訪問したベネット氏が、夫人と娘たちが真相を知って驚く姿を見て楽しむ理由も、それまでの story 展開を知る読者は理解できる。文学作品では、1 つ 1 つの出来事が因果関係の鎖となってつながり合う場合が多く、これらが豊かな文脈を作り出していく。文学作品の中には会話が交わされる場面が多いが、それぞれの会話が文脈から切り離されることはなく、全体として narrative を作り上げているのである。

## 5.4　雑誌記事

　最後に、人の死に関する題材を見たい。人の死は、新聞・雑誌などを中心に、幅広いメディアで取り上げられてきた。一方、その扱い方は、誰の死を、どのメディアが、どのような形式で扱うかによってさまざまである。たとえ

ば2012年2月4日の『日本経済新聞』に掲載された死亡欄を見ると、まず故人の名前が記され、続いて生前の肩書き、死亡日、死因、年齢、連絡先、告別式の日時・場所、喪主の名前が記されている。この場合、1つ1つの記載事項にほとんど因果関係はなく、ある人の死に関する最小限の情報を伝える目的で掲載されているため、これを narrative とは呼び難い。

　一方、The Economist の "Obituary" は、誌面1頁を割いて、故人に関する記事を載せている。以下では、The Economist に掲載された2件の "Obituary" を示したい。

　最初にあげるのは、ワヒド(Abdurrahman Wahid)元インドネシア大統領の "Obituary" である。ここでは、冒頭で "Abdurrahman Wahid (Gus Dur), intellectual and president of Indonesia, died on December 30$^{th}$, aged 69" と記されている(Obituary, 2010a, Economist)。ワヒドの死に関する最低限の情報は、これだけ記載すれば十分であろうが、The Economist の "Obituary" では、彼の生涯がもう少し詳しく説明されている。

> To some of his co-religionists, he went too far. But Mr Wahid had imbibed the gentle, Hindu-flavoured Islam of Java and the café-table cut-and-thrust of Baghdad's student circles, as well as the doctrinaire rote-learning of al-Azhar University in Cairo, and had plumed for free expression every time. He had also been brought up in a house that was both devout and cosmopolitan: encouraged to read European magazines, to devour Dickens and Dostoyevsky, to listen to Mozart and Janis Joplin, as well as to get involved in Nahdlatul Ulama (NU), the world's largest Muslim organisation, heavily rural and steeped in animist Javanese tradition, which his grandfather had founded and his father had run.　　　　　　　(Obituary, 2010a, Economist)

上の引用では、彼がどのような人生を送ってきたのかが、具体例をあげながら記されている。彼が信奉していた宗教や、学校生活の様子などが紹介されている。さらに、家庭生活では、ワヒドがディケンズ(Charles Dickens)とドストエフスキー(Fyodor Mikhailovich Dostoyevsky)の作品を「むさぼり読む

("devour")」ように促されていたことまで記されている。この"Obituary"は、ワヒドの死亡を知らせる単なる情報ではなく、凝縮されたワヒドの伝記と見なすことも可能であり、narrativity を含んだ記事と言える。

　次にあげるのは、山口彊(Tsutomu Yamaguchi)の"Obituary"である。冒頭では、ワヒドの場合と同様に、"Tsutomu Yamaguchi, a double nuclear survivor, died on January 6$^{th}$, aged 93"と簡潔に記されているが(Obituary, 2010b, *Economist*)、彼の生涯に関する記述も併せて掲載されている。山口は、ワヒドのように政界で活躍した経歴もなく、世間的な認知度の上では後者に劣ると言えよう。それでも彼の死が"Obituary"で取り上げられた理由は、彼が「二重被爆者("twice-victim of the atom bomb")」だったからである(Obituary, 2010b, *Economist*)。第2次世界大戦の際、山口は、広島と長崎でそれぞれ被爆した。彼の死亡記事では、彼が詠んだ短歌が掲載されている:"Thinking of myself as a phoenix, / I cling on until now. / But how painful they have been, / those twenty-four years past"; "Carbonised bodies face-down in the nuclear / wasteland / all the Buddhas died, / and never heard what killed them"(Obituary, 2010b, *Economist*)。これらの短歌には山口の被爆者としての苦しみや怒りが込められている。彼の反核運動は上のような短歌を詠むことに留まらず、国内外で講演を行なうなど、徐々にその活動範囲を広げていった。

> Mr Yamaguchi began to feel that fate had spared him to speak out against the horrors of nuclear weapons: in schools, in a documentary, in a letter to Barack Obama and even, at 90, on his first trip abroad, in front of a committee of the United Nations in New York.
>
> If there exists a God who protects
> nuclear-free eternal peace
> the blue earth won't perish.　　　　　(Obituary, 2010b, *Economist*)

　山口が詠んだ短歌が織り込まれた"Obituary"を読むことによって、読者は原爆投下が人々に与えた計り知れない苦しみを知ることができる。そして、

第6章　narrativityからとらえ直した「オーセンティック」教材と文学教材　183

山口の人生の一端にふれることによって、このような悲劇を繰り返してはならないという、彼からのメッセージを受け取ることができる。

　今回見た"Obituary"のように、「オーセンティック」教材の題材として選ばれることが多い雑誌の中にも、narrativityを含んだ記事が掲載されている。その一方で、The Economist のように政治・経済・科学などの幅広いニュースを報道している場合(Introduction, 2010, Economist)、"Obituary"に十分な誌面を割くことは難しく、1頁程度にまとめられることが多い。しかも、関連する写真も掲載している関係で文字を通して得られる情報が限られるため、storyが十分に展開されず、豊かな文脈を伴うことは稀である。

　一方文学作品で描かれる登場人物の死は、つながり合った出来事を踏まえて、各人の死が丁寧に描出される場合が多い。ここでは、ロレンス(D.H. Lawrence)の短編"Odour of Chrysanthemums"(1911)の最終場面を引用する。以下は、炭鉱で働く夫・ウォルター(Walter)が突然死亡し、妻・エリザベス(Elizabeth)のもとに、帰らぬ人となって帰宅した場面である。

> Now he [Walter] was dead, she [Elizabeth] knew how eternally he was apart from her, how eternally he had nothing more to do with her. She saw this episode of her life closed. They had denied each other in life. Now he had withdrawn. An anguish came over her. It was finished then: it had become hopeless between them long before he died. Yet he had been her husband. But how little!
> 　　　　　　　　　　　　　　　　　　　　　　(Lawrence, 1911, 1982: 105)

この短編は、ペーパーバック版で18頁ほどの作品だが、引用部分は最終頁に表れる。作品冒頭では、ウォルターは毎晩酒場で飲み歩き、帰りが遅いことがよくあると説明され、エリザベスが特に心配もせずに夫の帰宅を待つ姿が描かれている。ところが彼女は、時間が経つにつれて、いつもとは様子が異なることに気づく。作品中盤では、夫の安否を心配して、エリザベスが様子を見に行く姿も示される。そして後半部分では、ついに夫の遺体が家に担ぎ込まれる。

　この作品では、1つ1つの出来事が積み重ねられて、最終的に夫の死を描

いているが、各出来事を緊密に結びつけるために菊の花が用いられている。冒頭部では、夫妻の子どもが"the ragged wisps of chrysanthemums"をむしり取り(Lawrence, 1911, 1982: 89)、続いてエリザベスが菊の花とこれまでの人生のつながりを言い("It was chrysanthemums when I married him, and chrysanthemums when you [her child] were born, and the first time they ever brought him home drunk, he'd got brown chrysanthemums in his button-hole"; Lawrence, 1911, 1982: 93)、夫の遺体が運ばれてきた時には"a cold, deathly smell of chrysanthemums"が部屋に漂う(Lawrence, 1911, 1982: 100)。菊の花を入れた花瓶が割れる場面の後、夫の遺体を清めながら、エリザベスはウォルターが自分の手の届かない存在になってしまったことに気づく。菊の花は、作中の出来事につながりをもたせ、エリザベスの感情の変化を映し出す役割を果たすのである。

　本項では、「オーセンティック」教材の題材になることが多い雑誌にも、narrativityを含む記事が掲載されていることを、obituaryの例を通して示した。雑誌に掲載されたobituaryは、誌面が限られている上に写真などを載せる傾向にあり、storyを十分に展開させることは困難である。一方文学作品は、時には菊の花のように象徴的な要素を取り入れながら、十分にstoryを展開させる。しかも文学は、「オーセンティック」教材と比較すると視覚的な要素に頼ることが少なく、文字中心のテクストの中で豊かなnarrativeを作り上げている。

　第6章では、「オーセンティック」教材の題材の中にも、程度の差はあるものの、narrativityが見出せることを示した。narrativityの定義を提示した上で、narrativityを含んだ教材は、コミュニケーション能力育成のための活動に活用しやすいことを説明した。次に、「オーセンティック」教材中心に編纂された英語教科書にも、実際はnarrativityを含んだテクストが選ばれていることを指摘した。その上で、narrativityを含んだ題材を提供するためには、文学のほうが適切であると主張した。文学作品は、「オーセンティック」教材の題材と比較して、十分にstoryを展開して、豊かな文脈を作り上げることが多い。しかも、文学は映像や音声といった視聴覚的な要素に頼ること

が少なく、文字を中心としてnarrativityをふんだんに含んだテクストを構成している。この点は、「オーセンティック」教材の題材として選ばれることが多い、新聞・雑誌記事、テレビ・コマーシャル、日常会話などと、文学作品を比較することを通して示した。

以上の分析を踏まえて、改めて主張したいことは、narrativityを豊かに含んだ文学教材を英語教育から排除することなく、学習者の状況を十分考慮しながら、オーセンティック教材として活用するべきであるという点である。

## 6.「オーセンティック」教材と文学教材の接点
　―第4、5、6章の分析結果を踏まえて―

次章では、これまでの考察を踏まえて、文学教材を実際に授業で用いる上での方策を考えていく。実践例に話を移す前に、ここで第4、5、6章で論じた点を簡潔にまとめたい。

第4章では、まずCarter and Nash(1990)が提示した"literariness"の概念を基準にして、「オーセンティック」教材と文学の関係を見た。ここでは、「オーセンティック」教材の題材になることが多い雑誌記事には、文学の理解を前提とするものが見出せるため、文学を英語教育から排除することは書き手のメッセージを正しく理解する上で好ましくないと指摘した。さらに、"literariness"以後の尺度として、従来文学作品と結びつけられることが多かったcreativityとnarrativityを提示した。

第5章では、creativityの定義を示した後、creativityを含んだ教材は、コミュニケーション能力育成のための活動に活用しやすい点を示した。その上で、「オーセンティック」教材中心に編纂された英語教科書にも、実際はcreativityを有したテクストが選ばれていると指摘した。さらに、creativityを含んだテクストを提供するためには、文学のほうが適切であるとした。なぜならば、文学には「オーセンティック」教材の題材よりも、creativityが豊かに含まれているからである。加えて、「オーセンティック」教材の題材に含まれるcreativityを理解する上で、文学の理解を前提としているものは少なくないことを指摘した。この点は、「オーセンティック」教材の題材として選

ばれることが多い、新聞・雑誌記事、広告などを例示して説明した。さらに、文学作品が creativity を十分に有したテクストである点は周知の事実であるが、近年の文学の中には文字の力を十分に活かしながら、時代に合った creativity のあり方を模索している作品もあることを示した。これらの分析を踏まえて、creativity をふんだんに含み、「オーセンティック」教材の creativity を理解するための前提になり、新たな creativity のあり方をも模索している文学を、英語教育から排除する事態は是正しなければならないと結論づけた。

第6章では、まず narrativity の定義を提示し、次に narrativity を有した教材は、コミュニケーション能力育成のための活動に活用しやすいと指摘した。そして「オーセンティック」教材中心に編纂された英語教科書にも、実際は narrativity を含んだテクストが選ばれていると主張した。その上で、narrativity を有した題材を提供するためには、文学のほうが適切であると指摘した。なぜならば、文学には「オーセンティック」教材の題材よりも、narrativity が豊かに含まれているからである。文学は、「オーセンティック」教材の題材と比較して、十分に story を展開して、豊かな文脈を作り上げることが多い。しかも、文学は映像や音声といった視聴覚的な要素に頼ることが少なく、文字を中心として narrativity をふんだんに含んだテクストを構成している。この点を説明するために、「オーセンティック」教材の題材として選ばれることが多い、新聞・雑誌記事、テレビ・コマーシャル、日常会話などと、文学作品を比較した。これらの考察を踏まえて、narrativity を豊かに有した文学教材を英語教育から排除することなく、学習者の状況を十分考慮しながら、オーセンティック教材として活用するべきであると結論づけた。

最後に、第4章冒頭で示した疑問を、改めて提示したい。

現在、日本の英語教育では、「オーセンティック」教材というと、具体的であるいは日常的な場面と結びついた教材を指し、これらは文学教材とは対照的だと見なされる場合が多い。それでは、「オーセンティック」

教材と文学教材の間にはまったく接点がないのだろうか。これらは、まったく関連性をもたない、対照的な教材なのだろうか。

"literariness"・creativity・narrativity の観点から考えると、「オーセンティック」教材と文学教材の間には接点があり、まったく関連性をもたない対照的な教材ではないと主張できる。同時に、これらの観点を基準にすると、文学教材は「オーセンティック」教材よりも "literariness"・creativity・narrativity をふんだんに含んでいる。加えて、creativity・narrativity を有した教材がコミュニケーション能力育成のための活動に有益であることを考えると、文学教材を英語教育から排除してきたこれまでの日本の英語教育のあり方には、再考の余地が大いにある。

CLT がオーセンティック教材使用を特色の1つとするように、コミュニケーション能力育成のためには、正しく定義されたオーセンティック教材の活用が欠かせない。オーセンティック教材の意味を正しく理解すること。そして、文学も含めたオーセンティック教材を、英語の授業で適切に活用していくこと。このことが、コミュニケーション能力育成を目指す日本の英語教育に、今後強く求められる姿勢である。

註

1. narrative の意味を定義することの難しさは、しばしば指摘されてきた。たとえば Hawthorn(1998)は、narrative に関するさまざまな先行研究を踏まえた上で、"[narrative is a] term which is much-used but about which there is little consensus when it comes to defining its meaning" とコメントを加えている(Hawthorn, 1998: 222)。
2. 本項で見た『総合英語パワーアップシリーズ』には〈入門編〉と〈上級編〉もある。〈入門編〉は自己紹介や道案内などが中心だが、〈上級編〉は新聞・雑誌記事を教材の中心に据えながらも、ユダヤ人作家・ヴィーゼル(Elie Wiesel)の生涯について書かれた記事を扱った unit など、比較的 narrativity を含んだ教材も取り入れている。
3. (Ochs and Capps, 2001: 177–178)のやりとりの中で、Dad の最初のせりふと、Mom の2番目のせりふの中に記された角カッコ( [ )は、2人の言葉が同時に発せられ、音声が重なり合っていることを示す。

# 第7章
# 文学教材を使った英語教育の実践例
―大学から、高等学校、そして中学校まで―

　第7章では、これまでの考察を踏まえて、文学教材を実際に授業で用いる上での方法を考えていく。最初に、大学の英語教育で、文学教材を用いる場合について考察する。まず、大学生の現在の状況を、ITとのかかわりに焦点を当てながらとらえる。次に、従来、大学英語教育で用いられてきた文学教材に多く見られる特色を整理し、これらの長所・短所を指摘する。さらに、最近出版された文学教材の特色を踏まえて、今後どのような方向性をもって、文学を英語の授業で活用するべきか考える。そして、コミュニケーション能力育成を目指す日本の英語教育で文学教材を用いる際に、考慮すべき点をまとめる。その上で、大学の英語教育で文学教材を使うための実践例を示す。

　次に、中学校・高等学校の英語の授業で、文学教材を活用する方法を検討する。まず、中学校・高等学校の英語教員が、文学教材を授業で使うことに対してどのような意見をもっているのか分析する。次に、彼らの意見を踏まえて、中学・高等学校で文学教材を用いる際の実践例を示す。

　以上の分析を踏まえて、大学ばかりではなく中学校・高等学校でも、文学教材は、その用い方を工夫すれば、コミュニケーション能力育成を目指す英語教育でも十分に活用できることを示したい。

## 1. 大学の英語教育における文学教材

### 1.1　IT 世代の大学生たち
　第3章で分析したように、1980年代以降 IT が飛躍的に進歩した。現在大

学に通う学生たちは、大多数が1990年代以降に生まれ、ITを当たり前のように使いこなしてきた世代である。多くの学生が、教室の外では多機能携帯電話を使用し、教室の中では電子辞書を用いている。このような日常風景は、彼らがITに馴れ親しんでいることを端的に示している。

2008年から2011年にかけて、筆者が行なったアンケート調査でも、大学生とITの結びつきが明らかになった。身近な日本人大学生273名(1年生193名、2年生80名)に、以下の質問に答えてもらった。

---

質問: 英語の辞書についてお聞きします。あなたが普段よく使っている辞書は、どの形式ですか。(1–4)のうち、該当する答え1つに丸(○)をつけてください。

1. おもに紙に印刷されている辞書
2. おもに電子辞書
3. 紙に印刷されている辞書と、電子辞書を同じぐらいの割合で使っている
4. 辞書はあまり使わない

---

この質問に対する回答結果は、以下のとおりだった。

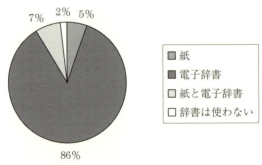

出典: 筆者が実施したアンケートの結果

図 7.1

図 7.1 に見られるように、大学生 273 名のうち、86％(234 名)が電子辞書を使用していると回答した。紙に印刷されている辞書と電子辞書を併用している者は 7％(19 名)、紙に印刷されている辞書を使用している者は 5％(15 名)、辞書をあまり使わないと答えた者は 2％(5 名)だった。現在の大学生は、電子辞書をおもに使用していることが身近な大学生へのアンケート結果から確認できた。

また、同じ大学生 273 名に、日頃どのようなメディアを使用しているか、併せて質問した。

---

質問: 普段、あなたがよくふれる(使う)メディアは何ですか。
　　　よく使うもの 3 つを選んで、(　)に丸(○)をつけてください。

(　)本(漫画を除く。紙に印刷されたもの)
(　)新聞(紙に印刷されたもの)
(　)雑誌(紙に印刷されたもの)　　　　(　)パソコン
(　)テレビ　　　　(　)ラジオ　　　　(　)ビデオ、DVD
(　)映画館で見る映画　(　)携帯電話

---

上の質問に対する回答結果は、以下のとおりである。

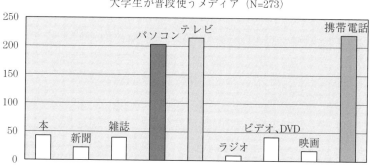

出典: 筆者が実施したアンケートの結果
註: 273 名の大学生が、普段使うメディアを 1 人につき 3 件選んだ結果[1]。

図 7.2

図7.2のグラフが示すように、アンケートに回答した大学生がよく使うメディアは、携帯電話・テレビ・パソコンである。併せて、彼らが、紙媒体のメディア(本や新聞、雑誌)をあまり利用していないこともわかった。

上に示したアンケート結果が示すことは、現在の大学生はITと密接にかかわっているという点である。この点は広く指摘されている傾向でもあり、たとえばParan(2008: 484)は、"more and more of the students are digital natives"と述べている。大学で英語の授業を行なう際は、現在の大学生がIT世代であることを考慮する必要があるだろう。

### 1.2　従来の大学英語教育用文学教材[2]

近年、文学教材が日本の大学英語の授業から減少している点については、第1章で考察した。文学を題材にした英語のテクストが減少した背景には、日本の英語教育がコミュニケーション能力育成に主眼を置くようになり、文学作品をじっくりと読み解く余裕がない体制が広がり、大学英語教材でも「脱文学化」が着実に進んだという現実があった(江利川, 2008: 83)。

それでは、大学英語教材の「脱文学化」(江利川, 2008: 83)が進む以前は、どのような文学教材が用いられていたのだろうか。かつて大学英語教科書の題材に選ばれた作家・作品は多岐にわたるが、中でもマンスフィールド(Katherine Mansfield)は短編小説の名手として知られ、さまざまな出版社が彼女の作品を教材化してきた[3]。その一方で、マンスフィールドの作品を中心に扱った教科書は、1998年度には44件あったが、近年は激減している(大学英語教科書協会, 2012a 参照)。このように出版件数が減少したことは、コミュニケーション能力育成を主眼とした現在の英語教育界では、旧来型の文学教材は需要が見込めないという、出版社側の思惑を示しているだろう。

それでは、マンスフィールドの作品を題材にした、過去の教科書を見よう。これらを通して、従来型の文学教材の特色および問題点を探っていく。次の表7.1は、1950年代から1990年代に初版が出版された教科書のうち、日本国内のおもな出版社が手がけたものの教材名・注釈者名などを、初版年度順に示している。

第7章 文学教材を使った英語教育の実践例　193

表7.1 マンスフィールド作品を使用したおもな大学英語教科書の特色

| 教科書名<br>(出版状況) | 初版 | 出版社 | 注釈者 | 判型 | 構成 | | | 音声教材 |
|---|---|---|---|---|---|---|---|---|
| | | | | | はしがき等の頁数・使用言語 | 原文の頁数、作品数他 | 注釈(Notes)の頁数、使用言語、内容 | |
| 1) *Her First Ball and Other Stories*<br>(絶版) | 1952 | 英宝社 | 堀大司 | B6 | はしがき：5頁、和文 | 87頁<br>7作品 | "Notes"：21頁、和文主体<br>内容：作品概要、語句意味、発音、文法、文化 | なし |
| 2) *The Garden-Party and Other Stories*<br>(売切れ) | 1955<br>(1992<br>新装版) | 研究社 | 岩崎民平 | B6変 | はしがき：2頁、和文 | 125頁<br>5作品 | "Notes"：11頁、英文主体<br>内容：語句意味、発音、文法、文化 | なし |
| 3) *The Voyage and Other Stories*<br>(絶版) | 1977 | 北星堂 | 上島建吉 | B6 | はしがき：5頁、和文 | 88頁<br>5作品 | "Notes"：12頁、和文主体<br>内容：語句意味、発音、文学史、文化 | なし |
| 4) *In a German Pension* | 1977 | 英潮社 | 内田道子 | A5変 | はしがき：16頁、和文<br>+<br>文献：5頁、英文主体<br>+<br>人物紹介：3頁、和文 | 117頁<br>13作品<br>(Penguin版) | "Notes"(別冊)：60頁、和文主体<br>内容：作品概要、語句意味、発音、文法、単文の訳、文化 | なし |
| 5) *The Garden-Party and Other Stories* | 1978 | 成美堂 | 真田時蔵・関憲治 | B6 | はしがき：3頁、和文 | 85頁<br>6作品 | "Notes"：35頁、和文主体<br>内容：語句意味、発音、文法、文化 | カセット |
| 6) *Seven Short Stories by Katherine Mansfield* | 1981 | 三修社 | 木村公一 | B6 | はしがき：3頁、和文<br>+<br>略歴と作品紹介：10頁、英文 | 74頁<br>7作品 | "For Discussion"：4頁、英文<br>+<br>"Notes"：27頁、和文主体<br>内容：語句意味、発音、文法、文化 | カセット |

| | | | | | | | | |
|---|---|---|---|---|---|---|---|---|
| 7) The Wrong House & Other Stories | 1986 | 開文社 | 廣田稔 | A5 | はしがき：3頁、和文 | 88頁 6作品 | "Notes"：41頁、和文主体 内容： 語句意味、発音、文体、文法、文化 | なし |
| 8) The Doll's House and Other Stories | 1989 | 英光社 | 上島建吉 | B6 | はしがき：4頁、和文 ＋ 写真：4頁 ＋ 年表：3頁、和文 ＋ 文献：1頁、和文 | 70頁 6作品 | "Notes"：36頁、和文主体 内容： 語句意味（図、さし絵含む）、発音、文法、文化 | なし |
| 9) The Garden-Party & Other Stories | 1990 改装新版 | 南雲堂 | 西原忠毅・小倉多加志 | A5 | はしがき：2頁、和文 | 93頁 6作品 | "Notes"：21頁、和文主体 内容： 語句意味、発音、文法、文化 | カセット |

出典：各出版社の教科書をもとに筆者が作成
註：絶版などの情報は（大学英語教科書協会、2012a）、および各社のホーム・ページを参照

　1)から9)の教科書は、多少の差はあるものの、マンスフィールドが書いた作品の「原文」、注釈者によって書かれた「はしがき」および「注釈」から構成されている。このような構成を踏まえて言えることは、大部分の教科書は文学テクストを教材化したというよりも、練習問題をつけずにテクストとして編み、その後注をつけている、ということであろう。また、視聴覚教材が付属していない場合が多く、付属している場合でもITが発達した現在はほとんど用いられていない、カセット・テープである。
　さて、これらの教科書は、どのような方法で学習者の英語力を高めようとしたのだろうか。たとえばThe Voyage and Other Stories（北星堂）の「はしがき」には、「読者はやはり原文を一語一語、その意味と含蓄を確かめながら読み、考え、そして自分自身の訳を作り出すことが必要なのである」と記されている（上島、1977: vi）。この注釈者が示す方針は、従来型の文学教材に

多かれ少なかれ共通している点であろう。すなわち、従来型の文学教材は、辞書を丁寧に調べ、語彙の意味を的確に選び、原文の意味を正確に読み取ることを通して、学習者の英語力養成を目指したのである。

確かに、語彙の意味を辞書で丹念に調べ、構文を理解し、テクストの意味を正確に読み取る能力は、渡辺 (2001) も強調するように、「英語読解力」さらには「論理的なものの考え方」を養う上で不可欠である (渡辺, 2001: 5)。しかし、近年の英語教育が置かれた状況を考慮すると、従来型の文学教材には再考の余地が残る。表 7.1 であげたような形式の文学教材を用いて、英語によるコミュニケーション能力育成を目標に据えた授業を行なう際、さまざまな課題が浮き彫りになる。具体的には、精読に偏り多彩な活動を行ないにくい点、文字中心で音声面の学習が行ないにくい点、重点的に学ぶ言語材料を学習者自らが気づきにくい点[4]、教師から学習者への一方向的な授業展開を生みやすい点、などがあげられるだろう。

以上の考察を踏まえて、従来型の文学教材のおもな長所と短所をまとめる。

1) 長所
 ・語彙の知識が増加
 ・文法の知識が増加、さらに、文章の構造・意味を理解する力が伸長
 ・論理的思考力が伸長
2) 短所
 ・精読に偏り、活動が単調化
 ・音声教材が付属しない場合が多く、英語を聞く・話す力の育成が困難
 ・英語を話す力を養う活動が実施困難
 ・重点的に学ぶ言語材料の認識が困難
 ・教師主導型、一方向的な授業への偏り

本書でも繰り返し述べたように、現在、日本の英語教育のおもな目的は、英語によるコミュニケーション能力の育成である。この状況を十分に考慮すると、上にあげた従来型の文学教材は、改善すべき点が多々あると思われる。

## 1.3 最近の大学英語教育用文学教材

第1章で示したように、大学英語教育は1990年代初頭頃を境に、改革が本格化し始めた。言わば〈コミュニケーション世代〉の高校生たちが続々と大学に入学するようになって、大学でもコミュニケーション能力育成を目指した英語教育が求められていった。このような時代の流れは、教育現場から文学教材が敬遠される直接的・間接的原因になった。

一方、第2章で論じたように、外国語教授法の歴史では、新たな教授法が流行しても、やがては下火になり、再び過去の教授法が見直されるという一連の流れが生じることが多い。この流れを、外国語教育における文学教材の役割と重ねて論じた Schultz(2002: 4)が、" 'literature—no literature—return to literature' cycle" と称したことはすでに指摘した。

このような "literature—no literature—return to literature' cycle"(Schultz, 2002: 4)の兆候は、最近日本で出版された大学英語教科書にも、わずかではあるが見られる。文学を題材にした教科書の新刊が、2009年度は出版されなかったが、2010年度以降少しずつ出版されるようになったのである(2009年から2011年度の大学英語教科書の出版状況は、第1章 Appendix 6 を参照)。

表7.2 文学を題材にした大学英語教科書の出版点数(2009-2011年度)

| 年度 カテゴリ名 | 2009年度 全書籍数 | 2009年度 内、新刊数 | 2010年度 全書籍数 | 2010年度 内、新刊数 | 2011年度 全書籍数 | 2011年度 内、新刊数 |
|---|---|---|---|---|---|---|
| イギリス小説・物語 | 192 | 0 | 181 | 2 | 179 | 1 |
| アメリカ小説・物語 | 164 | 0 | 152 | 2 | 153 | 2 |
| イギリス小説選集 | 95 | 0 | 91 | 0 | 91 | 0 |
| アメリカ小説選集 | 137 | 0 | 132 | 1 | 131 | 0 |
| 英語圏小説選集 | 41 | 0 | 33 | 0 | 34 | 1 |
| イギリス詩歌・戯曲 | 159 | 0 | 135 | 2 | 129 | 0 |
| アメリカ詩歌・戯曲 | 69 | 0 | 63 | 1 | 62 | 0 |

出典:大学英語教科書協会の年度別データから筆者が作成。各カテゴリ名も以下に従った。(大学英語教科書協会, 2009); (大学英語教科書協会, 2010); (大学英語教科書協会, 2011)

確かに「イギリス小説選集」のように、2009年度以降出版されていない分野の文学教材もある。また、各カテゴリの全書籍数が減少している傾向は、既刊の文学教材が、絶版や売り切れになったことを反映しているだろう。その一方で、2010年度以降、「イギリス小説・物語」と「アメリカ小説・物語」の分野で、新刊がわずかながらも出版されたことは注目してよいだろう[5]。

それでは、最近出版された文学教材は、本章1.2で見た従来型の文学教材と比較して、違いはあるのだろうか。確かに、中には、〈はしがき・原文・注釈〉という従来の形式をほぼ踏襲している教材もある。しかし、この型を見直して、コミュニケーション能力育成を目指す昨今の日本の英語教育でも、十分活用できるような新刊も出版されている。次項では、このような新しい形式の文学教材を見ていきたい。

### 1.4 最近出版された、大学英語教育用文学教材[6]

本項では、最近出版された大学英語教科書に焦点を当てる。これらを通して、コミュニケーション能力育成に主眼を置いた日本の英語教育で、文学教材はどのような形式をとり、どのように教えたらよいのか、その方向性を探る。

#### 1.4.1 *English through Literature*

まず、*English through Literature*(2009, 斎藤, 中村編注)を見たい。同書には音声教材が付属していないため、英語を聞く活動を取り入れる際は、教員の工夫が必要である。その一方で、文学を題材にして多様な活動が行なえるように構成されているため、授業が単調になるおそれはない。この教科書で用意されている活動には、たとえば部分和訳、概要把握、文章の構造分析、発音練習、自由英作文などがある。これらの活動は、グループ・ワークや、ペア・ワークとして取り組める。また、*English through Literature*では、選ばれている作品の種類が多く、長・短編小説、詩、戯曲、歌、伝記、日本文学の英訳版など、個々の教材の違いを味わいながら授業を進めることができる。

以下は、宮沢賢治作『注文の多い料理店』と、芥川龍之介の『蜘蛛の糸』の英訳版を題材にした課(Session 4)である。

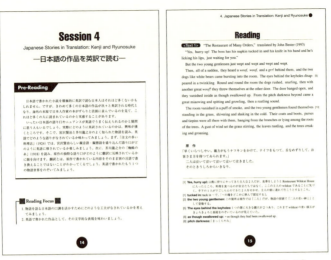

出典: (*English through Literature*, 2009, 斎藤, 中村編注: 14–15)

図 7.3  *English through Literature*

　『注文の多い料理店』と『蜘蛛の糸』は、日本文学の中でも有名な作品であるため、大半の大学生が、少なくとも話の概要は理解しているだろう。また、この教科書では、図 7.3 の左頁にあるように、"Pre-Reading" と "Reading Focus" が原文の前に置かれ、各課で重点的に学ぶ内容を学習者があらかじめ理解できるように構成されている。

　前項で指摘したように、従来型の文学教材を用いた授業は、活動が単調になりがちで、英語を聞く・話す活動の実施が難しく、教師主導型に陥りやすかった。*English through Literature* は、全体としてこのような欠点を解消している。なお、この教科書の構成に従って、筆者が作成した文学教材を、本章 4. 文学教材を用いた大学での英語教育(3)で改めて紹介する。

### 1.4.2　Simply Shakespeare
　　　　—Two Tragic Stories: Hamlet and Romeo and Juliet—

　次に、シェイクスピアの作品を題材にした、*Simply Shakespeare—Two Tragic Stories: Hamlet and Romeo and Juliet—* を例にあげる(Knudsen, 田口,

2011a)。1冊の教科書の中にシェイクスピア劇2作品が収められ、各章は次のような体裁をとっている。

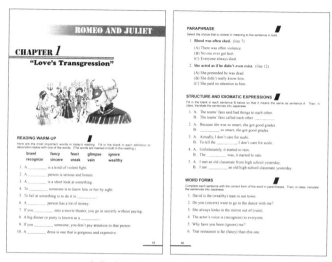

出典:(Knudsen, 田口, 2011a: 43, 46)

図7.4 *Simply Shakespeare*
　　　—*Two Tragic Stories: Hamlet and Romeo and Juliet*—

　この教科書の構成は、各課のはじめに"READING WARM-UP"があり、本文中のどの単語に注目すべきかが練習問題つきで示されている(上図左頁参照)。その後、本文が注釈つきで提示され、内容把握に関する問題や、語彙に関する問題が与えられる(上図右頁参照)。また、この教科書には、本文と練習問題の一部を録音したCDが付属している。

　この教科書の大きな特色の1つは、原作を用いずに、リトールド(retold)版を採用していることであろう。本来ならば、シェイクスピア作品の原文を使って、英語教材を作ることが理想であろう。しかし、この教科書の「はしがき」にもあるように、現在の日本の大学生にとって、「高度な英語力がなければ、これ〔シェイクスピア作品〕を原文で読んで楽しむことは難しい」(Knudsen, 田口, 2011b: 3)。そこで、この教科書が「きっかけになって、シェイクスピアの豊かな文学の世界に足を踏み入れてみようと思う人が1人でも

出てくれば」よいという願いから、リトールド版を教材に用いたという(Knudsen, 田口, 2011b: 4)。

*Simply Shakespeare—Two Tragic Stories: Hamlet and Romeo and Juliet*—は、リトールド版を足場掛け(scaffolding)にすれば、コミュニケーション能力育成を目指す現在の英語教育でも、シェイクスピア作品が活用可能だということを示す教科書だと言えよう。なお、リトールド版を英語の授業で使用することの是非に関しては、次項で改めて論じたい。

### 1.4.3 『名文で養う英語精読力』

薬袋(2009a)の『名文で養う英語精読力』は、音声教材が付属していないため、英語を聞く活動を教室で行なう際は、教員自ら音源を入手しなければならない。一方、この教科書は、英米のさまざまな文学作品や『源氏物語』の英訳版など、多彩な教材を用いている。

『名文で養う英語精読力』の特色は、"parsing"(「文中の語の品詞や文法的関係を説明すること」)を用いて、英文読解力の養成を目指している点である(薬袋, 2009b: iv)。"parsing"は、英文を読む際に広く用いられてきた手法で、Grabe and Stoller(2002)も "[parsing means act] of breaking clauses down into their smaller constituent units" と定義し(Grabe and Stoller, 2002: 263)、これを "a fluent reader" になるための条件の1つとしてあげている(Grabe and Stoller, 2002: 22-23 参照)。

『名文で養う英語精読力』の各章は、原文を書いた作者の紹介、原文(図7.5左頁)、練習問題(図7.5右頁)から構成されている。図7.5では、ヘミングウェイ(Ernest Hemingway)の *The Old Man and the Sea* が原文で用いられている。原文の何箇所かに下線が引かれ、その下線に関する質問が、「問1」から「問5」で示されている。これらの「問」は、"parsing" の力を養うことに焦点が当てられ、品詞や文法に関する問題が多い。「問」の前半は、数字や単語で答える客観問題で、後半は和訳などの主観問題であるが、前者には細かく配点が示され、後者には配点が明示されていない。「問」の次に、"For Study"と題する項目があり、原文と関連した重要表現が学べるしくみになっている。

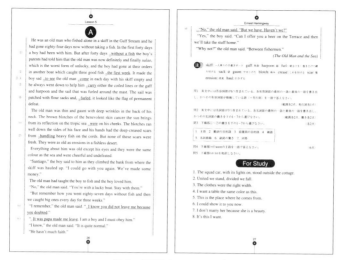

出典:（薬袋, 2009a: 26–27）

図 7.5 『名文で養う英語精読力』

　薬袋(2009a)が先にあげた2つの教科書と異なる点は、「問」の作成方法であり、客観問題と主観問題を混在させず、両者をはっきりと区別している点である。さらに、各種の問題を通して、重点的に学ぶ言語材料を認識しやすい点も、大きな特色と言えよう。

### 1.4.4　海外で出版された文学教材――Bookworms Club Series を中心に――

　最後に、Bookworms Club Series を見たい。このシリーズは日本国内で出版された教科書ではないが、日本の英語教育で文学教材を用いて授業を行なう際に参考になる。

　Bookworms Club Series は、オックスフォード大学出版局から近年出版されたシリーズで、レベル別に全8種のテクストが出版されている(*Oxford 2012: ELT Catalogue*, 2011 参照)。このシリーズに収められた教科書の構成は、作品、練習問題(語彙に関する問題や、内容把握の問題)と続き、教科書の最後にはディスカッションのための手引きが載っている。

　本シリーズの大きな特色は、作品がリトールド版であることと、各作品を

読んだ後に、学習者がグループ・ディスカッションを円滑に行なえるように工夫が施されている点である。以下は、グループ・ディスカッションを行なう際の、役割分担を説明した箇所である。

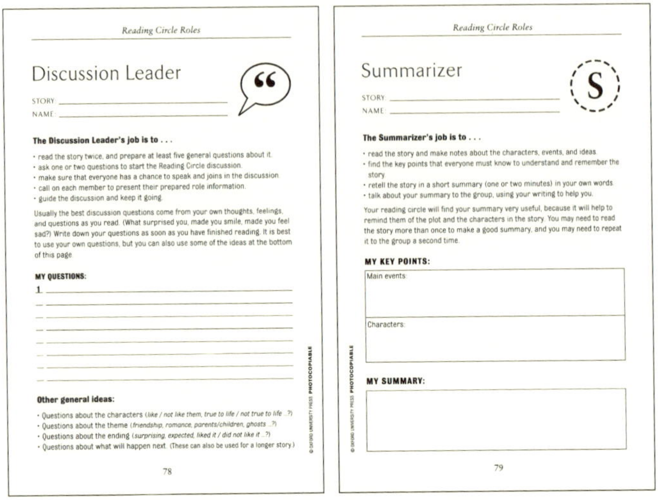

*Reading Circle Roles*

Discussion Leader

STORY: ______

NAME: ______

**The Discussion Leader's job is to . . .**

- read the story twice, and prepare at least five general questions about it.
- ask one or two questions to start the Reading Circle discussion.
- make sure that everyone has a chance to speak and joins in the discussion.
- call on each member to present their prepared role information.
- guide the discussion and keep it going.

Usually the best discussion questions come from your own thoughts, feelings, and questions as you read. (What surprised you, made you smile, made you feel sad?) Write down your questions as soon as you have finished reading. It is best to use your own questions, but you can also use some of the ideas at the bottom of this page.

**MY QUESTIONS:**

1. ______

**Other general ideas:**

- Questions about the characters (*like / not like them, true to life / not true to life ...?*)
- Questions about the theme (*friendship, romance, parents/children, ghosts ...?*)
- Questions about the ending (*surprising, expected, liked it / did not like it ...?*)
- Questions about what will happen next. (These can also be used for a longer story.)

© OXFORD UNIVERSITY PRESS **PHOTOCOPIABLE**

78

*Reading Circle Roles*

Summarizer

STORY: ______

NAME: ______

**The Summarizer's job is to . . .**

- read the story and make notes about the characters, events, and ideas.
- find the key points that everyone must know to understand and remember the story.
- retell the story in a short summary (one or two minutes) in your own words.
- talk about your summary to the group, using your writing to help you.

Your reading circle will find your summary very useful, because it will help to remind them of the plot and the characters in the story. You may need to read the story more than once to make a good summary, and you may need to repeat it to the group a second time.

**MY KEY POINTS:**

Main events:

Characters:

**MY SUMMARY:**

© OXFORD UNIVERSITY PRESS **PHOTOCOPIABLE**

79

出典: (*Bookworms Club Silver*, 2007: 78–79)

図 7.6　*Bookworms Club Silver*

文学教材を用いて教室でディスカッションを行なう場合、どのように活動を進めたらよいのか迷うことが多い。一方、Bookworms Club Series では、話し合いを円滑に進めるために Literature Circles (LCs) を作り、グループ内で役割を分担してディスカッションが円滑に行なえるように構成されている。グループ・ディスカッションを行なう際、学習者に割りふられる役割は 6 種 (discussion leader, summarizer, connector, word master, passage person, culture collector) あり、テクストには各役割の内容が詳細に説明されている (図 7.6 参照)[7]。

Bookworms Club Series の編集者は、“Everybody's ideas are important. There are no 'right' or 'wrong' answers when you are talking about stories” と記している (Furr, 2007)。このシリーズは、グループ・ディスカッションを活動の中心に据え、生徒主導型の授業を行なうことを前提にしている点で、日本の従

来型の文学教材とは異なった利点をもっている。

　上で示した Bookworms Club Series のように、海外で出版された教科書の中には、多彩な角度から文学教材を用いたものが多い。これらの教科書に収められた教材は、そのまま日本の大学英語教育で十分活用可能なものもあるが、各教室の状況に応じて工夫を加える必要があるものもある。いずれにせよ、文学教材を英語教育に活用しようとする姿勢は、海外の出版社のほうが日本のそれよりも、格段に積極的である。このような姿勢は、第2章で分析したように、イギリスやアメリカの外国語教育の場で、文学をオーセンティック教材と見なして活用している事実を反映していると言えよう。なお、海外で出版された教科書に収められた文学教材を、日本の大学で用いる授業例に関しては、本章第2節以下で改めて論じたい。

## 1.5　近年出版された文学教材がこれからの文学教材に与える示唆
### 1.5.1　リトールド版は文学教材か？

　これまで文学作品を用いた4点の教科書を見たが、これらは今後の文学教材にどのような示唆を与えているのだろうか。

　第1点目は、リトールド版は、文学教材と見なせるか否かという問題である。

　この点を考察する前に、本書ですでに論じた関連事項をふりかえりたい。序論では、文学教材の定義を示し、〈英語を教育するために文学作品を教材化したテクスト〉を文学教材と定めた。さらに第2章で、イギリスやアメリカの外国語教育における文学教材について分析した際、文学は両国でオーセンティック教材と見なされていると指摘した。そして、第3章では、オーセンティック教材の本来の意味は、〈教育目的ではなく、実生活においてメッセージの授受を行なうために、書かれたり話されたりした用例を題材にした教材〉であるため、文学作品はオーセンティック教材に含まれると論じた。以上をまとめると、リトールド版は、学習者の英語力に合わせて、原作の語彙や構文を平易に書き換えているため、オーセンティック教材とは言えない。したがって、リトールド版を用いた教材は、厳密に言えば文学教材とは見なし難いことになる。

さらに第4章では"literariness"(Carter and Nash, 1990)、第5章ではcreativity、第6章ではnarrativityに焦点を当てた。そして、日常的な言語表現にもこれらの特色は見られるが、文学作品には"literariness"・creativity・narrativityが多く含まれていると指摘した。

それでは、文学の原作とそのリトールド版を、"literariness"・creativity・narrativityの観点から見ると、どのような共通点または相違点があるのだろうか。ここでは、ディケンズの A Christmas Carol (1843) の1場面を例にとって検討する。以下は、主人公・スクルージ (Scrooge) の前に、マーレイ (Marley) の亡霊が現われる場面である。1) は、ディケンズ作の A Christmas Carol、2) は同作品のリトールド版である。

1) 'You will be haunted,' resumed the Ghost, 'by Three Spirits.'

Scrooge's countenance fell almost as low as the Ghost's had done.

'Is that the chance and hope you mentioned, Jacob?' he demanded, in a faltering voice.

'It is.'

'I—I think I'd rather not,' said Scrooge.

'Without their visits,' said the Ghost, 'you cannot hope to shun the path I tread. Expect the first to-morrow, when the bell tolls One.'

'Couldn't I take 'em all at once, and have it over, Jacob?' hinted Scrooge.

'Expect the second on the next night at the same hour. The third upon the next night when the last stroke of Twelve has ceased to vibrate. Look to see me no more; and look that, for your own sake, you remember what has passed between us!' (Dickens, 1843, 1994: 21)

2) 'Listen to me, Ebenezer! I am here tonight to warn you. You still have a chance to save yourself from what has happened to me. Three spirits will come to visit you: the first tomorrow at one o'clock, the second at the same time the next night, and the third at midnight the following night. You will not see me any more, and for your own peace after

death, remember what I have told you!'

(Dickens, retold by West, 2000: 12)

出典：(Dickens, retold by West, 2000: 13)
図 7.7　リトールド版の挿絵

　上の2つの引用文は、大筋ではほぼ同じ内容を描いている。マーレイは、3人の幽霊がスクルージの前に現われると、後者に予告する。さらに、幽霊たちが現われる時間も、原作とリトールド版ではほぼ同じ時刻に設定されている。別れ際にマーレイは、2度とスクルージの前には現われないが、彼が言ったことをよく覚えておくようにと念を押している。このように、上で引用した原作とリトールド版の各場面は、あらすじの上ではほぼ同一と言ってよいだろう。
　原作とリトールド版の違いについて見れば、後者は前者と比較して、平易な語彙を使用し、複雑な構文を避けて描かれている点も大きな特色である。このような差異があることを指摘するだけに留めて、ここでは"literariness"(Carter and Nash, 1990)・creativity・narrativity に注目して論じたい。まず、"literariness" の基準の1つ、"medium dependence" から見ると、リトールド版は図7.7をはじめとする挿絵を、原文よりも多く用いている。もちろん原文の A Christmas Carol も、挿絵を作品全体で8点用いているが(Dickens,

1843)、上で引用したリトールド版では、わずか57頁の本文の中に、計22点もの挿絵を掲載している (Dickens, retold by West, 2000)。したがって、リトールド版を読む場合、読者は各所に挿入された絵を参照しながら、文字で描かれた場面の状況を容易に理解することができる。

また、原作8行目の 'Expect the first....' と、10行目の 'Expect the second....' は、同じ構文を繰り返している。加えて、原作の11から12行目には、'Look to see ... look that....' と、意味は異なるが[8]、同じ単語・"look" を繰り返している。上のように同じ構文、同じ単語を繰り返すことは、それぞれ "literariness" の尺度である "discourse patterning" と、"interaction of levels: semantic density" に当てはまる特色である。これらの点を踏まえると、原作のほうがリトールド版よりも、"literariness" を多く含んでいると言える。

また、第5章で示した creativity の観点から見ると、原作にはユーモアが込められている。マーレイの予告に対して、スクルージは、6行目で 'I—I think I'd rather not....'、9行目で 'Couldn't I take 'em all at once, and have it over....' と言っている。これらの言葉から、スクルージは幽霊がやって来ることに対して戸惑い、恐怖を抱き、なるべく逃れようとしていることがわかる。このように脅えたスクルージの様子は、作品冒頭で描かれている彼の横暴さと比較すると全く異なり、その落差が上の場面のやりとりにおもしろみを与えている。

そして、第6章で示した narrativity の点からリトールド版を見ると、上の場面ではマーレイだけが語り続け、原作に書き込まれているスクルージのせりふや反応が省かれている。リトールド版では、前景化された登場人物の描写が乏しく、彼らの反応が細やかに描かれていないと言えるだろう。引用した1)と2)を narrativity の観点から見ても、リトールド版は原作と違いがあることがわかる。

上の分析を踏まえると、リトールド版はオーセンティック教材ではなく、原作と比較すると、"literariness"・creativity・narrativity があまり含まれていないことがわかる。それでも、前項であげた *Simply Shakespeare—Two Tragic Stories: Hamlet and Romeo and Juliet*—では、積極的にシェイクスピ

ア作品のリトールド版を取り入れていた。なぜならば、この教科書を編纂した Knudsen, 田口(2011b: 4)が指摘するように、平易に書き換えられたテクストを用いれば、将来、学習者がシェイクスピアの原作を読む「きっかけ」作りになる可能性があるからである。同じように、オックスフォード出版局の Bookworms Club Series でもリトールド版を採用していた。オックスフォード出版のリトールド版について論じた Warning and Takahashi(2000: 9)は、"If the purpose [of reading materials] is to improve fluency, confidence and so on, this will not be easily achieved with texts that are too difficult" といって、リトールド版は、流暢に読むことが可能で、学習者に自信をもたせることができると指摘している。さらに、Lautamatti(1984)は、"simplified texts are used in the teaching of foreign language reading comprehension as a ladder towards less simplified and finally authentic texts" と述べ、リトールド版を読むことは決して最終目的ではなく、オーセンティック教材に橋渡しをする役割を果たすとしている(Lautamatti, 1984: 184)。

　確かに、リトールド版は厳密に言えばオーセンティック教材ではなく、文学の原作と比較すると、"literariness"・creativity・narrativity をふんだんに含んでいるとは言い難い。それでも、リトールド版を〈準文学教材〉と見なし、やがてオーセンティック教材である文学に至るための、足場掛けにすることは可能だろう。リトールド版を学習者の英語力に合わせて活用しながら、適宜原作も導入して、両者の差異を明確に示せば、しっかりとした足場を組める可能性が高い。

## 1.5.2　文学教材に基づいた練習問題は、どのように作成するのか？

　近年出版された英語の教科書が、今後の文学教材に対して与える2番目の示唆は、薬袋(2009a)に見られたように、練習問題を作成する際に客観問題と主観問題を区別する点である。この点を考察する前に、本書ですでに論じた関連事項を再び見たい。

　序論では、本書における〈文学教材を使った英語教育〉の意味を定義した。その際、図0.1で Paran(2008)を引用し、文学教育を横軸に置き、言語教育を縦軸にしたときに表われる4領域を示した。1番目の領域は、文学教

育と語学中心の教育両方に焦点を置いた領域、2番目は文学を用いるが、文学教育には焦点を置かず語学中心の教育を重視する領域、3番目は文学を文学作品そのものとして扱い、語学教材としては用いない領域、4番目は文学教育にも語学中心の教育にも重きを置かず、多読を中心とした領域だった（Paran, 2008: 467 参照）。そして、本書では1・2番目の領域を中心に論じ、3番目の領域は原則として扱わないと説明した。

ここで、序論で述べた上の点を、文学教材に付された練習問題と関連させてとらえ直したい。文学を用いて英語教育を行なう際、Paran(2008)の示した1・2番目の領域にかかわる質問を設け、3番目の領域に傾きすぎないように極力留意すべきだと言えるだろう。これまで、文学を使った英語教育では、たとえば文学作品に書き込まれたテーマに関する学習者の考えを聞いたり、登場人物がとったある行動に対する評価をたずねたりすることが多かった。換言すれば、英語教材として文学を読んでいることを十分認識せずに、学習者の主観的な考えをたずねる場面が多々あったのである。この点を踏まえると、文学作品を英語教材として活用する場合には、英語教材としての文学の役割を十分に認識し、学習者の主観的な考えをたずねる質問に偏らないように配慮することが必要だと思われる。

また、本章ではすでに、マンスフィールドの作品を題材にした、従来型の文学教材の特色を分析した。従来型の教科書は、〈はしがき・原文・注釈〉の大枠があることを指摘したが、従来の文学教材の中には、練習問題を付したものがわずかながら存在した(表7.1 における、6)の教科書に設けられた"For Discussion")。それでも問題数は少なく、しかも客観的に答えられる問題と、読み手の主観にかかわる問題をはっきりと区別する取り組みは、積極的に行なわれてこなかった。一方、前項であげた薬袋(2009a)は、客観問題と主観問題をはっきりと区別し、前者には配点を明示し、後者には配点を示さずに担当教員の裁量に一任している。

このように客観問題と主観問題を区別する試みは、読者反応批評の基盤づくりに貢献した1人であるRosenblatt(1978)が提唱した、"efferent reading"と "aesthetic reading" に通底している[9]。彼は、文学教材に付された質問を直接分析してはいないが、テクストの〈読み方〉について以下のように説明

している。

1) "efferent reading": "the reader disengages his attention as much as possible from the personal and qualitative elements in his response to the verbal symbols; he concentrates on what the symbols designate, what they may be contributing to the end result that he seeks—the information, the concepts, the guides to action, that will be left with him when the reading is over."

2) "aesthetic reading": "the reader's primary purpose is fulfilled *during* the reading event, as he fixes his attention on the actual experience he is living through. This permits the whole range of responses generated by the text to enter into the center of awareness, and out of these materials he selects and weaves what he sees as the literary work of art."

(Rosenblatt, 1978: 27–28; italic by Rosenblatt; numbers 1)–2) are added by me)

上の説明によると、"efferent reading" はテクストに書かれた情報を引き出すための読みであり、"aesthetic reading" はテクストの内容と個人の経験を照らし合わせながら行なう読みである。また、この2つの読み方は明確に区別できるわけではなく、"efferent reading" から "aesthetic reading" へと続く連続体(continuum)でつながりあっているという(Rosenblatt, 1978: 22–47)。Rosenblattの研究は、おもに英語をL1(the first language)とする学習者を対象としているが、今後、英語の授業で文学教材をどのように読むべきか検討する上で、重要な指針を与えていると言えるだろう。

このようにテクストの読み方を2種類に分ける方法は、わが国の国語教育でも提唱されている。中でも渋谷(2003)は、文学的文章を指導する際には、「『分析』的な解釈」と「『解釈』的な解釈」を明確に区別する必要があると主張している。「『分析』的な解釈」とは、文章のある箇所を根拠として意味を解釈できる領域を指し、そこには「十人一色」の解釈しかない。一方、「『解釈』的な解釈」とは、テクストの読み手が文章全体から感じ取れる意味や、

想像できる領域を示し、そこには「十人十色」のさまざまな解釈がありえる（渋谷, 2003: 122-123 参照）。「『分析』的な解釈」は、テクスト本文に書いてある事実を踏まえて客観的に下される解釈を示し、Rosenblatt(1978)の "efferent reading" と共通点をもつ。一方、「『解釈』的な解釈」は、読み手の主観性が活かされ、各自がとらえる意味に幅ができる解釈で、Rosenblatt(1978)の "aesthetic reading" とつながっている。

　薬袋(2009a)が客観問題と主観問題を区別したこと、Rosenblatt(1978)の "efferent reading" と "aesthetic reading"、さらに渋谷(2003)の「『分析』的な解釈」と「『解釈』的な解釈」を考え合わせると、今後の文学教材を作成する上でのヒントが得られる。すなわち、文学教材を使って英語教育を行なう際は、テクストに書かれた事実を読み取るレベルでは極力明快に教え、テクストから感じ取り想像するレベルでは、学習者の自由な読み取りに委ねるということであろう。2つの読み方を常に念頭に置き、両者を区別することによって、Paran(2008)の示した第3番目の領域への偏りを極力解消できれば、英語教材としての文学作品のあり方をより明確に規定できるのではないだろうか。

### 1.5.3　文学教材を用いた今後の英語の授業に求められる点

　これまで本章で考察した、従来型の文学教材の長所と短所、および最近出版された文学教材からの示唆を踏まえて、コミュニケーション能力育成を目指す日本の英語教育で、文学教材を用いた授業を行なう際に求められる条件をまとめる。

1) 本文: 原作の利用が理想的だが、学習者の英語力に応じて、〈準文学教材〉と見なせるリトールド版も適宜導入
2) 教材の構成: 重点的に学ぶ言語材料が認識しやすいように配慮
3) 練習問題: 客観問題と、主観問題を区別し、後者に偏らないように配慮
4) 活動(タスク)の内容: 聞く・話す活動を含めた、多彩な活動を導入
5) 活動(タスク)の形態: 教師主導型に偏らず、ペア・ワークや、グループ・ワークを適切に取り入れる。学習者が積極的に参加できる授業形態を導入

6) その他: 音声、映像など、IT世代が受け入れやすい形式の教材を必要に応じて導入

上にあげた点を考慮し、しかも多くの文学教材に含まれる "literariness" (Carter and Nash, 1990)・creativity・narrativity を活かすためには、どのような授業を展開していけばよいのだろうか。

次節では、これまでの考察を踏まえて、大学英語の授業で文学教材を活用するための教材例および実践例を示したい。まず、既成のテクストを用いた英語の授業例をあげ、次に筆者が文学作品を選び、これをテクスト化して授業を行なった例を示す。

## 2. 文学教材を用いた大学での英語教育(1)
—統一教科書、*Global Outlook 2: Advanced Reading* を中心に—

本節では、科目内で統一された大学英語教科書を使って文学教材を活用する例を示す。近年、同一教材を大学英語の授業で使用する傾向は高まりつつある[10]。今後も、教員個人に教材の選択権がない場合に、学生の状況に応じて、工夫を加えながら授業を行なう機会は増加すると予想できる。

以下の実践例で示す項目は、使用教科書と授業の概略、授業のキーワード、授業内容である。これまで本書では、さまざまな鍵となる言葉を用いて、英語教育における文学教材について論じてきた。たとえば、オーセンティック教材、"literariness"・creativity・narrativity、原作とリトールド版、"efferent reading" と "aesthetic reading"、「『分析』的な解釈」と「『解釈』的な解釈」、客観問題と主観問題、ペア・ワークとグループ・ワーク、IT などに言及した。授業例を示す際、どのような点を重視して立案したか明確にするため、各案の冒頭にキーワードを示してから、授業の詳細を説明する。

### 2.1 使用教科書と授業の概要

まず、筆者が2007年から2010年にかけて実践した授業例を見たい。使用した教科書、授業の概要などは以下のとおりである。

1) 使用した教科書

    Bushell, Brenda, and Brenda Dyer. (2004). *Global Outlook 2: Advanced Reading*. International ed. New York: McGraw-Hill/Contemporary.

2) 教科書の概要

    ・総頁数 216 頁
    ・本文を録音した授業用 CD が付属
    ・全 12 課。6 課で文学教材(短編小説が中心)を使用
    　残りの 6 課では、新聞・雑誌記事、論説文・評論文などを使用
    ・各課では、英文読解を行なう際に役立つスキル(scanning、skimming、paraphrasing など)が、1 つずつ説明されている
    ・練習問題は、本文の内容と関連した学習者の経験を聞く問題、大意を把握する問題、語彙に関する問題、自由英作文、ディスカッションなどが用意されている。各課によって内容は若干異なる。(次項の表 7.3 も参照)
    ・モノクロ印刷。必要に応じて、写真、挿絵、図表が用いられている

3) 授業の概要

    ・第 1 学年全員が受講する Reading のクラス
    ・週 1 回(90 分)、前期・後期とも授業時数は 15 回程度
    ・全員が統一教科書を使用(同じ教科書を前期・後期通して使用)
    ・1 クラスの人数は 30 名程度
    ・学生の英語力は、概して中級程度。少数ではあるが、上級、初級程度の者も受講している

4) 教室の状況

    ・可動式の椅子・机がある普通教室
    ・映像(DVD、VHS)、音声(CD、カセット・テープ)が利用可能。コンピューターは設置されていない

上のような条件で、授業を行なった。次に、この教科書に収められている文学教材を使った授業例を示す。

## 2.2 物語の結末を書き換える—"Lost Keys"を中心に—

> キーワード: "literariness"、narrativity、
> リーディング、ライティング、スピーキング、リスニング、
> 客観問題と主観問題、グループ・ワーク

ミレンスキー(Paul Milenski)の"Lost Keys"(Bushell and Dyer, 2004: 58–65)には、テクストに従って客観的に答えられる問題と、学習者の主観を介入させて答える問題が並存している。以下の表では、この作品に付されたおもな問題の概要と、客観問題と主観問題の別を示す。

表7.3 "Lost Keys"に付された練習問題

| 問題名 | 質問内容 | 備考 | 客観 or 主観問題 |
|---|---|---|---|
| 1) Before You Begin | 1. Have you ever lost your keys? When, where, and what happened? How did you feel? 他 | 作品と関連させて学習者の経験を問う。スキーマ(schema)を与える問題(全3問) | 主観 |
| 2) As You Read | Read the short story, "Lost Keys," once, quickly, without your dictionary. Use these questions to guide your reading:<br>1. Who are the main characters? 他 | 大意把握読み(skimming)を通して、作品の5W1Hを問う(全4問) | 客観 |
| 3) Vocabulary in Context | Read each sentence and circle the best definition for the underlined word.<br>1. The mouse disappeared <u>instantaneously</u> when we turned on the light, so we could not catch it. (slowly, suddenly, angrily) 他 | 本文中の語彙の意味を問う(全6問) | 客観 |
| 4) Taking a Closer Look: Dialogue | Label the dialogue by writing N for narrator or G for grandfather beside each sentence in quotation marks. | 情報検索読み(scanning)を通して、本文中の会話を丁寧に読み、発話者を明確にする | 客観 |

| | | | |
|---|---|---|---|
| 5)<br>Taking a Closer Look: Character and Motivation | In your opinion, why do the characters do these things?<br>（登場人物の4つの行動が示される） | 登場人物の行動を分析し、その意図を考え、学習者が自分の意見を書く | 主観 |
| 6)<br>Communicate | Write another ending for this story (4–5 sentences). | 各自が作品の結末を書き換え、ペア・ワークで話し合う | 主観 |

出典：(Bushell and Dyer, 2004: 58–65)をもとに、筆者が作成
註：今回、扱わない課題は省略。客観・主観問題の区別は、筆者が判断

　上に見られるように、"Lost Keys"に付された練習問題には、客観的に答える問題と主観的に答える問題がある。したがってこれらの問題を授業で扱う際は、客観問題と主観問題の区別に注意を払い、前者は極力明快に答えを出し、後者はグループ・ワークなどを取り入れて、個々の意見を尊重できる場を設けることが求められる。
　それでは、上の設問を利用した授業例を示す。自宅学習（宿題）と授業のおもな流れは以下のとおりである。

表7.4　"Lost Keys"を使った授業例

| 自宅学習または授業の別および教員の指導・作業内容 | 焦点を置く技能および学習形態 | 学生の課題・活動内容 |
|---|---|---|
| 自宅学習1<br>・右の課題を出す際、教員は問題1)にふれ、題材に関係した学生の経験を聞く | リーディング | ・問題2)で問われている5W1Hに注目しながら、辞書を用いないで通読し、大意を把握する<br>・2度目に読む際は、わからない単語を辞書で調べながら、丁寧に読む |
| 授業1<br>・授業冒頭で、今回中心になるreading skillを説明する<br>・ペア・ワークを取り入れ、学生同士で解答を確認させる | ペア・ワーク：リーディング | ・作品の概略を確認する<br>・問題3)の語彙問題を解く<br>・問題で扱われていない語句の中で、重要なものの意味・用法を確認する<br>・問題4)の会話部分を丁寧に読み、発話者を明確にする<br>・問題5)に従って、会話から読み取れる登場人物の気持ちを把握する |

| | | |
|---|---|---|
| ・内容把握の仕上げとして、本文全体をCDの音声で流す<br>・本文の中で重要な場面を書き取らせる | リスニング(ディクテーション) | ・本文を聞きながら、内容を理解しているか確認<br><br>・本文の中で重要な場面を、英文を聞いて書き取る |
| 自宅学習2 | ライティング | ・問題6)に従って、各自が独創的な結末を英文で書く |
| 授業2<br>・授業終了時、自宅学習2で個人が書いた英文、グループで完成させたワークシートを回収する<br>・授業後、ワークシートを印刷、個人の英文は添削する | グループ・ワーク: スピーキング(ディスカッション)、ライティング | ・各自が作成した問題6)の英文を、グループで話し合う。意思の疎通をスムーズに図るため、まず日本語で話し、その後英語で話す<br>・グループごとに、結末を英文でワークシートに記入する。挿絵も書き、キャプション(caption)も英語で記入する |
| 授業3<br>・授業冒頭で、各グループのワークシートを全員に配布する。併せて、個人のライティングも返却する<br>・活動終了後新たな課に入る | スピーキング(プレゼンテーション) | ・ワークシートに従って、グループごとに作品の結末を英語で発表する |
| | ライティング | ・返却された個人のライティングを確認。適宜書き直す |

出典: 筆者の教案

註: 各問題の内容は、表7.3を参照

　上の教案を作成する際に注意した点は、まず客観的に答える問題を扱い、次に主観的に答える問題に取り組んだことである。今回紹介した授業は、学生の英文読解力を伸ばすことが求められているため、まずは客観的な問題を通して本文の内容をとらえた。その上で、主観的な問題を使って、各学生の意見を活かす活動に進んだ。さらに、単調な授業展開になることを避けるため、ライティングやスピーキングも行ない、学生同士が話し合う時間を取り入れた。一方、上の教案は、音声の活用が不足している。*Global Outlook 2: Advanced Reading* には、本文を録音したCDが付属しているが、時間の制約もありリスニングに用いただけで、十分に活用できたとは言い難い。

　さて、問題6)で学生が作成したワークシートを紹介する前に、"Lost

Keys" のあらすじを示す。おもな登場人物は、老人と、彼の孫である。以前から、2人は連れ立って車に乗り、魚釣りをしてきた。最近、老人は心身とも衰えぎみである。そのような折に魚釣りに行った際、老人は車の鍵をなくしてしまう。ようやく孫は、落ちていた鍵を見つけるが、老人を気遣って、自分が鍵を預かっていたと嘘をつく。しかし、老人はこの嘘に気づいてしまった。車の鍵を「なくした("lost")」ことは、彼にとっては単に鍵をなくした以上の意味をもっていた。記憶力の喪失、体力の喪失、気力の喪失など、失ったさまざまなものを思い、老人はその場に立ち尽くすのだった。

　以上があらすじだが、問題6)は、以下の結末部分を書き換える課題である。

　　I [the old man's grandson] noticed the keys. They were lying near the wheel hub, where he [the old man] had sat on them, in the indentation from the weight of his body.

　　I called to him, told him when he came back that he had given them to me, and I had forgotten. But I saw clearly that this did not work. He dropped his head as though it were a burden, spent a lot of time on this our last trip together standing in the rain, continuing to look at the ground, not wanting to be the first to take his pole apart, not wanting to leave.

　　　　　　　　　　　　　　　　　　　　　　　　(Bushell and Dyer, 2004: 61)

　問題6)の作品の結末を書き換える問題に、比較的長い授業時間を使った理由は、これを行なうことによって、文学が多く含む narrativity を活かした活動が行なえるためである。第6章で分析したように、narrative は、互いに関連性をもった story の連なりである。そして、この〈連なり〉をまとめる役目を果たす部分が、作品の結末である。最終場面を書き換えることによって、作品全体が大きく変わる、その変化の大きさを実感できるのは、緊密に story が組み立てられた文学教材ならではの特色だろう。

　問題6)に基づいた活動を行なう際、筆者が作成したワークシートを用いた。このワークシートには、英文、挿絵、挿絵に添えるキャプションが記入できる。学生は、3-4人のグループに分かれ、自宅学習で書いた英文を見せ

第 7 章 文学教材を使った英語教育の実践例　217

合い、作品の結末を考える。その後、ワークシートに記入する。話し合いの結果は、次の授業時にクラスの前で発表する。

次に示すのが、学生がグループ・ワークで作成したワークシートである。

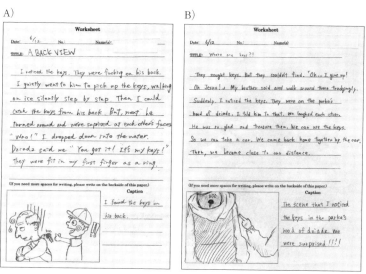

出典：筆者のクラスの学生が作成したワークシート
図 7.8　"Lost Keys" のワークシート

各グループは、さまざまな結末を考え出した。上のA)を作成したグループは、老人の背中に鍵が引っかかっていたと考えた。B)は、老人が着ていた上着の帽子部分に鍵が入っていたとした。C)は、川に鍵が落ちていて、幸運にも砂金まで発見したと思いついた。D)は、釣った魚の体内から鍵が出てきたとした。先にあらすじを示したように、この作品は、老人の視点から見ると、老いに直面したつらさを描いている。しかし、この話を読んだ若い大学生たちは、作品を悲観的にとらえず、幸福な結末を好んで話を書き換えている。

　最後に、表7.4の教案に取り入れることはできなかったが、その他の活動例を示したい。"Lost Keys"を読み、内容を理解した後に、他の領域の英文テクストを取り入れる活動である。たとえば、老いの問題を扱った新聞・雑誌記事や、高齢化社会を扱った評論文、または映画やインターネット上の関連情報を用いる。これらの資料の概要を踏まえた上で、自分の意見を発表する授業もできるだろう。また、第5章でcreativityについて論じた際に引用した、在宅介護サービス会社の広告（第5章図5.10, Home Instead, 2009参照）も、"Lost Keys"とともに扱える教材の1つである。

　文学教材は、Carter and Nash (1990) が論じた"literariness"の基準の1つ、"re-registration"の要素を多く含み、さまざまな領域のテクストを取り込むことができる。だからこそ逆に、さまざまな領域のテクストへと活動を発展させる試みも可能であり、時にはこのような取り組みも必要であろう。

### 2.3　その他の短編小説を使った授業

　次に、Global Outlook 2: Advanced Reading に収められているその他2作品を使った授業例を、ワークシートを使用した活動に焦点を当てて紹介する。使用教科書と授業の概要は、本節冒頭2.1で説明したとおりである。

### 2.3.1 紙芝居でクライマックスを語る— "A Clean Break" を中心に—

> キーワード: narrativity、
> リーディング、ライティング、スピーキング、
> 客観問題、ペア・ワーク、グループ・ワーク

　ナクビ(Tahira Naqvi)の "A Clean Break" には、"Lost Keys" 同様、客観的に答える問題と、読み手の主観を活かして答える問題が付されている(Bushell and Dyer, 2004: 21–31)。前者に分類される問題には、速読を通して大意を把握する問題や、本文中の語彙の意味を考える問題などがある。後者には、登場人物の心情や文化的な背景などを、精読を通して考える設問がある。ここでは、客観問題に工夫を加えて、ペアおよびグループでスピーキング(ディスカッション)を行なった例を示す。

　教科書には、作品の大意を理解するための問題として、次の設問があげられている。

1. Who is the main character?
2. Where does the story take place?
3. When does the story take place?
4. What is the situation?
5. Then what happens?
6. How does the story turn out? What does he [the main character] discover in the end?

(Bushell and Dyer, 2004: 25–26 参照;<br>今回の活動に関係しない部分は、一部省略)

　上の設問は、作品の5W1Hに関する問題で、文章を踏まえて客観的に答える必要がある。それでも、設問4から6に対する答えには、読み手の解釈が介入する余地がある。そこで、4から6の問に答える前に、この作品のクライマックス(climax)はどの場面か、考えさせる問題を加えた。この新たな質問のためにワークシートを作成し、用紙の表面にクライマックスの絵を、裏面

にその様子を説明する英文を書いてもらった。

A) ワークシート表面　　　　　　A) の裏面

B) ワークシート表面　　　　　　B) の裏面

出典: 筆者のクラスの学生が作成したワークシート

図 7.9 "A Clean Break" のワークシート

　上のようなワークシートを作成後、ペア・ワークを行なった。この活動では、一方の学生が、ワークシートの絵(表面)を相手に見せながら、自分が選んだクライマックスを英語で説明した。他方の学生は、相手が描いた絵を見ながら、聞きたいことを質問した。1回目のペア・ワーク終了後、ペアを組み直して、同じ活動を行なった。このペア・ワークを始める前に、ワークシートの裏に書いた英文を極力見ないで、相手に説明するように指示した。同時に、英語を話すことに自信がない場合は、英文を見て話してもよいと伝えた。その結果、多くの学生が、最初に組んだ相手には、英文を見ながら説明していた。ところが、2回目にペアを組んだ相手には、何も見ないで説明ができる者が多かった。

　ペア・ワーク終了後、4人程度のグループを作り、先にあげた教科書後半

の質問("4. What is the situation?"、"5. Then what happens?"、"6. How does the story turn out? What does he [the main character] discover in the end?")について話し合ってもらった。

　上の例に見られるように、客観的に答える問題に若干手を加えれば、多彩な活動も実施可能になる。文学教材を用いる際、"Lost Keys"の例で示したように、授業時間を多くとってディスカッションを行なう、時間的な余裕があれば理想的である。一方、他の領域のテクストも扱う必要性から、文学教材ばかりに時間を割けない場合もある。そのような折は、上に見られるような工夫を少し加えて、活動に変化をもたせることも可能である。

### 2.3.2　日本語を取り入れた課題——"Crickets"を中心に——

> キーワード: リーディング、スピーキング、
> 　　　　　　グループ・ワーク、L1(日本語)使用

　*Global Outlook 2: Advanced Reading* を使った授業例の最後に、バトラー(Robert Olen Butler)の"Crickets"を使った例をあげる(Bushell and Dyer, 2004: 170–175)。本項の授業例では、英語が苦手な学生も課題に取り組みやすいように、日本語を積極的に取り入れた。

　英語の授業で、学習者のL1を用いることに対しては、賛否両論がある。それでも、たとえば受講者の英語力が均一でない場合は、日本語の使用が役立つことがある。近年、英語授業の受講者数は、少なくとも20名程度、多い場合は50名以上である。しかも人数が多い授業は、能力別編成のクラスになっていない場合が多い[11]。このような際に生じる問題の1つが、受講者間の英語力のばらつきだろう。一方には、英語教材を十分に読みこなし、自分の考えを流暢に英語で話す者がいる。他方には、英語が苦手で、読むことも話すことも極力敬遠したい者がいる。そのような場合、日本語を取り入れた活動は、英語が苦手な学生が授業に積極的に参加するための、きっかけ作りになる。英語の授業で日本語を適切に使用することは、状況に応じて必要だと言えよう。

　さて、筆者が"Crickets"を授業で扱った際、まず作品の時代背景を日本

語で説明した。"Crickets"には、ベトナム戦争が明示的・暗示的に描きこまれているため、作品を理解する上で、この戦争に関する基礎知識が必要だと考えたからである。

さらに、英語が苦手な学生にとって、教科書で与えられた要約問題（"In 2 or 3 sentences, write a summary of the literary theme of this story, using these key words: family relations, generation gap, culture gap, tradition, change"）は、難しいと判断した（Bushell and Dyer, 2004: 177）。そこで、日本語を使用することを前提にしたワークシートを作成し、これを使って、作品の概要を把握する問題に取り組んでもらった。

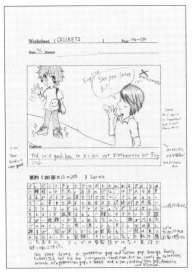

出典：筆者のクラスの学生が作成したワークシート

図7.10 "Crickets"のワークシート

上の活動はグループ単位で行なった。まず、各自が"Crickets"を1度読んだ後、グループ全員で作品全体の概要について話し合った。次に、作品を3場面に分け、各グループに1場面ずつ割り当てた。作品すべてを詳細に読むことは時間的に難しかったからである。この割り当てに従って、グループごとにテクストを詳しく読み、内容を200字以内の日本語でまとめた。その

後、自分たちのグループが要約した箇所の中からクライマックスを選び、これを絵で描き、英語でキャプションをつけた。各グループのワークシートが完成後、グループ同士でワークシートを見せ合い、要約やクライマックスについて話し合った。その上で、各自が教科書に付された要約を英語で書く課題に取り組んだ。

　この活動では、本文の英語を読み、日本語で話し合い、日本語で要約をまとめ、クライマックスを選んでその状況を絵に描き、最後にキャプションを英語でつけた。確かに、この課題では、日本語をおもに用いているため、もっと英語を活用すべきなのかもしれない。Strodt-Lopez(1996)が勧めるように、日本語で内容を深めてから、英語で話す活動に切り替えたら、話し合いの内容が豊かになると同時に、英語を話す訓練にもなったであろう。それでも、この活動には、英語が苦手な学生が、普段よりも積極的に参加できた。教科書所収の文学教材を用いる場合、教科書に印刷されているとおりに授業で扱えば、実りある活動ができるとは限らない。受講者の状況を観察し、与えられた問が難しいと判断した場合は、その問を作り変えたり、別の課題を差し挟んだりする工夫も必要であろう。

　本節では、*Global Outlook 2: Advanced Reading* を使った授業のうち、文学教材を用いた事例を紹介した。本教科書は、Reading 授業を担当するすべての教員が使用した統一の教科書であるが、受講者の状況に応じて、教科書の問題を作り変えたり新たな課題を取り込んだりすることもできる。いわゆるオーダーメイド(custom-made)の教科書ではなくとも、工夫次第で多彩な授業を展開できると言えよう。

## 3. 文学教材を用いた大学での英語教育(2)
### 　―既成の教科書と自作教材を組み合わせた例を中心に―

　次に、既成の教科書と自作の教材を組み合わせた授業例を紹介したい。ここで示す既成の教科書には、科目責任者から与えられた教科書リストの中から筆者が選んだものと、筆者が自由に選んだものが含まれる。また、本節で事例を紹介する際に示す項目は、前節 2. にならい、使用教科書と授業の概

要、授業内容を端的に示すキーワード、そして授業の実践例である。

## 3.1 *Signature Reading: Level G* と自作教材
### 3.1.1 使用教科書と授業の概要

ここでは、筆者が2011年度に実践した授業例を示す。使用した教科書、授業の概要などは以下のとおりである。

1) 使用した教科書(科目責任者から与えられたリストから筆者が選択)
   *Signature Reading: Level G*. (2005). New York: McGraw-Hill Glencoe.
2) 教科書の概要
   ・総頁数216頁
   ・音声教材なし(本文と関連するビデオやDVDの情報が各Lessonの最後にあげられている)
   ・全20課。11の課で文学教材(短編小説が中心)を使用
   残りの課では、伝記、評論文、説明文などを使用
   ・各課では、英文読解を行なう際に役立つストラテジー(main ideas and details、causes and effects、predictionsなど)が、1つずつ説明されている
   ・練習問題として、本文の内容と関連した学習者の経験を聞く問題、語彙に関する問題、英文読解に必要なスキルに関する問題、内容に関する問題、自由英作文、ディスカッションなどが用意されている。問題の種類は各課によって若干異なる
   ・2色刷り(青と黒)。必要に応じて、図表が用いられている
   ・各章の最後に、本文の内容と関連する参考文献、ウェブ・サイト(web site)が紹介されている
3) 授業の概要: 2.1と同様
4) 教室の状況: 2.1と同様

なお、*Signature Reading: Level G* は前期・後期を通して使用したが、前期は講義と演習を組み合わせた形式、後期は学生のプレゼンテーションを取り

入れた形式で授業を行なった。以下では、この教科書の中の文学教材と、その他の教材を組み合わせた授業例を示す。

### 3.1.2 出来事のつながりを考える
— "The Crane Maiden" と "Blue Beard" を使った授業—

> キーワード: narrativity、
> リーディング、ライティング、スピーキング、
> 客観問題と主観問題、グループ・ワーク

"The Crane Maiden" は、日本民話の1つ『鶴の恩返し』の英訳版である。この作品を扱った Lesson 18 の学習目標は、作中の1つ1つの出来事が、どのような「因果関係の鎖("a cause-and-effect chain")」でつながっているのかを見極めながら、英文を読むことである(*Signature Reading: Level G*, 2005: 180–189)[12]。第6章では、narrativity の特色の1つとして、〈narrative は、何らかの関連性をもった出来事(story)の連なりである〉という点をあげた。"The Crane Maiden" を扱った Lesson は、「因果関係の鎖」に注目しながら出来事の連なりを読み取る点を重視しているため、同作品の narrativity と深く関連している。

まず、"The Crane Maiden" に付された、教科書の中のおもな課題と、客観問題と主観問題の区別を示す。

表7.5 "The Crane Maiden" に付された練習問題

| 問題名 | 質問内容 | 備考 | 客観 or 主観問題 |
|---|---|---|---|
| 1) Building Background | Think about the stories that are told in your family about you or other family members. Which one would you like to see passed down from generation to generation? | 作品と関連させて学習者の経験を問う。スキーマ(schema)を与えるための問題 | 主観 |

| | | | | |
|---|---|---|---|---|
| 2)<br>Vocabulary Builder | For each word on the clipboards, write the root word.... Then write what the word means with the suffix added. | 本文中の語彙で接尾辞"-ly"が付いた語が、clipboardと名付けられた枠内に示されている。これらの単語の語幹と意味を答える問題 | | 客観 |
| 3)<br>Strategy Follow-up | Complete [the] cause-and-effect chain for the second part of the story. | 本文の後半を読み、原因と結果を図式化する。答えを記入する表が教科書に印刷されている。(図7.11参照) | | 客観 |
| 4)<br>Vocabulary Check | [Answer] each question by circling the correct letter.<br>1. Which vocabulary word means "in a willing manner"?<br>　a. readily　b. instantly<br>　c. tenderly | 本文中の単語の意味を答える問題。2)のVocabulary Builderで示された単語と関連する(全5問) | | 客観 |
| 5)<br>Strategy Check | Look back at the cause-and-effect chain that you completed for the second part of this story. Then answer these questions: 1. Why does Tsuru-san offer to weave cloth for the old man and his wife?(3選択肢) | 本文後半で起きた出来事を、原因と結果に分け、因果関係を明らかにする問題。3)Strategy Follow-upで作成した図と関連する(全5問) | | 客観 |
| 6)<br>Comprehension Check | [Answer] these questions:<br>1. How does the old man's wife respond when he tells her about rescuing the crane?(3選択肢) | 作品全体を読み、書かれている内容について答える問題(全5問) | | 客観 |
| 7)<br>Extending | Work with other students to create a puppet play, a skit, or a dramatic reading of "The Crane Maiden." 他 | 本文を踏まえてさまざまな応用問題に取り組む | | 主観・客観 |

　　　出典: (*Signature Reading: Level G*, 2005: 180–189)をもとに、筆者が作成
　　　註: 今回扱わない課題は省略。客観・主観の区別は、筆者が判断

　"The Crane Maiden"を授業で扱った際、上の問題1)と7)は省略し、3)と5)以外の問題は宿題にして、授業では答合わせをするだけにした。一方、ペロー(Charles Perrault)の"Blue Beard"を補助教材として読むことにした(Perrault, 1994: 27–37をテキストとして利用)。その理由の1つは、『鶴の恩

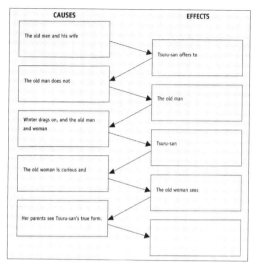

出典:(*Signature Reading: Level G*, 2005: 186)
図7.11　Strategy Follow-up 用の答えを記入する表

返し』の話は受講者全員が知っており、内容が容易に把握できたためである。さらに"Blue Beard"は、〈～をしてはいけない〉と言われたにもかかわらず約束を破ったため、悲劇的な結果を招くという点で、『鶴の恩返し』と話が類似しているためである。

それでは、以下に教科書と補助教材を用いた授業例を示す。

表7.6　"The Crane Maiden" と "Blue Beard" を使った授業例

| 自宅学習または授業の別および教員の指導・作業内容 | 焦点を置く技能および学習形態 | 学生の課題・活動内容 |
| --- | --- | --- |
| 自宅学習1<br>・右の課題を出す際、教員は、日本民話の英訳版であることだけを告げる | リーディング | ・辞書を用いないで本文を通読、大意を把握する。これまで自分が読んだ経験がある民話との相違点を考える<br>・2度目に読む際は、わからない単語を辞書で調べながら、丁寧に読む<br>・問題2)、4)、6)を解く |

| | | |
|---|---|---|
| 授業1<br>・"The Crane Maiden" の他に、〈〜をしてはいけない〉と言われたにもかかわらず約束を破り、悲劇的な結末を迎えるタイプの話を知っているか聞く<br>・各自が知っている『鶴の恩返し』との相違点を聞く | スピーキング | ・左の質問に対する答えを考える |
| ・作品前半を使って、本課のリーディング・ストラテジーを説明する | | ・本課のリーディング・ストラテジーを確認 |
| 〈ペア・ワーク〉<br>・宿題の解答を確認<br>・問題で扱われていない重要な語句の意味・用法を確認 | ペア・ワーク：リーディング | ・問題2)、4)、6)の答合わせ<br>・重要な語句を辞書で調べる |
| 〈グループ・ワーク〉<br>・問題3)、5)（原因・結果を図式化する問題）に取り組む<br>・様子を見て日本語から英語へ使用言語を切り替える<br>・問題3)、5)の答合わせ | グループ・ワーク：リーディング、スピーキング | ・問題3)、5)をグループ単位で考える。作品後半を精読し、おもな出来事を原因と結果に図式化する。最初は日本語、後に英語で話し合う |
| ・"Blue Beard" の本文配布。次回までに全体の内容を把握するように指示 | | |
| 自宅学習2 | リーディング | ・"Blue Beard" を通読。概要を把握。必要に応じて、辞書でわからない単語の意味を調べる |
| 授業2<br>・質問をしながら、作品全体のあらすじを確認 | スピーキング | ・作品全体のあらすじを確認。質問に答える |
| 〈グループ・ワーク〉<br>・グループ分け後、ワークシート1枚、小さい紙20枚配布<br>・Blue Beard が、ある部屋に〈絶対に入ってはいけない〉と新妻に告げた場面以降、詳しく読むように指示 | グループ・ワーク：リーディング、スピーキング（ディスカッション）、ライティング | ・3-4人のグループに分かれる |

| | | |
|---|---|---|
| ・学生をグループに分け、次の課題を指示:<br>① Blue Beardが〈絶対に入ってはいけない〉と言った場面以降のおもな出来事を、英語で書き出す(小さい紙に記入)<br>② ①の紙を、原因と結果の「因果関係の鎖」ができるように並べる<br>③ ②が完成したら、机上に並べ、他のグループと比較<br>④ 小さい紙で並べた結果を、ワークシートに記入(様子を見て、日本語から英語へ使用言語を切替え) | | ・課題①－②: グループで話し合う<br>・最初は日本語で話し、指示があり次第、英語に切り替える<br><br><br>・課題③: 他のグループ作成の、「因果関係の鎖」を見学、自分のグループと比較<br>・課題④: 他グループ見学後、ワークシートを完成 |
| ・授業終了時、グループで完成させたワークシートを回収。授業後、ワークシートを印刷<br>・自宅学習の指示: "The Crane Maiden"と、"Blue Beard"の共通点・相違点を、英語で書く | | |
| 自宅学習3 | ライティング | ・"The Crane Maiden"と"Blue Beard"の共通点・相違点を、英語で書く |
| 授業3<br>・授業冒頭、各グループのワークシートを全員に配布 | グループ・ワーク:スピーキング(プレゼンテーション) | ・ワークシートに従って、グループごとに英語で発表する |
| ・自宅学習3の課題("The Crane Maiden"と"Blue Beard"の共通点・相違点)を聞く | スピーキング | ・"The Crane Maiden"と、"Blue Beard"の共通点・相違点を答える |
| ・自宅学習3のライティングを回収、添削の上、次回の授業で返却<br>・活動終了後新たな課に入る | | |

出典: 筆者の教案

註: 各問題の内容は、表7.5を参照

表7.6の教案を作成する上で注意した1点目は、"The Crane Maiden"に関する問題は極力簡潔に終えて、"Blue Beard"の読解に時間をかけた点である。2点目として、このLesson 18では1つ1つの出来事の因果関係を読み取ることが中心課題だったため、これらが客観問題であることを認識して取り組ませた点である。客観問題を終えた上で、最後に"The Crane Maiden"と"Blue Beard"の共通点・相違点を答えるという、学習者の主観が活かせる問題を設定した。

一方、この教案で反省すべき点は、映像や音声を用いなかったことである。たとえば"Blue Beard"の映画版を視聴する時間をリーディングの合間に作り出せば、より変化のある授業になったと思われる。また、上の授業1で〈～をしてはいけない〉と言われたにもかかわらず、約束を破って悲劇的な結末を迎えるタイプの話を知っているか否かたずねる時間をとったが、これは文学的な授業に偏りすぎたという反省が残る。文学作品には、たとえばオルペウスが亡き妻エウリュディケを黄泉の国へ迎えに行き、「地上に帰りつくまで彼女をふりむいてはならぬ」と言われたにもかかわらず結局ふりかえってしまった話など（Bulfinch, 1978,『ギリシア・ローマ神話』: 247）、このパターンの話は多くある。このような文学的な知識に関する点を、英語の読解授業でどの程度言及するべきか、言及しないべきかについては、今後考察の余地が大いに残る点である。

最後に、"Blue Beard"に関するグループ・ワークで学生が作成した、メモとワークシートを紹介する。次は、表7.6の教案で示した授業2グループ・ワークの課題①で、学生が作成したメモの一部である。

図7.12は、あるグループが作成したメモ15枚のうちの4枚である。各グループは、このようなメモを15枚から20枚程度作成した。図7.12のように挿絵を入れたグループも、文字だけを用いたグループもあった。表7.6で示したように、この課題はBlue Beardが〈絶対に入ってはいけない〉と言った場面以降のおもな出来事を、英語で書き出すことだった。最初から、さまざまな出来事の因果関係を考えることは難解だと判断したため、まずは物語が進行していく上で大切だと思われる出来事を、思いつくままに書き出してもらった。その上で、各出来事がどのように関係しているのか、因果関係を

第 7 章　文学教材を使った英語教育の実践例　231

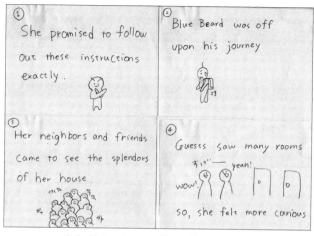

出典: 筆者のクラスの学生が作成したメモ

図 7.12　"Blue Beard" を使った授業例（課題①）

出典: 筆者のクラスの学生が作成したワークシート

図 7.13　"Blue Beard" を使った授業例（課題④）

考えながら紙を並べてもらった。その後、他のグループが並べた紙を見学し、改めて各グループで話し合い、図7.13のワークシートを書いてもらった。

図7.13のワークシートは、表7.6の教案で示した、授業2グループ・ワークの課題④で、学生が作成したワークシートである。課題①で、1つ1つの出来事のつながりを小さい紙を入れ替えながら確認したため、うまく「因果関係の鎖」を作成することができた。この課題を通して明らかになった点は、各出来事が緊密につながりあって、文学作品が形成されているということである。

今回行なった活動を、たとえば一編の新聞記事を教材にして行なおうとした場合、因果関係のつながりを次々と見つけ出すことは難しいのではないか。なぜならば、新聞記事は簡潔に事実が報じられていることが多いため、そのすきまを埋める細やかな出来事は、補足資料を補わない限りすぐには見つけにくい。一方文学作品では、今回の例に見られるように、つながりあった出来事が文字どおり数珠つなぎで出てくる。さまざまな出来事の緊密なつながりをたどり、1つの大きな narrative が構成されていることを知る上で、文学は最適の教材と言えるだろう。

### 3.1.3 文学教材はプレゼンテーションを取り入れた授業形態で扱えるか
――"The Midnight Visitor" を中心に――

> キーワード: "literariness"、リーディング、
> スピーキング（プレゼンテーション）、ペア・ワーク

*Signature Reading: Level G* と自作教材を用いた授業例の最後に、アーサー(Robert Arthur)作 "The Midnight Visitor" を使った授業例を示す(*Signature Reading: Level G*, 2005: 170–179)。3.1.1 ですでにふれたように、この教科書を使った後期の授業では、プレゼンテーションを取り入れた。そこで、この短編を用いた授業例を示す前に、プレゼンテーションを入れた授業について説明を加えたい。

・プレゼンテーションを取り入れた授業案
　プレゼンテーションを取り入れたおもな理由は、受講者の主体性が十分に

活かせること、発表を英語で行なう機会を学生に与えられること、などである。プレゼンテーション実施に関しては、すでに前期のうちに学生に予告しておいた。細かなスケジュールは、後期の最初の授業で配布した(プレゼンテーション実施のために配布した文書は、Appendix 7-9 を参照)。

受講者に示したプレゼンテーションの実施方法と注意点は、以下のとおりである。

・発表者: クラス全体を 6 グループに分け、グループ単位で発表(1 グループの人数は 4-5 人)
・発表の回数と時間: 各グループが学期中に 1 回発表。所要時間 30 分程度
・発表内容: 以下の点が明らかになるように発表。それ以外は各グループに委ねる
  →本文の概要
  →本文のポイント(キーワードや、キーセンテンスの指摘と説明)
  →練習問題の解答と説明
  →本文を読んだ感想や、背景の説明
・発表する際の使用言語: 英語。必要に応じて最小限の日本語使用も認める
・配布物など: 印刷物を配布したり資料を回覧したりするなど、発表の際は工夫をする
・成績: プレゼンテーションの成果は、各自の平常点に加算する

1 回の授業 90 分の中に、30 分間のプレゼンテーションを組み入れた。それ以外の授業時間は次のようにふり分けた。

表7.7　プレゼンテーションを取り入れた授業例

| 授業時間<br>(開始からの<br>経過時間) | 教員 | 発表する学生 | 発表者以外の学生 |
| --- | --- | --- | --- |
| ① 0–10 | 本課のリーディング・ストラテジーを説明する | ・リーディング・ストラテジーの理解<br>・発表前最後の打ち合わせ | リーディング・ストラテジーの理解 |

| | | | |
|---|---|---|---|
| ② 10–15 | ワークシート回収 | 発表準備 | ワークシート提出 |
| ③ 15–45 | ・発表を聞く<br>・提出されたワークシート*に目を通し、書かれた質問を大まかに分類<br>・発表者にワークシートを渡す<br>・リーディング・ストラテジーに関する問題を出題 | 発表 | 発表を聞く |
| ④ 45–55 | | ・ワークシートに記入された質問を読む<br>・質疑応答準備 | リーディング・ストラテジーに関する問題を解く |
| ⑤ 55–65 | 質疑応答を聞く | 質問に答える | 質問に対する答えを聞く |
| ⑥ 65–70 | 発表者が答えられなかった質問に対する答えを説明 | 質問に対する答えを聞く | 質問に対する答えを聞く |
| ⑦ 70–85 | ・一斉に行なう課題の説明<br>・ペア・ワークで取り組んでよいと指示 | 課題を解く<br>(ペア・ワーク) | 課題を解く<br>(ペア・ワーク) |
| ⑧ 85–90 | まとめ | まとめ | まとめ |

出典: 筆者の教案

*ワークシートは、Appendix 9 参照

上の表を見るとプレゼンテーションを取り入れた授業の難しさが明らかになる。特に、発表者以外の学生が、授業に積極的に参加し、発表者と活発にやりとりを行なうためのしくみ作りが難しい。今回は、発表者以外の学生が確実に自宅学習を行なうためにワークシートを配布した。ワークシートには、練習問題の解答を書き込む欄を作った他、発表者への質問を記入する欄を設けた(Appendix 9 参照)。このワークシートを使用した結果、発表者以外の学生に予習を促すことができ、発表者に質問したい点を多くあげることができた。一方、発表者への質問方法に関しては改善の余地が残る。なぜならば、本来ならば活発になるべき質疑応答が、質問者は質問をワークシートに記入し、発表者はこれを見て答えるという、単調なやりとりになってしまったからである。発表者と聴衆役の学生とのやりとりを活性化するためには、どのような方法があるのか。発表者以外の学生が、発表を聞くという受身の姿勢ではなく、積極的な姿勢で授業に参加するためにはどのような工夫が必要な

のか。これらに対する答えを出すことが、プレゼンテーションを取り入れた授業を改善する上で必要である。

以下では、表7.7で示した教案に従って行なった授業の例を示す。中でも、予定どおりに進まなかった実践例をあげる。プレゼンテーションを取り入れた授業を活性化させるヒントは、このような予定外の授業に隠されているのではないか、と考えるからである。

・"The Midnight Visitor" を使った授業例

> キーワード:"literariness"、リーディング、
> 　　　　　スピーキング(プレゼンテーション)、ペア・ワーク

先述したように、*Signature Reading: Level G* を使った2011年度後期の授業は、表7.7の教案に従って進めた。多くの場合、予定どおり授業が進んだが、"The Midnight Visitor" を扱った課では予定の一部を変更した。ここでは、その際の状況説明も含めて、授業の実践例を示す。

"The Midnight Visitor" を扱った課は、登場人物の行動やせりふ、場面描写などを通して、作品の結末を類推することに焦点が置かれている。このリーディング・ストラテジーについては、授業冒頭で受講者に説明した(表7.7、①の時間帯参照)。

さて、発表者の説明が始まった。作品の登場人物やあらすじが紹介され、重要表現の説明が行なわれ、練習問題の解答も示された。配布物として、あらすじをまとめたもの、本文の大切な箇所を示したものが配布された。その後、質疑応答も行なわれた(表7.7、③④⑤の時間帯参照)。

次の図7.14は、作品のあらすじを説明するために、発表者が配布したハンドアウトである。当初の予定では、プレゼンテーション終了後、作品の結末の伏線になっている箇所を精読するつもりでいた。ところが、プレゼンテーションを聞き、発表者作成のハンドアウトを読み、聴衆役の学生から出た質問内容を知った結果、別の課題を行なうことにした。具体的には、話の背景になっている部屋の見取図を描く課題を出した。当初の課題を変更した理由は、ハンドアウト(図7.14)に「この物語のキーワードはバルコニー」だ

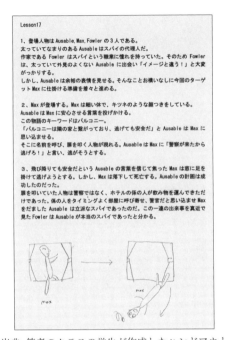

出典: 筆者のクラスの学生が作成したハンドアウト

図 7.14 "The Midnight Visitor" 発表時、学生が作成したハンドアウト

と示されていたにもかかわらず、バルコニーの様子が不正確に説明されたからである。ハンドアウトの挿絵は、上手に描かれていたが、本文を十分に踏まえていなかったからである。さらに、発表者以外の学生の質問の中に、話の落ちがよくわからないという内容が多く見られたため、結末に密接に関係する部屋の見取図を描くことにした。

　プレゼンテーション終了後、本文の中で部屋の様子が詳細に描写された箇所を精読する課題を全員に出した。精読終了後、学生同士相談しながら、部屋の見取図を描いてもらった。この課題で学生が描いた見取図を図 7.15 で示す。

　学生は、まずは 1 人で、次にペアになって相談しながら、見取り図作成に取り組んだ。筆者は、最初は何も指示を与えず、学生同士が相談しながら見取図を描く様子を見て回った。最初の段階で学生が描いた絵は、図 7.15 1)

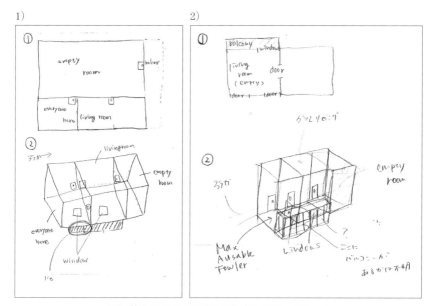

出典: 筆者のクラスの学生が作成したワークシート
註: ①と②の数字は、筆者が後に加筆

図7.15 "The Midnight Visitor"で学生が作成した部屋の見取り図

と2)のワークシート中の①である。次に、最初に描いた絵は消さないように指示をしてから、バルコニーや窓はどこにあるのか、部屋は何部屋あるのか、廊下や扉はどこにあるのか、登場人物はどこで話をしているのかというように、少しずつ質問をしながら絵を書き直してもらった。この段階で学生が描いた絵は、1)と2)のワークシートで②と示されている。上図に見られるように、本文の内容を理解し部屋の様子が明らかになるにつれて、見取図が立体的になっていった。

　文学作品の中で、家の概観や室内の様子が細やかに描かれる場合は多い。たとえば、フォースター(E.M. Forster)の *Howards End*(1910)冒頭で描写されている、ハワーズ・エンド(Howards End)邸の様子は、その代表的な例であろう。建築・住宅の分野で頻繁に用いられる見取図も、文学作品では、言葉に置き換えられ、細やかに描かれている。今回のように、文学作品を読んで家の見取図を描く活動は、Carter and Nash(1990)の"literariness"をはか

る尺度の1つ、"re-registration" と関連した活動であろう。

　再び、文学はプレゼンテーションを取り入れた授業形態で扱えるか否かという問題に立ち返ると、ある程度の工夫を凝らせば、このような授業は可能である。発表者に対しては、どのような項目を発表内容に含めるのかあらかじめ大まかな指示を与える。発表者以外に対しては、授業参加を促すような課題を与える。そして、課題を行なう際は、文学作品に豊かに含まれる "literariness"・creativity・narrativity の特色を活かすように配慮する。このようなポイントを押さえれば、プレゼンテーションを取り入れた文学教材の授業実践は可能である。

　さらに、発表の様子を見ながら授業計画を微調整することも必要だろう。プレゼンテーションのように、学生の状況がいわばライブでわかる機会を活かせば、教室全体がコミュニケーションの場になる可能性が高い。

## 4. 文学教材を用いた大学での英語教育(3)
　　―自作教材を中心に―

> キーワード: リトールド版と原作(小説版、戯曲版)、
> 　　　　　　リーディング、ライティング、スピーキング、リスニング、
> 　　　　　　ペア・ワーク、グループ・ワーク、IT

　大学での英語授業例の最後に、既成の教科書を用いずに文学作品を教材化した例をあげる。このような授業は、通常用いている教科書が一段落した際や、学期の最終授業日などで行なっている。普段の教科書とは趣が変わるこのような教材は、楽しんで英語を学ぶきっかけ作りになることが多い。

　以下であげる教材は、どのような学生でも知っている *Peter Pan* を用いた教材である[13]。ピーター・パン (Peter Pan) は、絵本やディズニー版の映画などで、日本でも広く親しまれている。一方、この作品の原作に直接ふれる機会はあまりない。ここでは、*Peter Pan* の原作(戯曲版、小説版)とリトールド版を組み合わせた教材例を示したい。この教材を作成したおもなねらいは、受講者にとって親しみ深い話が、原作ではどのように書かれているのか

興味をもってもらい、後に原作を読むきっかけ作りをすることである。

なおこの教材を作成する際に用いたリトールド版、原文(小説版、戯曲版)、映画は以下に示すとおりである。

リトールド版: *Disney's Peter Pan.* (1989). The Mouse Works Ser. Disney Enterprises.
小説版: Barrie, J.M. (1991). *Peter and Wendy.* 1911. *Peter Pan in Kensington Gardens and Peter and Wendy.* Ed. Peter Hollindale. Oxford World's Classics Ser. Oxford: Oxford University Press: 67–226.
戯曲版: Barrie, J.M. (1995). *Peter Pan or the Boy Who Would Not Grow Up.* 1928. *The Admirable Crichton, Peter Pan, When Wendy Grew Up, What Every Woman Knows, Mary Rose.* Ed. Peter Hollindale. Oxford World's Classics Ser. Oxford: Oxford University Press: 73–154.
映画: *Peter Pan.* DVD disc. Disney Enterprises, 2002.

---

## *Peter Pan* を用いた文学教材

### Pre-reading

　ピーター・パンは、子どもから大人まで幅広い世代に人気があるヒーローの1人といえるでしょう。皆さんも今までに絵本や映画、劇、果てはテーマ・パークでピーターに出会ったことがあるかもしれません。けれども『ピーター・パン』(Peter Pan)の生みの親が、スコットランド出身のジェイムズ・M・バリ(James Matthew Barrie, 1860-1937)だということはあまり知られていないようです。バリは、1882年にエディンバラ大学を卒業後、文筆生活に入りました。

　『ピーター・パン』は作者自身の手で何度か書き直された作品で、まず *The Little White Bird* として1902年に発表されました。1904年にはおとぎ劇 *Peter Pan* が上演され、その脚本をもとに2つの小

説・*Peter Pan in Kensington Garden*(1906)と*Peter and Wendy* (1911、以下 Reading II, Text B)が発表されました。その後、戯曲の形で*Peter Pan or the Boy Who Would Not Grow Up*(1928、以下 Reading II, Text C)が出版されました。

　今回読むのは作品の結末に近い場面です。まず、Reading I, Text A『ピーター・パン』の絵本(リトールド版)を読み、結末近くの部分がどのように描かれているか確認しましょう。次に、Reading II の原作(Text B は小説版、Text C は戯曲版)を読みます。原作には、ピーターが、3人の子どもたちの帰りをひたすら待つ Mrs Darling の姿を目撃する場面があります。彼女の悲しみを知ったピーターは、子どもたちを母親のもとに返す決心をします。

**Reading Focus**

①絵本(Text A)では、Mrs Darling の姿はどのように描かれているか、原作との違いを考えながら読みましょう。

②小説では多くの場合、語り手が存在し、人物の内面を細やかに描くことが可能です。一方、戯曲の内面描写には限界が伴います。なぜならば、戯曲はおもに〈せりふ〉と〈ト書き〉から構成され、人物の内面を容易には示唆できないからです。登場人物の感情が小説(Text B)と戯曲(Text A)でどのように表現されているのか比較しながら読みましょう。

③小説と戯曲、それぞれの時制の特色に注目しましょう。

④戯曲中のせりふは、常に登場人物同士がコミュニケーションをとるために使われているとは限りません。1つ1つのせりふが誰に向けて語られているのか、注意して読みましょう。

**Reading I**

(この場面に至る前の状況: Wendy らは、Never Land から船に乗り、自宅に帰ってくる)

## Text A（絵本、リトールド版）

When Mr. and Mrs. Darling returned home, they found their three children asleep in the most surprising places.  Wendy was on the window sill.  Michael was lying at the foot of his bed and John was asleep on the floor, holding his top hat on his chest.

As their parents tried to put them back in their beds, the children awoke and began to chatter excitedly of their wonderful adventures in Never Land.                                      (*Disney's Peter Pan*, 1989: 93)

出典:（*Disney's Peter Pan*, 1989: 92–93）

## Reading II

（この場面に至る前の状況: Wendy らの母親 Mrs Darling は、子どもたちが家からいなくなって以来、毎夜窓を開けて彼らの帰りを待っている）

## Text B（小説版）

'Quick, Tink,'* he whispered, 'close the window; bar it.  That's right. Now you and I must get away by the door; and when Wendy comes she will think her mother has barred her out; and she will have to go back with me.'

Now I understand what had hitherto puzzled me, when Peter had exterminated* the pirates he did not return to the island and leave Tink to escort the children to the mainland. This trick had been in his head all the time.

Instead of feeling that he was behaving badly he danced with glee; then he peeped into the day-nursery* to see who was playing. He whispered to Tink, 'It's Wendy's mother. She is a pretty lady, but not so pretty as my mother. Her mouth is full of thimbles,* but not so full as my mother's was.'

Of course he knew nothing whatever about his mother; but he sometimes bragged about her.

He did not know the tune, which was 'Home, Sweet Home,' but he knew it was saying, 'Come back, Wendy, Wendy, Wendy'; and he cried exultantly,* 'You will never see Wendy again, lady, for the window is barred.'

He peeped in again to see why the music had stopped; and now he saw that Mrs Darling had laid her head on the box, and that two tears were sitting on her eyes.

'She wants me to unbar the window,' thought Peter, 'but I won't, not I.'

He peeped again, and the tears were still there, or another two had taken their place.

'She is awfully fond of Wendy,' he said to himself. He was angry with her now for not seeing why she could not have Wendy.

The reason was so simple: 'I'm fond of her too. We can't both have her, lady.'

But the lady would not make the best of it, and he was unhappy. He ceased to look at her, but even then she would not let go of him. He skipped about and made funny faces, but when he stopped it was just as if she were inside him, knocking.

'Oh, all right,' he said at last, and gulped.* Then he unbarred the window. 'Come on, Tink,' he cried, with a frightful sneer at the laws of nature;

'we don't want any silly mothers'; and he flew away.

(Barrie, 1911, 1991, *Peter and Wendy*: 211–212)

**Notes**（カッコ内の数字は、テクストの行数を示す）

Tink（1）: 妖精 Tinker Bell の愛称

exterminated < exterminate（4–5）: 皆殺しにする

day-nursery（8）: 昼間の子ども部屋

thimbles（10）: 指ぬき。ここではキスを指す。作品の冒頭部分で「キス」という単語を知らないピーターがキスを「指ぬき」と言う場面がある

exultantly（15–16）: 大喜びで

gulped < gulp（31）:（涙、怒りなどを）ぐっとこらえる

### Text C（戯曲版）

*Peter* Tink, Where are you? Quick, close the window. (*It closes*) Bar it. (*The bar slams down*) Now when Wendy comes she will think her mother has barred her out, and she will have to come back to me! (*Tinker Bell sulks*) Now, Tink, you and I must go out by the door. (*Doors, however, are confusing things to those who are used to windows, and he is puzzled when he finds that this one does not open on to the firmament.\* He tries the other, and sees the piano player\**) It is Wendy's mother! (Tink pops on to his shoulder and they peep together) She is a pretty lady, but not so pretty as my mother. (*This is a pure guess*) She is making the box say 'Come home, Wendy.' You will never see Wendy again, lady, for the window is barred! (*He flutters about the room joyously like a bird, but has to return to that door*) She has laid her head down on the box. There are two wet things sitting on her eyes. As soon as they go away, another two come and sit on her eyes. (*She is heard moaning 'Wendy, Wendy, Wendy'.*) She wants me to unbar the window. I won't! She is awfully fond of Wendy. I am fond of her too. We can't both have her, lady! (*A funny feeling comes over him*) Come on, Tink; we don't want any silly mothers. (*He opens the window and they fly out*)

(Barrie, 1928, 1995, *Peter Pan or The Boy Who Would Not Grow Up*: 148–149)

**Notes**（カッコ内の数字は、テクストの行数を示す）

firmament(6): 大空、天空

the piano player(7): Mrs Darling のこと。直前の場面で、彼女は Mr Darling に乞われて子ども部屋にあるピアノを弾くことになった

---

Post-reading

問1　Text B の4行目（第2段落）には「私（'I'）」が登場します。この人物は誰ですか。

問2　Text B を時制に気をつけて読みなさい。せりふの部分の時制は、どの時制が多いですか。また、せりふ以外の部分の時制はどの時制が多いですか。

問3　Text C では、ト書きがカッコの中に斜体で挿入されています。ト書きとせりふを注意深く区別しながら本文を読みなさい。せりふの部分の時制はどの時制が多いですか。

問4　Text C は、すべてピーターのせりふとして記載されています。このせりふの中で、ピーターが、ウェンディーの母親に直接話しかけていると思われる部分を指摘しましょう。さらに、それ以外のせりふが誰に向けて話しかけられているのか考えましょう。

問5　Text C の17行目のト書きで、ピーターは 'A funny feeling' を感じたと書かれています。彼は具体的にはどのような感情を抱いたのですか。Text B を参照しながら説明しましょう。その上で、Text B と Text C が、それぞれどのように感情を表現しているか違いを考えましょう。

問6　ディズニー版の映画、*Peter Pan* の最終場面を見て、好きな登場人物のせりふを書き取ってみましょう。その上で、原作の結末部分との違いを考えましょう。

以上の教材は、Pre-reading、Reading Focus、Reading I(Text A)、Reading II(Text B・C)、Post-reading から構成されている[14]。Pre-reading では、作者の略歴や作品の背景を把握する。Reading Focus では、どのような点に焦点を置いてテクストを読めばよいのか、あらかじめ方向性が示される。Post-reading では、さまざまな形式の練習問題が含まれている。これらの問題は、必要に応じて、ペア・ワークや、グループ・ワークで行なうことも可能である。

個々の練習問題に目を向けると、リトールド版(Text A)で導入を図った後、小説版(Text B)と戯曲版(Text C)の違いに気づきやすいような問題を示している。たとえばPost-reading 問2は、小説では会話の部分に現在形や未来形が多く使われる一方で、会話以外の部分では過去を示す時制が多く用いられる点に焦点を当てる。問3では、戯曲版のせりふ部分では、現在形や現在完了形など、現在の時制がおもに用いられ、ト書きの部分でも現在時制が中心である点に注目する。問4では、戯曲のせりふは、必ずしも舞台上の人物に語りかけているとは限らず、自らの内面描写をしたり、思い出を語ったり、外見だけではわかりにくい行動の意図を観客に直接説明したりと、さまざまな種類があることを考える。問5では、戯曲と比較して、小説では登場人物の感情が詳しく説明されている点を扱っている。

Text B のような小説では、ナレーターの語りを通して、登場人物の内面を細やかに描くことができる。一方 Text C のような戯曲では、時には語り手役の人物が登場して説明を加える場合があるものの、せりふとト書きだけで感情を表現し切ることには限界がある。戯曲は、演劇という形で演じられてこそ完結する世界であり、そこには俳優の演技、舞台効果(照明や音響など)、観客の存在が不可欠だという点が、今回の教材を通して学生に気づいてほしい点である。

最後の問6では、ディズニー版映画の一部分を見る。映画版には、今回 Text B と Text C で取り上げた、ウェンディーの母親が嘆き悲しむ姿をピーターがひそかに目撃する、という場面は存在しない。ディズニー版は、ピーターとの出会いがウェンディーの夢の中の出来事だったのか、または現実だったのかはっきりさせることなく、余韻をもたせる形で終えられている。原作に興味をもたせるきっかけを作る上で、映画と原作の差異に注目する活

動も有益だろう。

　これまで本章では、大学の英語教育で、文学教材を用いる場合について考察した。まず、大学生の現在の状況を、ITとのかかわりに焦点を当てながらとらえた。次に、従来、大学英語教育で用いられてきた文学教材に多く見られる特色を整理し、これらの長所と短所を指摘した。さらに、最近出版された文学教材の特色を踏まえて、今後どのような方向性をもって、文学を英語の授業で活用するべきか検討した。そして、コミュニケーション能力育成を目指す日本の英語教育で文学教材を用いる際に、考慮すべき点をまとめた。その上で、大学の英語教育で文学教材を使うための実践例を示した。具体的には、既成の教科書に受講者の状況に応じて工夫を加えたり、筆者が選んだ文学作品を教材化したりした例を紹介した。このように試行錯誤を繰り返しながらも工夫を加えれば、文学教材を用いて、コミュニケーション能力育成のための多彩な活動を行なうことができる。

　次節では、中学校・高等学校の英語の授業で文学教材を活用する方法を検討する。まず、中学校・高等学校の英語教員が、文学教材を授業で使うことに対してどのような考えをもっているのか、筆者が行なったワークショップをもとに検討する。その上で、彼らの意見を参考にしながら、中学・高等学校で文学教材を用いる際の授業案を示す。

## 5. 中学・高等学校の英語教育における文学教材

### 5.1　中学・高等学校の英語教員は文学教材をどのように見ているのか

　2008年から2011年にかけて、筆者は、中学・高等学校教員を対象にした計4回のワークショップで担当講師を務めた[15]。このワークショップの参加者は、4年間で計78名、内訳は中学校教員23名、高等学校教員37名、中高一貫校3名、その他15名。その他の中には、大学教員、英語学校の教師、同カウンセラー、将来英語教員を目指す学生などが含まれていた。参加者すべてが中学校・高等学校の英語教師ではないものの、彼らの意見は、これらの学校の教師の考えを、かなりの程度反映していると見てよいだろう。また、各ワークショップでは、文学教材を含むさまざまな読解教材を通して英

語を教える方法を取り上げた。

さて、このワークショップでは、文学教材に対する意見を述べ合うグループ・ディスカッションを行なった。2008年から2011年にかけて、同じ題目でディスカッションを行ない、発表をした。ディスカッションの題目は、"What are the merits and the demerits of using literary materials in English classrooms?" とした。意見がまとまった段階で、キーワードをあげながら、グループごとに意見を発表してもらった。

表7.8 は、各年度のグループ発表の際に出たキーワードをもとにして、merits を5項目、demerits を5項目に分類した表である。表中の "Merits" と "Demerits" の各見出し (1-5) は、筆者がつけたものである。"Key Words or Key Sentences" の項目で示す (2008)、(2009)、(2010)、(2011) の数字は、それぞれ何年度のワークショップで提示された意見かを示している。また、表中の "Detailed Explanations" は、各年度に出たキーワードとその発表を可能な限り活かして、筆者が加えた説明である。重複する意見は、一部省略した。

表7.8 "Merits and Demerits of Using Literary Materials in English Classrooms" に対する中学・高等学校教員等の意見

| Merits | Key Words or Key Sentences | Detailed Explanations |
|---|---|---|
| 1. Richness of expressions | ・Good expressions (2008)<br>・We can learn many English words and phrases (2008)<br>・We can know differences between the words whose meanings are alike (2008)<br>・Good model (2008)<br>・Increase vocabulary (2009)<br>・Authentic English (2010)<br>・Learn many words (2011) | Words and expressions used in literary works are authentic English. Therefore, students can learn many good models to speak and write English. |
| 2. Improvement of background knowledge | ・Background (2008)<br>・Informative (2008)<br>・Touch the real English world and culture (2009); "Meets" a kind of culture (2010); Knowl- | If students learn English through literary materials, they can know the historical, cultural, or religious backgrounds of foreign countries. |

| | | |
|---|---|---|
| | edge about culture & society (2010)<br>· Know about many backgrounds (2011) | |
| 3.<br>Good influence on students' life | · Enrichment of students' life (2008)<br>· Influential (2008)<br>· Memorable (2008)<br>· Think about the present situation and future of people and the world (2011)<br>· Lessons for life (2011) | Students can know various ways of life through literary works. If they are impressed by the works, their ways of life are much influenced. Students can get life-long treasure by reading good literary works. |
| 4.<br>Enjoyment of reading | · Imagination (2008; 2009; 2010)<br>· Interesting (2009)<br>· Thrilling (2009)<br>· Enjoyment (2009)<br>· Motivation (2010)<br>· Stories are interesting (2011)<br>· Imagine unknown world (2011) | Reading literary works is enjoyable. By reading these works, students' power of imagination can be improved. Also, if reading is interesting, they can be motivated to read more books. |
| 5.<br>Others | · Flexibility (2009) | When teachers use literary materials, they can be more flexible in scheduling their classes. For example, students read several pages and do some tasks in classrooms, and read the rest of the materials at home. |

| Demerits | Key Words or Key Sentences | Detailed Explanations |
|---|---|---|
| 1.<br>Burden to teachers | · A burden for [to] teachers (2008)<br>· Long preparation time (2008); Preparation difficulty (2009); Time limit (2010); Take a lot of time to prepare (2011)<br>· Difficult to choose suitable works (2008); Difficult to choose the suitable one (2009)<br>· Exhausting (2008) | When teachers try to use literary materials in their classrooms, they have many problems. To take some examples, it is very hard to choose appropriate materials, to think about effective tasks, and to know how to teach and evaluate students. As a result, it takes much time to prepare for the class. Secondary |

| | | ・Necessity of teachers' skill (2010)<br>・Hard to evaluate (2010) | school teachers often have many works to do except preparing for their classes. |
|---|---|---|---|
| 2.<br>Difficulty in arousing students' interest | | ・Hard to arise students' interest (2008)<br>・Boring (2008); Too long, easy to be bored (2008); Get Bored (2009); Boring for students (2011)<br>・Students tend to choose easier way to learn English (2011) | Students are bored if they cannot feel interest in literary materials. Also, these materials are sometimes too long for students to keep concentration on reading. |
| 3.<br>Problems of words and expressions in literary works | | ・Old-fashioned vocabulary (2008); Out of time (2008); Old-fashioned (2008)<br>・Some expressions might be obsolete (2008)<br>・Difficult to learn (2010)<br>・Too many words (2011) | In literature, there are many words and expressions which are no longer used in our daily life. Also, grammatical structures used in these works are often difficult for students. |
| 4.<br>Problems of activities associated with using literary works | | ・Not communicative (2010)<br>・Few conversations in the material (2011)<br>・Not practical (2011) | Matching students' English abilities with literary texts is difficult. They do not have enough abilities to say their opinions about literary works. As a result, the classroom procedure does not become communicative. |
| 5.<br>Others | | ・Low level of reading skills (2009) | Matching students' English abilities with literary works is difficult. If their abilities are not high enough, they cannot understand what is written in literary texts. |

出典: ワークショップ参加者のプレゼンテーションをもとに筆者が作成

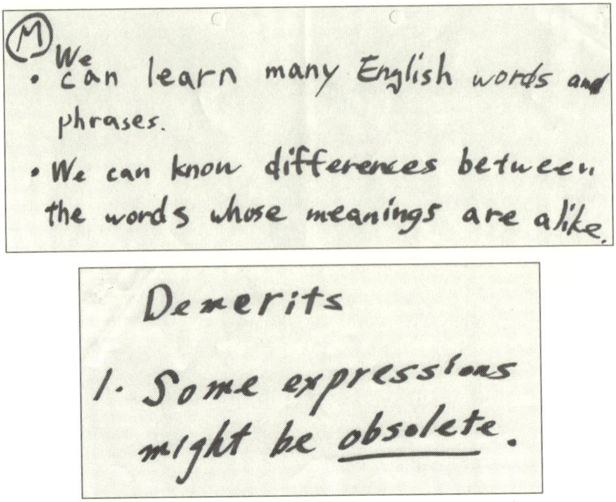

> ⓜ
> · We can learn many English words and phrases.
> · We can know differences between the words whose meanings are alike.

> Demerits
> 1. Some expressions might be obsolete.

出典: ワークショップ参加者が記入した発表用メモ
註: Demerits を記したメモに数字 1. と書いてあるが、これ以外の欠点はあげられなかった

図 7.16　"Merits and Demerits of Using Literary Materials in English Classrooms" に対する、あるグループの意見

出典: 西南学院大学・久屋孝夫教授撮影
註: 後方黒板上の英文は、ワークショップ参加者がグループ発表時に記したキーワード

図 7.17　2009 年開催のワークショップの様子

表7.8に見られるように、文学教材の欠点として、"1. Burden to teachers"、"2. Difficulty in arousing students' interest"、"3. Problems of words and expressions in literary works"、"4. Problems of activities associated with using literary works"の4点に関連した点をあげるグループが多かった。さらにその他の点として、生徒の英語力が十分にない場合、文学教材に何が書かれているのか理解できないおそれがあるという指摘があった。

第1章で論じたように、中学校英語検定教科書の多くが、1990年代後半から2000年代初頭にかけて、文学教材を減少させてきた。さらに、高等学校では、読む行為を主眼に置いた「リーディング」の教科書でさえも、文学教材を正課で扱うことに対して消極的な姿勢を示していた。また、2009年度版『高等学校学習指導要領』では、「リーディング」という科目自体がなくなった。同学習指導要領では科目名にまで「コミュニケーション」という言葉が使われるようになり、今後はコミュニケーション能力育成がますます重視される一方で、文学教材が一層減少傾向をたどることが予測される。

このように文学教材が逆風にさらされる状況下で、文学を英語の授業で用いようとすれば、中学・高等学校教員にかかる負担は計り知れない。今回のワークショップ参加者の意見に見られるように、準備の段階では、生徒が興味を覚えるような教材を選択したり、それに伴った活動を考えたりする上で、多くの時間を要する。さらに近年、コミュニケーション能力育成という目標にかなった授業を実践することがますます求められているため、果たして文学教材を使ってその目標が達成できるのかという、疑念もわくであろう。

その一方で、ワークショップ参加者たちは、文学教材の利点として、"1. Richness of expressions"、"2. Improvement of background knowledge"、"3. Good influence on students' life,"  "4. Enjoyment of reading"という点を示した。その他の利点としては、文学教材を使う場合、授業で扱う部分と家庭学習に委ねる部分の割りふりが、柔軟に行なえるという意見もあった。このような文学教材の利点は、Aebersold and Field (1997)が示した、外国語教育で文学教材を用いる6つの意義と通底している。

>   To promote cultural understanding
>
>   To improve language proficiency
>
>   To give students experience with various text types
>
>   To provide lively, enjoyable, high-interest readings
>
>   To personalize the classroom by focusing on human experiences and needs
>
>   To provide an opportunity for reflection and personal growth
>
>   (Aebersold and Field, 1997: 157-158)

　Aebersold and Field(1997)のような研究者が示す、文学教材を使った外国語教育の利点を、現場にいる英語教師たちは感じ取っているのである。

　中学・高等学校教員たちが、文学教材の優れた点に理解を示しながらも、これを授業へ実際に導入することにためらいをもつならば、解決策を摸索する必要があるのではないか。たとえば、何時間もの授業時間を文学に充てられないのならば、授業最後の5分間で使える文学教材から始めてみる。学期中1回の授業でもよいから、文学教材を使った授業を取り入れていく。または、教科書で扱われている数少ない文学教材を、目の前の生徒の状況に応じて、よりよいものに作り変えていく。中学校、高等学校の英語の授業に文学教材を取り戻していくきっかけ作りは、このような1つ1つの試みから始まっていくのではないか。

　次項以降、中学・高等学校の授業で、文学教材を用いる際の具体例を示す。まず、教科書に載せられている文学教材に工夫を加えて授業を行なう例、次に1回の授業で使える文学教材の例、最後に5分間で使える文学教材を示す。

## 5.2　文学教材を用いた中学・高等学校での英語教育(1)
　　―教科書で扱われている文学教材の教え方―

　本項では、教科書に掲載されている文学教材に工夫を加えた教案を示す。中学校・高等学校の英語教育で文学を用いる最初の例として、バスカーリア(Leo Buscaglia)の *The Fall of Freddie the Leaf* (1982)をあげる。

## 5.2.1 教案作成上、考慮する点—*The Fall of Freddie the Leaf* を中心に—

*The Fall of Freddie the Leaf* を用いた教案を作成する上で、まず考慮したい点は、教科書に載せられた課題をこなすだけでは、文学教材の特色を十分に活かしきれない点である。同作品は、中学校では *New Horizon English Course 3*(2006)、高等学校では英語Ⅰの *Revised Polestar English Course I* (2011)の教材に選ばれている。両教科書では、この作品を巻末の読み物として掲載している。その結果、*The Fall of Freddie the Leaf* が教科書全体に占める位置は、正課の教材と比較して付加的であり、用意されている練習問題も少ない。たとえば、内容真偽に関する質問に○か×で答える問題、本文の内容に関する質問に短い英語で答える問題、特定の文章を和訳する問題などである。したがって、*The Fall of Freddie the Leaf* がもつ文学教材としての特色を活用するためには、教科書に載った練習問題だけではなく、生徒の状況を考慮しながら新たな課題を検討する必要があるだろう。

また、ITの発展に伴って生じた問題点もある。従来から、各教科書に準拠し、懇切丁寧な和訳を載せる参考書が市販されてきたが、近年は、教科書本文の和訳をインターネット上に載せるサイトまで出現している。このようなサイトで示される日本語訳が、適切か否かという点に関してはここではふれない。むしろ問題にしたい点は、インターネットの情報に頼り、教科書本文を自力で読む努力を嫌う生徒が増加傾向にあるという点である。したがって、文学教材を授業で用いる際は、このようなサイトの和訳を生徒が見る可能性を考慮して、和訳を問うばかりの質問は避ける必要があるだろう。

## 5.2.2 教科書で扱われている文学教材の指導案
—*The Fall of Freddie the Leaf* を中心に—

キーワード: narrativity、客観問題と主観問題、
　　　　　"efferent reading"・「『分析』的な解釈」、
　　　　　"aesthetic reading"・「『解釈』的な解釈」、
　　　　　リーディング、ライティング、スピーキング、リスニング、
　　　　　ペア・ワーク、グループ・ワーク、プレゼンテーション

本項では、The Fall of Freddie the Leaf を、英語の授業で扱うための指導案を示す。以下では、中学3年生を対象にしたが、グループ・ディスカッションやプレゼンテーションを英語で行なったり、補助教材を追加したりするなどの配慮をすれば、高等学校でも応用可能な教案だと思われる。

---

## 中学校で The Fall of Freddie the Leaf を使う指導案
―*New Horizon English Course 3* (2006) を教科書として用いる場合―

1) **授業時間**: 1回50分の授業、4回分
2) **指導クラス**: 中学3年生、36人学級
3) **使用テクスト**: *The Fall of Freddie the Leaf*, *New Horizon English Course 3*, 2006: 78–84.
4) **1–2時間目の授業のための家庭学習**: 下記のワークシートを完成するように指示

---

*The Fall of Freddie the Leaf*―家庭学習用ワークシート1―

Date　　　　Student No.　　　　Name

物語全体を通読して、以下の問(1–2)に答えましょう。

問1: Freddie, Daniel とはそれぞれ誰(何)ですか？空所に英単語1語を入れて答えなさい。

　　　Answer: Freddie is a ＿＿＿＿＿＿. Daniel is a ＿＿＿＿＿＿.

問2: *The Fall of Freddie the Leaf* では、春→夏→秋→冬という季節の移り変わりが描かれています。

①季節の変わり目は、何頁の何行目で示されていますか。春、夏、秋、冬が始まったことを示す箇所を本文から見つけて、英文を写しましょう。(季節の変わり目を示す英文は、1文とは限りません。必要だと思う長さだけ、英文を抜き出しましょう)

②春・夏・秋・冬、各季節のフレディの様子を絵に描きましょう。

\*\*\*\*\*

<u>spring</u>

①春が来たことがわかる英文を抜き出しましょう。

page(　　), line(　　　　)

英文:＿＿＿＿＿＿＿＿＿＿＿＿＿＿＿＿＿＿＿＿＿

＿＿＿＿＿＿＿＿＿＿＿＿＿＿＿＿＿＿＿＿＿＿＿＿

②Freddie の様子を簡単に絵で描きましょう。

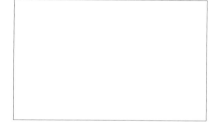

(以下、春と同じように、夏、秋、冬の記入欄も作成)

5) 1–2 時間目の授業(1 と 2 時間目の区切りは、グループ・ワークの状況に応じて決める)

**本時の目標**: 作品を通読し、概要を理解する

　　　　　　季節の移り変わりに注目しながら、作品の構成を理解する

①導入(英問英答)
・「家庭学習用ワークシート 1」問 1 の解答を生徒に聞き、"Freddie is a leaf"、"Daniel is a leaf" の解答を引き出す
・新出語 leaf の複数形 leaves を含んだ文章を引き出す。"Freddie and Daniel are leaves" など

②準備
・クラス全体を 6 グループ(A–F)に分ける
・各グループが担当する季節を決め、教科書の練習問題を、各グループに割りふる

### *The Fall of Freddie the Leaf* 担当表

| グループ名 | 担当する季節<br>（該当頁） | | 担当する練習問題 | 客観 or<br>主観問題の別 |
|---|---|---|---|---|
| A | spring (p. 78) | | 問題A、1と2 | 客観 |
| B | summer (p. 79) | | 問題A、3と4 | 客観 |
| C | fall | (p. 80) | 問題B、1 | 客観 |
| D | | (p. 81) | 問題B、2 | 客観 |
| E | | (p. 82) | 問題B、3 | 客観＊ |
| F | winter (p. 83) | | 問題B、4 | 客観 |

註：1グループあたりの人数6人
＊担当頁数の関係で、Eグループは担当頁の次頁に関する問題を解答

③ **グループ活動（その1）**
- 各自が作成した「家庭学習用ワークシート1」問2の答えを比較させる。その際、各グループに割り当てられた季節に関する解答を、集中的に検討させる

④ **教室全体での活動（その1）**
- 「家庭学習用ワークシート1」問2の答合わせ。春、夏、秋、冬を担当するグループごとに発表。その際、ワークシートに描いたFreddieの様子を表す絵を板書してもらう。秋を担当するグループが3つあるので、発表の際に工夫する
- テキスト全体のあらすじを、頁ごとに確認

⑤ **グループ活動（その2）**
- グループごとに、担当する練習問題を解かせる（上記②の表参照）
- 練習問題の答えを出すだけでなく、なぜそのような解答を出したのか説明できるように準備させる

- 註：教科書に掲載されている練習問題A、Bは以下のとおり

A 本文前半(pp. 78-79)を読んで、次の文が内容と合っていれば○を、ちがっていれば×を( )に書き入れましょう。

1. When spring came, Freddie was born on a branch of a tall tree.( )
2. There were hundreds of leaves on the tree, and Freddie was the largest leaf.( )
3. Freddie and Daniel did not like summer, because many people came to the park.( )
4. Freddie liked to watch the children who were running around and laughing near the tree. ( )

B 本文の後半(pp. 80-83)を読んで、次の問に英語で答えましょう。

1. What happened to the leaves when fall came?
2. What was Freddie afraid of?
3. What did Freddie see for the first time when he fell?
4. Where did Freddie land after he fell from the tree?

⑥教室全体での活動(その2)
・⑤の結果を、グループごとに発表
・本時のまとめ：本文全体を録音したCDを聞き、全体の意味を確認
・「家庭学習用ワークシート2」(以下)を配布。宿題の内容を説明

---

*The Fall of Freddie the Leaf* ―家庭学習用ワークシート2―

Date　　　　Student No.　　　Name

問1: 教科書に示された「覚えたい語句」のうち、太字で書かれた単語(knew, off, enough, sleep)について以下を完成させましょう。

① knew
品詞：
原形：　　　現在形：　　　過去形：　　　過去分詞形：
意味(教科書巻末、Word Listに記載された意味)：

→*The Fall of Freddie the Leaf* の中で、knew が使われている英文を1文書き写しなさい:
_____

→紙製の英和辞典から、knew が使われている例文を1文書き写しなさい:
_____
・辞書の名前:_____　　例文:_____
(off, enough, sleep の記入欄も作成)

6) 3時間目の授業:
**本時の目標**: 作品の中で用いられている「覚えたい語句」の意味・用法を確認する
作品を精読し、季節ごとに重要な文章を選び取り、構文を分析する

**①導入(英問英答)**
・Freddie の様子を表す絵を、季節ごとに板書。絵を指しながら、生徒にどの季節を表す絵か質問する

**②教室全体での活動(その1)**
・「覚えたい語句」の確認:「家庭学習用ワークシート2」に記入した解答を、ペア・ワークで検討
・話し合い後、生徒を指名して、答合わせ。必要に応じて、説明を加える

**③グループ活動**
・前時に決定した担当表に従って、各グループが担当する頁を精読。印象深い1文を選ぶ
・選んだ文章の構文、意味、その文章を選んだ理由を、発表で説明できるように準備

**④教室全体での活動(その2)**
・③の結果を、グループごとに発表
・各グループの発表を踏まえて、重要な文章の構文・意味を補足説明。Daniel が Freddie に語った言葉―"Changes are natural" (p. 81)、"I don't

know, but Life will"(p. 82)、"Isn't that enough?"(p. 82)など—が発表で指摘されなかった場合、これらの意味を考えさせる
・本時のまとめ: 本文に関連した資料を見せる
　（例）*The Fall of Freddie the Leaf*に関する映像や、絵本など。映像は、YouTubeでも視聴可（アドレス: http://www.youtube.com/watch?v=A0ZI-Rf1_sk）

7) 4時間目の授業
**本時の目標**: *The Fall of Freddie the Leaf*を通して学んだ内容を踏まえて、自分の考えを表現する

　授業の進捗状況によっては、1-3時間目の授業で行なう予定でいた活動のために、4時間目の授業で時間をとる必要がある。したがって、4時間目の授業は、時間的な調整ができるように緩やかに指導案を組みたい。
　4時間目の授業では、*The Fall of Freddie the Leaf*を読んだ仕上げの活動を行なう。その際、生徒の主観が込められるような活動を取り入れたい。以下に、グループ・ワークで行なうことを前提にした活動例をあげる。
・FreddieやDanielの気持ちを考えながら、本文全体を音読しましょう
・*The Fall of Freddie the Leaf*は、邦訳版では『葉っぱのフレディ』と訳されています。あなたがこの作品の題名を和訳するとしたら、どのような日本語名を付けますか。また、そのような題名を付けたのはなぜですか
・*The Fall of Freddie the Leaf*は、"But, in the tree and the ground, there were already plans for new leaves in spring." という文章で終えられています。この次に起ることを想像し、自由に話を創作しましょう
・次の動植物の中から1つを選び、それを主人公にした話を自由に創作しましょう。その際、春→夏→秋→冬という、季節の移り変わりを取り入れて、作品を作りましょう

　蝶、蝉、蛙、桜、竹、銀杏

最後に、本項の冒頭で言及したワークショップの参加者が作成した、*The Fall of Freddie the Leaf* の教案を紹介したい。2011年度のワークショップでこの作品を扱った教案作成を行なったが、その際、大別して2種類の案が出た。一方は、*The Fall of Freddie the Leaf* を通して、学習者に文学作品を読む喜びを経験させることを中心にした教案である。他方は、同作品を用いて、さまざまな文法事項を復習することに重点を置いた教案である。両教案が示唆することは、文学教材を英語教育で用いる際、一方の極には作品の内容を重視する授業があり、他方の極には形式に主眼を置く授業があるため、両極のバランスを取る必要があるということだろう。この点を、Rosenblatt (1978) と渋谷 (2003) の言葉を借りて換言すると、"efferent reading" /「『分析』的な解釈」の要素と、"aesthetic reading" /「『解釈』的な解釈」の要素をバランスよく配すること (Rosenblatt, 1978: 22–47; 渋谷, 2003: 122–123 参照)。文学教材を英語教育で用いる難しさと、それゆえの醍醐味が、この点に凝縮されているのではないだろうか。

## 5.3 文学教材を用いた中学・高等学校での英語教育(2)
### ―1回の授業で扱う文学教材―

中学校・高等学校の1回の授業時間は、学校によって多少の差はあるものの、多くの場合50分間である。この時間内に文学教材を扱う場合、生徒がその作品に対してある程度の予備知識をもっていると、導入の時間が短縮できる。たとえば、映画化されて注目されている文学作品や、日本昔話の英訳版などは、多くの生徒が作品に関して何らかの知識をもっている場合が多い。すでに大学生向けに紹介した "The Crane Maiden" と "Blue Beard" を使った授業や、*Peter Pan* を用いた教材は、生徒に馴染み深い作品であるため、英文の難易度に配慮すれば中学校・高等学校でも使える教材である。

本項では、多くの生徒が作品に関して何らかの知識をもっている、文学作品を活かした授業案を示したい。

## 5.3.1 中学校で *Alice in Wonderland* を使う授業案

> キーワード: "literariness"、narrativity、オーセンティック教材、
> リトールド版、リーディング、ライティング、スピーキング、
> リスニング、ペア・ワーク、グループ・ワーク、IT

　道順をたずねる際に使う英語は、日常的な場面で使用する表現と見なされ、中学校の教科書でも頻繁に用いられる題材の1つである。たとえば *Total English* シリーズの場合、中学2年生用の教科書・Lesson 4 の最後で、"Excuse me. Where's the park?" という表現が出てくる。これに対して、道を聞かれた人物は、"Go along this street and turn left at the first corner." と答える(堀口, 他, 2009: 38)。また、同教科書の Lesson 4 では、"Excuse me, will you ..., please?"、"Would you ...?" など、丁寧な依頼を表す疑問文も習う(堀口, 他, 2009: 32–33)。これらの英語表現を授業で扱ってしばらく後に、復習も兼ねて、文学作品の中で用いられている道をたずねる場面を導入する。

　道をたずねる場面がある文学作品の中で、生徒に馴染み深い作品といえば、キャロル(Lewis Carroll)の *Alice's Adventures in Wonderland* (1865) だろう。同作品の中には、主人公アリス(Alice)がチェシア猫(The Cheshire-Cat)に道を聞く場面がある。1)は、キャロル作の *Alice's Adventures in Wonderland* の原文、2)は同作品のリトールド版である。

1) "Cheshire-Puss," she [Alice] began, rather timidly, as she did not at all know whether it would like the name: however, it only grinned a little wider. "Come, it's pleased so far," thought Alice, and she went on. "Would you tell me, please, which way I ought to go from here?"
　　"That depends a good deal on where you want to get to," said the Cat.
　　"I don't much care where—" said Alice.
　　"Then it doesn't matter which way you go," said the Cat.
　　　　　　　　　　　　　　　　　　　　　　　(Carroll, 1865, 1988: 64)

2) 'Cheshire Cat, dear,' she [Alice] said.

> The Cat's smile got bigger.
>
> 'Please, can you help me? I want to go somewhere new,' said Alice.
>
> 'Where do you want to go?' asked the Cat.
>
> 'Somewhere different,' Alice said.
>
> 'Somewhere different,' repeated the Cat. It thought for a minute or two.
>
> (Carroll, retold by Tomalin, 2008: 18)

1)には、中学校の段階では難解な単語や構文が含まれている。原文に込められたやりとりのおもしろみはだいぶ薄れてしまうが、現実的には、2)のリトールド版のほうが中学校の授業で活用しやすいだろう。生徒の英語力によっては、2)よりももっと平易な英語で書かれた絵本を用いる方法もある。また、テクストの選択によっては、高等学校でも類似した活動が可能だろう。

　*Alice's Adventures in Wonderland* は、繰り返し映画化されてきた[16]。最近の例では、2010年に *Alice in Wonderland* がアメリカで製作され、日本でも上映された(*Alice in Wonderland*, Walt Disney Pictures, 2010)。同映画は、原作に忠実とは言い難いものの、一時期注目を集めた。このような機会をとらえて文学教材を導入すると、インターネット上にも関連した情報が多く流れ、これらを活用することが容易になり、IT世代の生徒の興味を引きやすい。

　それでは、映像版 *Alice in Wonderland* とリトールド版を取り入れた、50分間の学習指導案を示す[17]。映像は、2010年に製作された作品ではなく、生徒により馴染み深いと思われるアニメーション版を使う。なお、この案は、相手に丁寧に依頼をする表現や道案内に関する表現を、すでに学習したという前提で作成した。

---

### 中学校で *Alice in Wonderland* を使う指導案
#### —*Total English 2* (2009)を教科書として用いる場合—

1. 指導クラス: 中学2年生
2. 使用教科書: *Total English 2*
3. その他教材: Carroll, Lewis. (2008). *Alice in Wonderland.* Retold by

Mary Tomalin. Penguin Readers. Harlow: Pearson Education.

*Alice in Wonderland*. DVD disc. Walt Disney Classics. Walt Disney Pictures, 1951.

4. 指導内容

・既習構文: "Excuse me, will you …, please?"／"Would you …?"
　　　　　　 "Excuse me. Where's the park?"
　　　　　　 "Go along this street and turn left at the first corner."

・本時教材の重要表現: 'Please, can you help me? I want to go somewhere new,' said Alice. 'Where do you want to go?' asked the Cat. 'Somewhere different,' Alice said.

・言語活動: ペア、グループ・ワークでのディスカッション、ディクテーション他

5. 授業の全体構成

Lesson 4 で、丁寧な依頼を表す疑問文("Excuse me, will you …, please?"／"Would you …?")と、道案内の表現("Excuse me. Where's the park?"／"Go along this street and turn left at the first corner.")を学習した。本時では、2つの用法を関連づけた「読む・聞く・話す・書く」の言語活動を行ない、その発展と定着を図る。また、文学教材を用いて、文脈がお互いに共有できなければ会話成立は困難な点、実際の対話は教科書どおりに進むとは限らない点も併せて学ぶ。

| 概要<br>(開始からの経過時間) | 学習内容 | ねらい | 備考 |
|---|---|---|---|
| ①<br>Warm-Up<br>(0–3) | Do you know this movie? Do you know this girl/cat? Did you see this movie? の問いかけ。教師対生徒の後で、生徒対生徒 | ・know を使った疑問文・平叙文(現在形)の確認<br>・see を使った疑問文・平叙文(過去形)の確認 | *Alice in Wonderland* のパンフレットを見せる。アリス、チェシア猫を知っているか聞く |
| ②<br>復習<br>(3–10) | ・以下の文章をどの課で学んだか問いかけ。生徒は、ノートや教科書を調べ、既習表現を確認 | ・丁寧な依頼を表す疑問文、道案内の表現の確認 | 単に音読するだけではなく、内容を理解しているか留意する |

| | | | |
|---|---|---|---|
| | 〈ペア・ワーク〉<br>・既習表現を音読<br>1) "Excuse me, will you ..., please?"／"Would you ...?"<br>2) "Excuse me. Where's the park?"／"Go along this street and turn left at the first corner...." | | |
| ③<br>本時教材導入／音声中心<br>(10–20) | 〈グループ・ワーク〉<br>・映像視聴: 道案内に関する表現に注意するように指示<br>・1度目の視聴: 場面全体の状況理解。<br>・2度目の視聴: 重要表現に注目し、書き取る | ・文脈の理解<br>・重要表現を、ディクテーションを通して理解 | ・アリスとチェシア猫の会話場面をDVDで2回流す<br>・2度目は、重要表現の箇所で一時停止 |
| ④<br>教材理解／文字中心<br>(20–30) | 〈グループ・ワーク〉<br>・リトールド版を読み、教材全体の概略を理解<br>・重要表現を中心に和訳 | ・'Can you help me? I want to go somewhere new'の文頭にpleaseが挿入されて、丁寧な表現になることを理解 | ・アリスとチェシア猫の会話場面のリトールド版を配布 |
| ⑤<br>発展練習<br>(30–40) | 〈グループ・ワーク〉<br>・アリスの問いかけに対して、チェシア猫は、なぜすぐに答えなかったのか考える<br>・アリスとチェシア猫の会話場面を書き換えて、教科書の会話のようにチェシア猫がすぐに答えるためには、どのような言葉が交わされたらよいのか、考える | ・'Please, can you help me? I want to go ～'の構文を使った英作文 | ・日本語で話し合ってよいと指示 |
| ⑥<br>まとめ<br>(40–50) | ・グループ・ワークの成果を発表 | ・本時重要表現の再確認<br>・まとめ | ・文脈がお互いに共有できなければ、会話成立は困難、実際の対話は教科書どおりに進むとは限らない点を示す |

出典: 筆者の教案

道案内に関する英語は、日本の英語教育で、「オーセンティック」教材の1つとして教科書の題材に選ばれることが多い。しかも、英語の教科書では、道を聞く人物も、これに答える人物も、よどみなく受け答えをする。一方、日常生活においては、アリスとチェシア猫のやりとりのように、文脈が相手に理解されなければ会話が滞る場合が多い。*Alice's Adventures in Wonderland* の中の道案内の場面を用いることによって、日々のやりとりは教科書どおりには進まないという点も、生徒に示すことができるだろう。

### 5.3.2 中学・高等学校で日本昔話を使う授業案

> キーワード: narrativity、
> リーディング、ライティング、スピーキング、リスニング、
> グループ・ワーク、プレゼンテーション

　日本の昔話の英訳版は、生徒が幼い頃から親しんでいる話をもとにしているため、多少英語が難解でも授業に取り入れやすい。また、昔話には、日本の四季に関する表現が込められている場合が多いため、授業を行なう季節に応じて作品を選ぶことができる。春ならば、桜の花を咲かせる『花さかじいさん』、秋ならば柿が実る場面がある『さるかにばなし』など、季節感のある題材には事欠かない。

　本項では、『花さかじいさん』を題材にして、中学校でも高等学校でも実践可能な教案を以下に示す。

表7.9 『花さかじいさん』を使った指導案

| 概要<br>（開始からの経過時間） | 教師の問いかけ、活動内容、学習形態 | 焦点を置く技能 |
|---|---|---|
| ①<br>Warm-Up(0–3) | ・「桜」に関する日本語・英語の語彙をたずねる<br>・『花さかじいさん』の題名の英訳をたずねる | スピーキング<br>ライティング |
| ②<br>本時教材導入 | 〈グループ・ワーク〉<br>1)　『花さかじいさん』の話を2部に分ける: | ライティング<br>スピーキング |

| | | | |
|---|---|---|---|
| (3–23) | 前半＝しろ(犬)が死ぬまで、後半＝しろの死後<br>2) 4人1組のグループを作る。全グループを、話の前半担当グループと、後半担当グループに分ける<br>3) 各グループにワークシート＊(4枚)配布<br>4) 各グループが担当する部分で、4つの中心的場面を選び、絵を描き、短い説明文(英語)を書く<br>5) 4)で作成したワークシート4枚をつなげて、前半または後半部分のあらすじを説明する準備 | |
| ③<br>プレゼンテーション(23–33) | 〈グループ・ワーク〉<br>・ワークシート完成後、話の前半担当グループと、後半担当グループを、1組ずつ組ませる<br>・各グループは、相手のグループに、自分たちのワークシートを見せながら、あらすじを英語で説明する<br>・相手グループの発表に対して英語でコメント | スピーキング<br>リスニング |
| ④<br>英文テクスト理解(33–43) | 〈グループ・ワーク〉<br>・『花さかじいさん』英訳版を配布<br>・各グループが選んだ場面が、どのような英語で書かれているか確認しながら読む | リーディング |
| ⑤<br>整理(43–50) | ・英訳版『花さかじいさん』の中で、特徴的な語彙や文章を指摘し、日本昔話がどのように英訳されているか確認<br>→特徴的な語彙の例: 鍬、大判小判、杵と臼、殿様<br>→特徴的な文章の例:「ここほれ、わんわん！」、「枯れ木に花を咲かせましょう」<br>・その他の日本昔話(『桃太郎』など)の題名の英訳を考えさせた上で、答えを示す<br>・授業終了時にワークシートを回収。次時に配布、冒頭でコメントを与える | ライティング |

出典: 筆者の教案

＊②で作成するワークシートのフォーマットは、図7.18参照

```
┌─────────────────────────────────────────────────┐
│  The Old Man Who Made Trees Blossom, (Part I・Part II), Scene (  )│
│  Group Members:                                 │
│                                                 │
│  English:             ┌─────────────┐           │
│  ─────────────        │             │           │
│  ─────────────        │             │           │
│  ─────────────        │             │           │
│  ─────────────        │             │           │
│  ─────────────        └─────────────┘           │
│                                                 │
│  Comment                                        │
│                                                 │
└─────────────────────────────────────────────────┘
```

出典: 筆者作成のワークシート
註: English 欄に、各場面の説明文を記入。四角で囲まれた欄内に絵を描く。
Comment 欄には、発表を聞いたグループが短いコメントを記入する。
A4 版用紙、横書き

**図 7.18 『花さかじいさん』中心場面を描くためのワークシート**

表 7.9、②本時教材導入では、『花さかじいさん』を大きく前半・後半の 2 部に分ける。部分ごとに中心的な場面を 4 つ選び、各場面の説明文を作成し、絵を描く。この活動のためのワークシートが、図 7.18 である。各部で場面を 4 つ選ぶように指示を出す理由は、前半部・後半部とも 4 場面程度の重要な場面があり、これらを起承転結でまとめられるためである。さらに、各グループの人員が 4 名であるため、1 人 1 枚のワークシートを書かせる上でも好都合である。また、英文を書かせる際、既習の構文（過去形、過去完了形など）を指定して、英文を作成するように指示を出すと、これまでに学習した内容の復習になる。

上の活動すべてを 50 分間以内で扱えない場合は、③を取りやめて④に集中するか、逆に④は短縮して③を中心に扱うことも可能である。また、表 7.9 で扱った以外の活動としては、話の中で 1、2 場面を選び、ペア・ワークで英訳して、英訳版と比較する活動も可能だろう。また、生徒をグループに分

け、グループ内でおじいさん、おばあさん、いじわるじいさんなど役をふり分けて、英訳版を音読しても楽しい活動になる。ここでは、多くの生徒が知っているであろう昔話を取り上げたが、学習者の英語の能力によっては、たとえばハーン (Lafcadio Hearn) の短編なども教材として活用可能だろう。

　日本の昔話は、生徒に広く知られているため、その英訳版は英語の授業に導入しやすい。視点をやや変えると、昔話は、本来、人々の語りの中から生み出されたテクストである。このような教材を英語の授業に導入する試みは、日本に昔から伝わる文化が色濃く反映された話を、narrative の側面から見直すきっかけ作りにもなる。

## 5.4　文学教材を用いた中学・高等学校での英語教育(3)
### ―授業時間最後の5分間で使える文学教材―

　最後に、本書でこれまでに言及した素材の中で、短時間に扱える例をあげる。加えて、これまで紹介していない題材を示しながら、短い時間で取り上げることが可能な文学教材の例を紹介したい。

### 5.4.1　creativity に関する章であげた例を中心に

　第5章では、creativity について論じた。その際、〈既存の言語表現を踏まえて新たな表現を創造する〉例として、文学作品の登場人物名・作品名を素材にした例を示した。スターバックスの社名の由来、ガリバーやハムレットの名前が使われた新聞記事などは、短時間で扱える教材例と言える。さらに第5章では、creativity とユーモアの関連性も指摘した。ここで示したタックルベリーの社名の由来、「カロリーメイト(メープル味)」の広告、大東建託の *Romeo and Juliet* を模したコマーシャルなども、文学作品との関連性を示しながら手軽に扱える例と言えるだろう。

　上のような素材を用いる上で留意する点は、これらの素材が日本語で書かれたり、話されたりしている場合、英語を補う必要がある点である。たとえば、ハムレットの名前が使われた日本の新聞記事を用いる際は、*Hamlet* の中で有名な第3幕第1場のせりふ、"To be, or not to be, that is the question" を1行だけ示す方法もある。その際、ジュニア向けに記された『シェイクス

ピア名言集』などが参考になる（小田島, 1985）。

## 5.4.2 文学の登場人物名や作品名などを素材にした例
　　　—写真や絵を中心に—

キーワード: "literariness"、creativity、narrativity、オーセンティック教材、リトールド版

　授業時間最後の5分間で文学を用いる際、教材を理解するための時間は短いほうが扱いやすい。その点、文学作品と関連した写真や絵は、何が描かれているか瞬時に理解できるため、短時間の活動に向いている。このような素材は、普段から少しずつ収集しておくと、すぐに授業で使うことができる。

　以下の例は、筆者が日常的な場面で見つけた素材である。従来の日本の英語教育では、これらは「オーセンティック」教材の素材だと見なされることが多かった。図7.19の1)は店頭広告、2)は雑誌の1コマ漫画、3)は雑誌に掲載された広告、4)はインターネット上の検索ページである。

1)

2)

3)

4)

出典: 1) （筆者撮影; 東京都目黒区内の薬局店頭で、2009 年 10 月 29 日撮影）
　　2) （*New Yorker*, May 24, 2010: 62）
　　3) （全日本空輸, 2010: 66–67）
　　4) （Google, 2011）

図 7.19　文学作品と関連した写真や絵

図7.19の1)は、フィッツジェラルド(F. Scott Fitzgerald)作 *The Great Gatsby* (1926)の主人公ギャツビー(Gatsby)の名を用いた、男性化粧品の広告。原作のギャツビーは、貧しい家庭の出身で、複雑な過去を抱えながらも、現在は「大邸宅("mansion")」に住み、華やかな生活を送っている(Fitzgerald, 1926, 1950参照)。2)は、ボーム(Lyman Frank Baum)作 *The Wizard of Oz* (1900)を、1コマ漫画にして雑誌に掲載したもの。原作では、ブリキ製の木こりの男(the Tin Woodman)は「心("heart")」がないという設定だが、上の漫画では、怒った表情を浮かべて "Iron Man—why didn't I think of that?" と主張している(Baum, 1900, 2008: 33–41)。3)は、全日本空輸の機内誌に掲載された同社の広告。「ヘミングウェイなら、なんて言うだろう」と見出しが掲げられ、米国作家ヘミングウェイに言及している。4)はインターネット上で検索サービスを提供する、Googleの検索ページ。画面上では、出典は明らかにされていないが、トウェインの *The Adventures of Tom Sawyer* (1876)の第2章、トムと友人たちが塀を「白く塗ること("whitewashing")」に取り組む場面が下敷きになっている(Twain, 1876, 1994)。

　上図で示した写真や絵を使って、5分間程度でできる活動にはどのようなものがあるだろうか。たとえば中学校の授業では、写真や絵を示し、"Gatsby"、"Iron Man"、「ヘミングウェイ」は何を意味するのか考える。その際、これまでに授業で習った重要表現を用いながら、質問して答える活動は復習にも役立つだろう。たとえば中学校で *New Horizon* シリーズを使っている場合、1年生で "What's this?" とたずねる重要表現を習う。この表現を使って写真や絵が何を示すのか聞き、"I don't know"、"It's ..." の形式で答える(笠島, 浅野, 下村, 牧野, 池田, 他, 2006a: 32–33)。同じ教科書の2年生版では、"There is ..."、"There are ..." の構文を習う。そこで上図の2)を見ながら、教科書に出ているそのままの例文を使って "Is there anything interesting in it?" という質問を投げかけ、答えることもできる(笠島, 浅野, 下村, 牧野, 池田, 他, 2006b: 59)。また *New Horizon English Course 3* では、"Have you ever heard of ...?" の構文を学習する。そこで、この文章を使って、"Gatsby"、"Iron Man"、「ヘミングウェイ」という名を聞いたことがあるか、生徒の経験を聞くやりとりができる(笠島, 浅野, 下村, 牧野, 池田, 他, 2006c:

20)。このように重要表現を使って短いやりとりを行なった後、作品名や作家名を英語で板書して、どのような話または作家か、教師が簡単に説明する。

　4)で示した *The Adventures of Tom Sawyer* のペンキを塗る場面は、原作では、ペーパーバック版で7頁程度である(Twain, 1876, 1994 参照)。原作を読むことが難しければ、過去に出版された *New Horizon English Course 2* (1978)にリトールド版がある(太田, 伊藤, 日下部, 他, 1978: 59–63)。さらに、海外の出版社(Penguin, Oxford University Press など)も *The Adventures of Tom Sawyer* のリトールド版を出版しているのでこれらを使用することも可能である。このように原文や、リトールド版の一部分を読む活動は、中学校でも高等学校でも実践できるだろう。

　高校生のレベルならば、なぜ上のような広告や漫画が制作されたのか、なぜ各文学作品・作家が素材として選ばれたのか、制作者の意図を考える活動もできる。たとえば、図7.19 3)では、見出しで「ヘミングウェイ」の名前を用いているが、この箇所以外には同作家・作品に言及した文章はない。それでも、3)の左頁下には、細かい文字で"®Hemingway is a trademark of Hemingway. Ltd...."と記されており、作家ヘミングウェイ関連の商品販売などを行なっている Hemingway 社の許諾を得て、この広告が制作されたことがわかる。同社のホーム・ページには、"A prolific writer, world-traveler, and constant adventurer, Hemingway's spirit lives on with timeless appeal. Each piece of the Ernest Hemingway collection is marked by superb craftsmanship, attention to detail, and an authenticity in materials, design, and construction" と記されている(Hemingway, 2012)。ヘミングウェイの作品は現在も広く読まれているが、彼のイメージが用いられた商品も消費され続けている。このような広告の背景を理解した上で、次回の授業の最後に、ヘミングウェイの代表作の一部分を読んでもよいだろう。

　前項で、中学校・高等学校の英語教師の立場から見た、文学教材の問題点を紹介した。文学は、生徒の興味を引くことが困難で、語彙や表現が難解、活動を考え出すことが難しいなどの点が指摘された。このような問題点は、生徒にとって身近な素材を取り上げ、絵や写真を使い、リトールド版を必要に応じて活用すれば、かなりの程度解決できるのではないだろうか。

多くの文学作品は、"literariness"・creativity・narrativity をふんだんに含んでいる。文学は、図版 7.19 に見るような 1 枚の広告や絵の形に凝縮／〈凝固〉されたとしても、後に〈解凍〉されれば、再びさまざまな意味を取り戻し、活動の可能性を広げてくれる教材になりえる。

　本章では、最初に、大学の英語教育で文学教材を用いる場合について、さまざまな角度から考察した。まず、大学生の現状を分析し、彼らが IT 世代であることを示した。次に、従来、大学英語教育で用いられてきた文学教材に多く見られる特色を整理した。長所として、語彙・文法の知識が増加する点、文章の構造やその意味を理解する力や、論理的思考力が伸びる点をあげた。短所として、精読に偏り活動が単調になる点、英語を聞く・話す力を育成するための活動が容易に実施できない点、重点的に学ぶ言語材料が明示されていない点、教師主導型授業に偏りがちな点をあげた。
　さらに、最近出版された文学教材の特色を踏まえて、今後どのような方向性をもって、文学を英語の授業で活用するべきかを考えた。たとえばリトールド版を用いた教科書が示したことは、同版を〈準文学教材〉と見なし、やがてオーセンティック教材である文学作品に至るための、足場掛けとして活用する可能性だった。また、客観問題と主観問題を区別して、練習問題を作成した教科書は、前者の問題を極力明快に扱い、後者の問題を学習者の自由な読み取りに委ねる必要性を示唆した。
　これらを踏まえて、日本の英語教育で文学教材を用いた授業を行なう際に、求められる点をまとめた。1)本文は、原作の利用が理想的だが、学習者の英語力に応じて、〈準文学教材〉と見なせるリトールド版も導入する、2)教材は、重点的に学ぶ言語材料が認識しやすいように構成する、3)練習問題は、客観問題と、主観問題を区別し、後者に偏らないように配慮する、4)多彩な活動を導入する、5)教師主導型に偏らず、学習者が積極的に参加できる授業形態を導入する、6)その他として、IT 世代が受け入れやすい形式の教材を必要に応じて導入する、という点である。
　次に、上にあげた点を踏まえ、多くの文学教材に含まれる "literariness"（Carter and Nash, 1990)・creativity・narrativity を活かすように配慮した、大

学英語の授業例を示した。既成の教科書に工夫を加えて、グループ・ワークで作品の結末を書き換えたり、作品のクライマックスを紙芝居方式で描いたり、日本語を部分的に利用したりする授業例をあげた。また、自作の教材を用いて、作品に描きこまれた因果関係を明らかにしたり、プレゼンテーションを取り入れたり、リトールド版や映像を用いるなどの工夫をした授業展開も示した。

次に、中学校・高等学校の英語教員が、文学教材を授業で使うことに対してどのような考えをもっているのか、ワークショップの参加者の意見を踏まえて検討した。結果、文学教材を利用することには、授業準備にかかる時間の長さなどさまざまな問題点があるが、利点も多いと受け止められていることがわかった。その上で、中学校・高等学校の英語の授業で文学教材を活用する方法を提案した。具体的には、教科書に載せられている文学教材に工夫を加えて授業を行なう例、1回の授業で文学教材を用いる例、身近な素材を使って授業の最後5分間で文学教材を扱う例を示した。

従来、文学教材は精読や訳読と結びつけられることが多かった[18]。しかし、本章でさまざまな実践例を通して示したように、その活用方法を見直せば、文学教材はコミュニケーション能力育成を目指す英語教育の場で欠かせない存在になる可能性が高い。

次章の結論では、これまで論じてきた要点をまとめ、今後の課題と展望について述べたい。

註

1. 図7.2のもとになるデータは、以下のとおりである。下に示すアンケートは、序論1.で示した文学教材に関するアンケートと同時に実施した。なお、2008年から2011年にかけてアンケート調査をしたため、年度別に回答数を示す。学生1人につき3つずつ、よく使うメディアの名前を選んでもらったが、273名のうち1名が3つ選択しなかったため、以下の結果になった。

| | メディア名 | 本 | 新聞 | 雑誌 | パソコン | テレビ |
|---|---|---|---|---|---|---|
| 年度 | 2008年 | 8 | 2 | 12 | 57 | 62 |
| | 2009年 | 12 | 10 | 12 | 29 | 35 |
| | 2010年 | 13 | 4 | 12 | 47 | 50 |
| | 2011年 | 10 | 7 | 5 | 70 | 68 |
| | 計 | 43 | 23 | 41 | 203 | 215 |

| | メディア名 | ラジオ | ビデオ、DVD | 映画 | 携帯電話 |
|---|---|---|---|---|---|
| 年度 | 2008年 | 6 | 15 | 5 | 55 |
| | 2009年 | 1 | 6 | 5 | 33 |
| | 2010年 | 1 | 11 | 4 | 60 |
| | 2011年 | 1 | 10 | 5 | 73 |
| | 計 | 9 | 42 | 19 | 221 |

出典: 筆者が行なったアンケートの結果

2. 筆者は、大学英語教育用の文学教材について、髙橋(2010)でも考察した。本項では、この論文に基づいて、従来型の大学英語用文学教材を分析する。
3. マンスフィールドの作品を題材にした大学英語教科書の数は、『大学英語教科書目録』(1998)によると第3位、出版件数は44件に及んだ。ちなみに第1位はヘミングウェイ(Ernest Hemingway)の50件、第2位はモーム(William Somerset Maugham)の46件だった。(江利川, 2008: 82)参照。
4. 本書における「言語材料」とは、『中学校学習指導要領』・『高等学校学習指導要領』にならって、音声、文字および符号、語・連語および慣用表現、文法事項を指す。
5. なお、表7.2のカテゴリ名に入る分野のうち、2012年度の新刊数は、「イギリス小説・物語」と「イギリス詩歌・戯曲」がそれぞれ1件だった。この状況を見ると、文学教材減少に歯止めがかかったとは、依然として言い難い。(大学英語教科書協会, 2012a参照)
6. 本書で具体例として示した教科書以外で、2010年度から2011年度用に出版された、おもな大学英語教科書の新刊は以下のとおりである。

1) 安藤幸江. (2009).『英詩の世界へようこそ―四季の歌―』. 東京: 北星堂.
2) Gilman, Charlotte Perkins. (2011). *Herland*: The Abridged Edition. 1915. 大井浩二編注. 東京: 松柏社.
3) Guthrie, Alfred Bertram Jr. (2011).『英語シナリオ「シェーン」―聴読解力養成―』. 1953. 青木義孝, 水本有紀, デイヴィッド・W・ライクロフト編注. 東京: 英宝社.

4) Guthrie, Alfred Bertram Jr. (2011). *Shane*. 1953. 曽根田憲三, Gary Bourke, 宮本節子, 中林正身, 中村真理, 曽根田純子, 船水直子, 安田孝子, 石垣弥麻, 三井敏朗, 三井美穂, 田中長子編注. 東京: 開文社.

5) Hawthorne, Nathaniel. (2010). *The Artist of the Beautiful*. 1844. 矢作三蔵編注. 東京: 開文社.

6) *Let's Learn English from American Literature*. (2010). 早瀬博典, 江頭理江編注. 東京: 英宝社.

7) Hedges, Peter, Chris Weitz, and Paul Weitz. (2011). *About a Boy*. 2002. 神谷久美子, Kim R. Kanel 編著. 東京: 松柏社.

8) *Wicked and Shuddering Tales with Love*. (2011). 細川祐子, Edward Schindler 編著. 東京: 開文社.

9) Sobol, Donald J. (2010). *Solve the Mystery and Improve Your English Reading Skills*. 1975. 吉村俊子, 安田優, 川畑彰, 奥村真紀, 杉村醇子, Susan E. Jones 編注. 東京: 英宝社.

上記のうち、従来型のテクスト構成である〈はしがき・原文・注釈〉を採用しているものは、2)と5)である。これら以外は、適宜練習問題を取り入れて、精読以外にもさまざまな活動ができるように工夫されている。

7. Bookworms Club Series を使ってディスカッションを行なう際、学習者に与えられる役割は6種類ある。各役割の仕事内容は以下のとおり。

   1) The discussion leader "[makes] sure that everyone has a chance to speak and joins in the discussion," and "[guides] the discussion and [keeps] it going."
   2) The summarizer's job is, for instance, to "read the story and make notes about the characters, events, and ideas."
   3) The connector's role is to "look for connections between the story and the world."
   4) The word master's job is, for example, to "read the story, and look for words or short phrases that are new or difficult to understand, or that are important in the story."
   5) The passage person's job is, for instance, to "read the story, and find important, interesting, or difficult passages."
   6) The culture collector, for example, "[reads] the story, and [looks] for both differences and similarities between [their] own culture and the culture found in the story."

   (*Bookworms Club Silver*, 2007: 78–83 参照)

8. 研究社小英文叢書に収められている『クリスマス・カロル』の注釈には、"The first 'look'=expect; the second=see, take care" と説明されている。Dickens, Charles. (1949). *A Christmas Carol*. 市河三喜注. 研究社小英文叢書. 東京: 研究社: 148 参照。
9. Rosenblatt(1978)では、"efferent reading"を、必要に応じて"scientific" readingや"expository" readingと称している(Rosenblatt, 1978: 35 参照)。なお、筆者は、Rosenblatt(1978)と渋谷(2003)に関して、髙橋(2009)でも言及している。
10. 大学英語教育学会実態調査委員会が2002年に示した調査結果によると、大学の学部、短期大学で行なわれている英語の授業で、同一教材を使用している割合は、31.9%にのぼるという。なお、この割合には、全体で同一教材を採用している場合と、一部で採用している場合が含まれている。さらに、現在、同一教材の使用を検討しているという学部・短期大学は、4.7%だという。ちなみに、この調査に回答した大学の学部・短期大学数は、計360である。(大学英語教育学会実態調査委員会, 2002: 37)参照。
11. 大学英語教育学会実態調査委員会が2002年に示した調査結果によると、大学の学部・短期大学における必修英語のクラスサイズは、40名以上が42.2%あるという。中には70名、80名を超えるクラスサイズで英語の授業を行なっている場合もあるという。(大学英語教育学会実態調査委員会, 2002: 29)参照。
12. "The Crane Maiden"の出典は、以下のようにテクストに記されている: "The Crane Maiden" by Miyoko Matutani, adapted from *The Crane Maiden*. Scholastic, Inc., 1968.
13. 本節の *Peter Pan* に関する教材は、以下の教科書を出版する際に、筆者が原案として作成した教材がもとになっている: *English through Literature*. (2009). 斎藤兆史, 中村哲子編注. 東京: 研究社.
    なお、この教科書に本書で示す教材は含まれていない。
14. Pre-reading、Reading Focus、Reading、Post-readingの項目立ては、(*English through Literature*, 2009, 斎藤, 中村編注)で使用された構成にならっている。
15. 各年に実施したワークショップの題目は、次に示すとおりである。

    2008: Effective Methods of Teaching Literary Materials in English Classes
    2009: How Can We Teach Reading?: Literary Materials and Other Materials
    2010: Reading Materials in Our English Classrooms
    2011: Reading Materials for Japanese English Teaching: Theories and Practices

    上記は西南学院大学主催、福岡県教育委員会と福岡市教育委員会後援で実施された。本書では言及していないが、2012・2013年度も筆者は同ワークショップ講師を担当した。

16. 映画版では、アニメーションを用いた版(*Alice in Wonderland*. DVD disc. Walt Disney Classics. Walt Disney Pictures, 1951)が、生徒には親しみやすいだろう。
17. 中学校で *Alice in Wonderland* を使う学習指導案を作成する際、以下の資料で示された形式を参考にした: 高梨庸雄, 高橋正夫. (2007).『新・英語教育学概論』. 東京: 金星堂.
18. 従来、文学教材を使った日本の英語教育は、文法訳読式教授法と結びつけられることが多かった。たとえば林(2005: 179)は、これまでの大学における英語教育を分析して、「小説の一部抜粋と注釈だけのテキスト」を使って授業を行なう場合、「大抵、英文和訳中心の授業」であり、「この方法は、日本語訳に重点を置きすぎて、コミュニケーション能力の育成には繋がりにくい」と指摘している。また谷口(1998: 125–126)は、おもに従来の中学・高等学校における英語教育を概観して、エッセイや文学作品を「教養的な情報に満ち、文体や論理構成がしっかりした正式(formal)な」教材と称し、これらの教材を用いる際には「今までは語彙や文法に依存した訳読式の扱いが多かった」と指摘している。そして、今後はこれらを「英文の構成・展開法を学ぶ手段と考え」、「基本的で有用な教材」として活用するべきだと提案している。なお、この点について、筆者は高橋(2009)でも言及している。

# 結論
# 日本の英語教育における文学教材
―今後の課題と展望―

　本章では、これまで各章で論じてきた内容をまとめ、今後に残された課題を提示する。その上で、これからの日本の英語教育における文学教材のあり方を展望したい。

## 1. 要約

　本書のおもな目的は、日本の英語教育で文学教材が減少した経緯を分析し、その事象を不適当と見なす立場に立ち、文学教材の特色および利点を示し、文学はコミュニケーション能力育成を目指す英語教育においても重要な教材であることを、理論と実践両面から示すことであった。考察の対象は、おもに1980年代初頭頃から2000年代初頭頃までの期間に絞り、中学校・高等学校の英語教育にも目を向けながら、大学英語教育を中心に論じた。

　序論では、まず、身近な大学生のアンケート結果に基づき、文学教材を英語の授業で用いることに対して、彼らが概ね好意的に受け止めていることを示した。その一方で、日本の英語教育が1980年代以降、コミュニケーション能力育成重視に変わった背景のもと、文学教材が排除されてきた状況を説明した。さらに日本では、「実践的コミュニケーション能力」が狭義に解釈され、実用主義と結びついた結果、すぐに役立ちそうな教材志向に向かった可能性を指摘した。

　第1章では、コミュニケーション能力育成に主眼を置くようになった日本の英語教育を背景として、中学校、高等学校、大学ではどのような教材が使

用されてきたかに注目した。これらから確認した点は、1980年代以降日本の英語教育の中心目標がコミュニケーション能力育成に収斂していった一方で、すぐに役立ちそうに見える英語を扱う教材が増加し、文学教材が減少していったという実情である。

　第2章では、近年、海外の英語教育・外国語教育界で文学教材がどのように扱われているかに注目した。そして、文学教材を日本のように敬遠する国（韓国・中国）がある一方で、CLT発祥の国と言われるイギリスや、アメリカでは、文学をオーセンティック教材と見なして、外国語教育の場で活用していると論じた。その上で、日本の英語教育では、コミュニケーション能力育成を重視するようになったことと関連して、オーセンティック教材が注目されるようになったが、同教材が狭義に解釈された結果、「オーセンティック」教材から文学教材が排除された可能性を指摘した。

　第3章では、コミュニケーション能力育成を目標に掲げながらも、日本の英語教育では、なぜ文学教材を活用してこなかったのか、その理由を考察した。まず、オーセンティック教材のとらえ方を2通りあげ、1)本来の意味で解釈した場合と、2)狭義に解釈した場合を提示した。そして、日本では一般的には2)の解釈を行なった場合が多いとした。次に、このような解釈に影響を与えたと思われる時代背景を考察した。そして、このような背景の後押しもあって、狭義に解釈された「オーセンティック」教材の概念が生まれ、文学教材は「オーセンティック」ではないと見なされるようになった可能性を示した。加えて、オーセンティック教材に対する、本書の基本的な立場を確認した。すなわち、オーセンティック教材という概念が本来の意味で解釈された場合、この概念自体に問題はないが、オーセンティック教材の概念が狭く解釈された結果、文学が排除されるという極端な事態が生じており、この点は是正すべきであるという立場である。

　第4章冒頭では、これまでの議論を踏まえて、「オーセンティック」教材と文学教材の間にはまったく接点がなく、これらは対照的な教材なのか、という疑問を投げかけた。その上で、Carter and Nash(1990)による "literariness" の概念を基準にして、「オーセンティック」教材と文学の関係を見た。その結果、「オーセンティック」教材の題材になることが多い雑誌記事の中

には、文学の理解を前提として執筆されたものがあると指摘した。そして、文学を英語教育から排除することは、書き手のメッセージを正しく理解すること、ひいてはコミュニケーション能力を育成する上で、最善の策とは言い難いと主張した。本章最後では、「オーセンティック」教材と文学教材の関係を考える上で有益だと思われる、新たな尺度（creativity と narrativity）を提示した。

　第5章では、日本の英語教育で「オーセンティック」と見なされることが多い題材には、どの程度 creativity が見出せるかを検証した。はじめに、本書における creativity の意味を定義づけた。次に、この定義に従って、creativity をふんだんに含んだ教材はコミュニケーション能力育成を目指す英語教育に有益だと論じた。さらに、「オーセンティック」教材中心に編纂された英語教科書にも、実は creativity を含んだテクストが選ばれていることを示した上で、creativity を十分に含んだテクストを提供するためには、文学のほうが適切だと述べた。

　次に「オーセンティック」教材として選ばれることが多い題材を例にとって、そこに含まれる creativity を検証した。そしてこれらの題材は、文学の理解を念頭に置いているものが少なくない点を明らかにした。加えて、近年の文学作品の中には、文字の力を十分に活用し新たな時代に対応しながら、creativity に富んだテクストを生み出している例もあると述べた。その上で、creativity をふんだんに含み、「オーセンティック」教材に含まれる creativity を理解するための前提になり、新たな creativity のあり方をも模索している文学を、英語教育から排除する事態は是正しなければならないと主張した。

　第6章では、まず本書における narrativity の定義を示し、次に narrativity を含んだ教材は、コミュニケーション能力育成のための活動に活用しやすいと主張した。そして「オーセンティック」教材中心に編纂された英語教科書にも、実際は narrativity を含んだテクストが選ばれていることを指摘した。その上で、narrativity を含んだ題材を提供するためには、文学のほうが適切だとした。その理由として、文学は「オーセンティック」教材の題材と比較して、十分に story を展開し、豊かな文脈を作り上げることが多い点をあげた。さらに、文学は映像や音声といった視聴覚的な要素に頼ることが少な

く、文字を中心として narrativity をふんだんに含んだテクストを構成していることも示した。そしてこれらの点を説明するために、「オーセンティック」教材として選ばれることが多い題材と、文学作品を比較した。以上の考察を踏まえて、narrativity を豊かに含んだ文学教材を英語教育から排除することなく、学習者の状況を十分考慮しながら、オーセンティック教材として活用するべきであると結論づけた。

第6章最後では、第4・5・6章のまとめを行なった。ここでは、"literariness"・creativity・narrativity の観点から見ると、「オーセンティック」教材と文学教材の間には接点があり、まったく関連性をもたない対照的な教材ではないと主張した。加えて、creativity・narrativity を豊かに含んだ教材がコミュニケーション能力育成のための活動に有益である点を踏まえると、文学教材を英語教育から排除してきたこれまでの日本の英語教育のあり方には、再考の余地が大いにあると主張した。

第7章では、さまざまな工夫を加えれば、コミュニケーション能力育成を目指す英語の授業で、文学教材をうまく活用できることを示した。実践例を示す前に、まず、従来型の文学教材のメリット・デメリットを分析した。次に最近の文学教材の特色を踏まえて、コミュニケーション能力育成を目指す英語教育において、文学を十分活用するための方策を考察した。その上で、大学、中学校・高等学校の英語教育において、"literariness"・creativity・narrativity を豊かに含んだ文学教材を活用するための方法を提案した。

## 2. 改善点と課題

序論では、「実践的コミュニケーション能力」の本来の意味は、英語の音声や文字を使って、現実の場面で、実際にコミュニケーションを図ることができる能力を指すことを確認した。一方、一般的には、同能力は日常的な英語力育成と結びつけられ、実用的な教材志向を生み出す一因になったと示唆した。本書では、このように解釈のズレが生じた原因を明らかにするため、国内外におけるオーセンティック教材の解釈に注目し、一定の成果は上げたと思われる(第2・3章)。しかし、「実践的コミュニケーション能力」を育成

する上で、実用的な教材が選ばれた傾向は、オーセンティック教材の解釈だけに起因するとは言い切れない。今後も、どのような要因が、コミュニケーション能力育成と実用的な教材志向を結びつける結果を招いたのか、引き続き検討を重ねる必要があるだろう。

　第1章の問題点は、中学校・高等学校における英語教育の最新の動向が、十分に反映されていないことである。中学校では、2008年告示の『中学校学習指導要領』に則った英語教育が、2012年度から開始された。この指導要領のもとでは、英語の授業時数が週4時間に増え、中学校で指導すべき標準的な単語数が900語程度から1200語程度まで増加した。また、高等学校では、2009年告示の『高等学校学習指導要領』が2013年度から施行された。同指導要領のもとでは、高等学校で指導する標準的な単語数が1300語程度から1800語程度に増加し、授業は英語で指導することを基本にすると謳っている。さらに、新たな科目として、「コミュニケーション英語基礎」、「コミュニケーション英語Ⅰ・Ⅱ・Ⅲ」、「英語表現Ⅰ・Ⅱ」、「英語会話」が設定され、「リーディング」が科目名から消えた。これらの新体制のもとで、文学教材はどのような扱いを受けることになるのか正しく見極めた上で、文学教材を英語教育に活かす方策について、今後も研究し続ける必要がある。

　第2章では、EFL環境にある国の例として韓国と中国をあげ、両国の英語教育でも文学教材が敬遠される傾向にある点を指摘した。しかし、本書では韓国や中国の英語教育における文学教材の扱われ方を十分に分析し、日本のそれと比較することができなかった。文学教材がコミュニケーション能力育成重視の英語教育から敬遠される流れは、日本だけに見られる動向ではない。同点に注目し、このような趨勢がどのようにして生じたのか、今後文学教材はどのように扱われることになるのか、改めて論じるべき大きな課題である。加えて、近年、日本の国語教育からも、文学教材が減少する傾向が生じている。英語教育と国語教育における文学教材のあり方を、別々に論じることなく、両者を関連づけながら考察していくことも、今後に残された大きな課題である。

　第3章では、日本の英語教育でオーセンティック教材と日常的な題材が結びつけられた遠因を、"World Communications Year: Development of Communications Infrastructures"、JETプログラムとALT、コーパスに絞って論じた。これらは、1980年代から2000年代に起きた出来事や、注目を集めた事項であるが、その他にもさまざまな直接的・間接的な原因が、「オーセンティック」教材の概念形成に影響を与えたと思われる。これらの原因を、時代背景を考慮しながら探求していくことも、今後に託された課題である。

　さらに、第4章から第6章で扱った内容に関して残された課題は、より幅広い分野から事例を集め、これらを分析していく点だろう。日常的な言説におけるcreativityを分析する際は、店の名前、新聞・雑誌の記事、ツイッター、テレビ・コマーシャル、駅の広告板、雑誌広告などから例を示した。narrativityに関する考察を行なう上では、新聞・雑誌記事、テレビ・コマーシャル、日常会話などを例にした。毎日、膨大な量の言語表現が生産されている現実を鑑みると、これらはごくわずかな事例に過ぎない。今後は、より幅広い領域から"literariness"・creativity・narrativityを含んだ例を見出して、英語教育における文学教材の役割を立証していく必要がある。

　第7章では、文学教材を使った英語授業の実践例を示した。今後に残された課題の中で、大学英語の授業に関する点としては、文学教材が幅広い学生に適用可能か否かを検討することがある。今回の授業実践は、文科系の学部・学科に所属する学生が多く受講する授業で行なわれた。また、彼らの英語力は、中程度以上が多かった。今後は、理科系の学生が多く受講する英語の授業で、どのように文学教材を活用するべきかも検証する必要がある。さらに、英語力が中程度以下の受講者に対して、文学教材をどのように活かしていくのか、文学教材使用の可能性も含めて考察を深める必要があるだろう。また、2008年告示の『中学校学習指導要領』・2009年告示の『高等学校学習指導要領』に基づいた中学・高等学校の英語授業で、文学教材をどのように活用していくのか、現状を踏まえて検討を重ねる課題も残されている。

## 3. 文学教材はどこへ行くのか

　本書全体を通してもっとも強調したい点は、文学教材はオーセンティック教材の1つであり、コミュニケーション能力育成を目指す現在の日本の英語

教育でも、十分に活用できる教材であるということである。

「オーセンティック」教材の題材と比較すると、文学には、"literariness"・creativity・narrativity がふんだんに含まれている。このように文学作品が潜在的にもっている力は、文学がどのような状況に置かれても変わることはない。そして、これらの特色は本書で繰り返し強調してきたように、コミュニケーション能力育成のための活動に活用しやすい。

文学を排除することなく、オーセンティック教材の１つとして認めること。たとえ現状では、文学教材を中心に据えた授業の実現が難しくても、まずは短時間でも、英語の授業に文学を取り入れてみること。このような試みは、文学がもつ双方向性を顕在化し、現実的な言語表現との関連性を明らかにし、文学が内包する多彩な意味を〈解凍〉し、さまざまな活動を呼び起こす第１歩になる。今後、日本の英語教育において、文学教材はどのように扱われていくのか。文学教材はどこへ行くのか。教師が、生徒・学生と協同でよりよい授業作りを目指していく１つ１つの試みが、その行方を決める大きな原動力になる。

教室をコミュニケーション能力育成の場にできるか否か――その責任の一端は、文学教材とそれを活用する教師の力量に依っている。

# Appendix 1（序論）

英語教育で文学教材を使用することに対する大学生の意見(2008 年度)

1. アンケートで使用した質問紙（見本）

> 質問: 今回授業で使用したテキストには、文学作品が含まれていました。
> 文学作品を教材にして英語を学ぶことに対してどのように思いますか。
> あなたの考えを自由に記入してください。

2. 回答者数、学年、有効回答数
・回答者数 74 名（1 年生 49 名、2 年生 25 名）
・有効回答数: 69 名（白紙 5 名）

3. アンケートに対する回答

上記のアンケートに対する学生の回答を、内容に従って以下の 3 つに分類した。

1) 英語教育で文学教材を使用することに対して、大いに賛成、もしくは賛成する立場から述べた意見
2) 英語教育で文学教材を使用することに対して、あまり賛成しない、もしくは賛成しない立場から述べた意見
3) 英語教育で文学教材を使用することに対して、どちらともいえないという立場から述べた意見

句読点なども含め、原則として学生が記入したとおりの日本語で記載する。

3.1 英語教育で文学教材を使用することに対して、大いに賛成、もしくは賛成する立場から述べた意見（全 47 名）

・評論っぽいのより楽しくて好きです。（最後のオチとか…）
・文学は、心理描写や比喩表現などが独特で難しいと感じるけれど、読みおえた後の

心がほっとする感じがすきなので読みたいと思います。堅苦しい哲学とかよりもず～っといいです。
- 文学作品の方が読んでいて楽しいし途中途中の場面のイメージで全体的に何が書かれているのか分かる(時もある)のでいい。
- 文学作品を扱っていると興味が湧きやすくて良い。海外の文学作品だと普段あまりふれることがないので、テキストでふれられると嬉しい。
- 文学作品の方が好きです。評論はあまり好きではないし、文学作品のほうが読みやすいので。
- 論文よりも読み易いし、物語なので文章に入りこみやすくて好きです。
- 文学作品は話が面白くて興味がわくので良いと思います。文学作品だと普通の文章よりことわざや慣用表現が学び易いと思います。
- 私は評論文のような難しそうな文章よりも、文学作品のようなものの方が読みやすいと思う。もしわからなくても、なんとなく雰囲気で想像しやすいし、調べてわかったとき、場面と場面がつながって、とてもうれしくなると思う。
- 読み進めていくのが楽しいです。結末を知りたくなるので。遠回し表現［ママ］が出てくるので、おもしろいと思います。
- 英語で書かれた文学を読んだことがないのでどんな感じか1回くらい読んでみたいです。
- 環境とか政治の内容のような説明文的な英文よりも取っつきやすいので楽しく学べると思います。私はセンター試験の英語も物語の設問が一番好きだったので嬉しいです↑↑
- 英語はあまり得意じゃないけれど、文学作品などの物語を読んでいると楽しいので、大変いいと思います。
- ストーリー性があって読みやすいので、勉強しやすいです。
- 文学作品の方が英文が読みとりやすい。なんとなく内容が把握できる！
- 評論文みたいなのよりも、物語みたいなものの方分かりやすくていいと思います。
- いろいろな分野の文章を知りたいと思うので文学作品は含まれていてよいと思います。
- 普通の説明文よりも物語みたいな方がいい。
- 評論だけではなく、時々文学が入ると難しいけど、評論とはかなり違ったものだと感じられるのでうれしいです。
- 英語の文法的な知識だけでなく、英語の文化的な知識も増やすことができるのでいいと思う。
- 授業以外で英語の文章をよむときによく読むのは文学作品になりやすいと思う。独

特の言い回しとか、もっと学びたいです。
・文学作品は想像力を使って読めるので楽しくて良いと思います。私は文学作品のほうが好きです。
・私は文学作品が好きなので、良いと思います。
・文学作品の中には物語でいい話がたまにでてくるので、読めたときに感動するものだと楽しい。前にセンタープレの問題の物語を読んで泣けた
・おもしろいが読みにくい部分がある。教材としては良いと思う。
・外国の文化がわかって良いと思います。
・文学作品を使って英語を学びたい。
・文学作品は大好きです。読んでいるとワクワクするし、飽きないです。
・今までは、英語で書かれた文学作品にふれたことがなかったので新鮮です。評論的な文章ばかりはちょっと嫌なので、文学作品も取り入れてほしいです。文学は苦手ですが…
・論説文などと違い、文学作品を読むことによって読みにくい英語的な表現を学ぶ良い訓練になるのでとても良いと思う。
・いつも評論を読んでいるより、取りかかりやすい。
・私は文学作品を学ぶことはうれしいです。文学作品の方がより日常に使ったりする慣用句や言い回し（きっちりしていないもの）が見られるからです。
・文学作品は好きなので、どんどん取り入れてほしい。有名な作品や児童文学などがあったらなお嬉しいです。
・高校のときに評論文の読み方ばかり教わっていたので、大学では文学の読み方もたくさん教わりたいです。
・文学作品は評論などと異なる表現もたくさん出てくるので良いと思います。
・文学作品もたまには扱って欲しいです。
・評論文ばかりだとつまらないので、文学作品が含まれている方が良いです。又、文学作品の方が読みたいと意欲がわく。
・様々な知識を身につけることができるので良いと思う。私自身にとっては少し難しく感じるが、この程度のレベルをこなせるようになれればいいと思う。
・文学作品も他の文化を学べたりするので授業でやってほしいです。
・英語の表現が多少難しくは感じますが、嫌だとは思いません。
・すべてが情報的な文章だったら、つまらなくて退屈になってしまうので、文学作品を入れることは大切だと思う。
・論説文のように「かたい」文章とはまた違い、楽しく読むことができて良いと思う。
・文学作品で英語を学ぶことはとても良いことだと思う。物語はおもしろいし文章表

現も評論と違うので、楽しく勉強ができる!!物語はすんなり頭に入るので、後から思いだしやすい!
・日本と違った考え方など、を［ママ］知ることもできるので、良いと思う。
・物語が好きなので嬉しい。
・楽しいし、文学作品にふれることが文学的な言いまわしやストーリー展開がわかるので取り入れてほしい。
・「英語を読む」ということだけでなく、内容を楽しむことができるので、やる気がでていいと思う。
・読みやすくて好きです。

### 3.2　英語教育で文学教材を使用することに対して、あまり賛成しない、もしくは賛成しない立場から述べた意見（全7名）

・読みたいとは思っているのですが、英語の構造がややこしかったりとか、何をいっているのか理解できなかったりすることが多いので、解説とか、全訳とかをつけてほしいです。
・文学作品は小説や物語が多いので読解が難しいと思います。論説文や説明文の方が読みやすいし、自分の知識も増えて為になる気がします。新聞記事を読みたいです。
・Clean Break［註: 教科書の中の文学教材の1つ］などはとても難しくて、要約も自分が書きたいことをうまく表現できず手応えがあまりありませんでした。
・難しい☆
・もっとEメールとかが載っているテキストを使いたい。文学はやりたくないです。
・難しそう。単語の意味がわからないのが多すぎて、読むのに時間がかかりすぎる。
・少し難しく感じ、抵抗がある。

### 3.3　英語教育で文学教材を使用することに対して、どちらともいえないという立場から述べた意見（全15名）

・本が好きだし、どうせ文章を読むなら（理解しづらくても）文学等のきれいな文を読みたいので、良いと思う。また会話文の教材でも、より日常的な英語が学べると思うので、どちらも程よくやっていきたい。
・嫌いではないのですが、内容に比喩が多く、理解しにくかったり、内容の場面がイメージしにくいような作品を学ぶことは苦手です。
・物語を読むのは好きなので、かたっくるしい文章よりは読みたいと思う気持ちは強いです。ただ物語になると、普段見慣れない慣用表現のようなものも出てくるので、そこはちょっと…と思ったりもします。

- 政治関係や環境問題の話は読みにくい読みやすいは別として、話に興味があまり湧かないので読んでいてつまらないので、どちらかというと物語のほうが好きです。今のテキストのように両方の系統の話があるのが1番いいと思います。
- 文学作品を読んでいる時、自分で間違った解釈をしてしまうことが多々。そのまま読み進めてしまってちんぷんかんぷんになってしまうことがあります。だから、慎重に学ばなければならないなと思います。
- 文学作品の方が読みやすくて、結末が気になるので授業に集中できる。だけど、文学作品ばかりではない方がいいと思う。
- これから文学作品を個人的に読む機会があれば、役に立つと思うけど、文学作品は文章自体が読みにくいので難しいので、文章のクセとか、どういう風に読めば情景が浮かぶかが知りたい。
- 授業を通して文学作品にふれる機会があるのはとても良いと思います。ただ、わかりにくい言い回しなどがあったりして、訳すのが難しいように感じます。
- 文学作品は、おもしろいと思えば、想像力がわき、楽しく読めます。しかし、日本の文学でも同じ様に、自分が全く興味がなければ、読めません。
- 文学作品を教材にして英語を学ぶことはいいと思う。ただこのテキストの内容は私には難しくて理解できない。
- 内容はおもしろいけれど理解に難しいところがある。
- 個人的には評論の方が読みやすいから文学作品は好きではないが、文学作品には会話など実用性があるからあった方がいいと思う。
- 分かりやすければ何でも良いです。
- 文学作品でも何でも種類はべつに気にしないけど、文章をよめるようになりたいです。
- 何とも思わないが、英語が苦手なので全体的に難しすぎる。

# Appendix 2（序論）

英語教育で文学教材を使用することに対する大学生の意見（2009 年度）

1. アンケートで使用した質問紙（見本）

> 質問: 今回授業で使用したテキストには、文学作品が含まれていました。
> 文学作品を教材にして英語を学ぶことに対してどのように思いますか。
> あなたの考えを自由に記入してください。
> _____
> _____
> _____
> _____

2. 回答者数、学年、有効回答数
 ・回答者数 49 名（1 年生: 49 名）
 ・有効回答数: 39 名（白紙 10 名）

3. アンケートに対する回答
　上記のアンケートに対する学生の回答を、内容に従って以下の 3 つに分類した。

1) 英語教育で文学教材を使用することに対して、大いに賛成、もしくは賛成する立場から述べた意見
2) 英語教育で文学教材を使用することに対して、あまり賛成しない、もしくは賛成しない立場から述べた意見
3) 英語教育で文学教材を使用することに対して、どちらともいえないという立場から述べた意見

句読点なども含め、原則として学生が記入したとおりの日本語で記載する。

## 3.1 英語教育で文学教材を使用することに対して、大いに賛成、もしくは賛成する立場から述べた意見（全 26 名）

・読んでもよくわからないことが多いので、評論よりも時間をかける必要がある。ただ書かれていないことを読みとるのは大切だから取り扱うのは良いと思う。

- 高校のとき、「Dead Poet Society」を原書で読みました。とても素晴らしい作品だったので、すらすら読めました。たまには、読んでみるのもいいと思います。
- 評論などを読む場合とはちがった分野でも学べると思うので（口語、文化…）良いと思う。
- 日本の文学とは、感情の表し方や言い回しが違うので新鮮でおもしろい。
- 私にとって、文章は難しかったけど、文学作品の内容はとても楽しかったです。中・高の教科書とは違い新鮮でした。
- 登場人物の心情などを、場面の移り変わりを読みながら考えるのは難しかったけど、論説だけでなく文学を読むのも良いと思う。
- たいていの作品が日本の文化ではなく、他文化について扱ったものが多かったので、他文化の常識や思考、信仰を知る上で良かったと思う。
- 英語の表現や意味が難しいけれど、物語の背景を知ると英語の表現がよくわかって面白いと思った。
- 自分が英語文学文化専攻なので特に何も思わない。だが、物語は人の心情や舞台になっている場所の文化などもわかってよいと思う。
- 日本語で文学作品を読む際にも作者の意図を理解することは大変難しいですが、英語のニュアンスなどを具体的に理解できたと思います。
- 文学作品を通してその時代背景・宗教背景を知ることができるため良いと思う。普通の文よりも一文一文が濃いため想像力がふくらむいいきっかけとなると思う。
- おもしろかった。かたくるしいものよりも読みやすくて印象に残りやすかった。
- 知ることができる英語表現が増えるので良いと思う。
- 評論では使われない表現などにふれられるから良いと思う。
- 熟語などの勉強になりました。
- 評論よりも読みやすいし、読んでいて楽しいから良いと思う。また、読み方にも違いがあるという事が分かった。
- 外国の文学を学ぶことは、その国の文化も学ぶことができるから良いと思う。
- あった方がいいと思います。日常会話も出てくるし、その単語や言いまわしのニュアンスが勉強できたらいいと思います。
- いいと思います。
- 文章には書かれていない主人公の気持ちとかを考えるのが、おもしろかったです。
- 内容の結末が興味深い、考えさせられるものだったので難しかったけれど、よかったと思います。
- 良いと思います。評論とは違う、類推することなどが学べるのは大切だと思います。
- 英語特有の言い回しや伏線などを発見することができたので良かった。ストーリー

が面白かった。
・文学作品があった方が楽しい。
・もっと増やして欲しいなと思います。せめて、評論と同じくらいには読みたいです。
・物語を読むことは大切なので、いいと思います。

### 3.2 英語教育で文学教材を使用することに対して、あまり賛成しない、もしくは賛成しない立場から述べた意見(全4名)

・文学作品は日本語の場合だと評論文よりも入りやすいが、英語の場合は書いてある情報からさらに考えなくてはいけないので難しい。
・とてもむずかしかったです。
・あまり好きではない。話のおちが理解しにくい。
・心情の読み取りが難しい。

### 3.3 英語教育で文学教材を使用することに対して、どちらともいえないという立場から述べた意見(全9名)

・評論文は分かりやすいからやりやすいが、それだけだとなんとなくおもしろくないし、たぶんあきてくるので、少しだけなら小説も入れたほうが良いと思う。
・説明文や評論に比べて難しいと思う。考え方の差やささいな感情の変化の読み取りが上手く出来ないことが多くて大変だと思う。けれど面白いとは思います。
・英語の文章でさらに感情が分かりにくくなった気がしたけど、楽しい物語だったら読みたいです。
・おもしろいと思いますが、今回扱われていたものは難しくてよくわかりませんでした。もっとわかりやすいオチがあったりするとありがたいです。
・文学作品を読むのはいいけど、もっとおもしろい作品がいい。
・文学作品というのは、日本文学でも難しいので、背景などを考えるのは難しい。けれど、読みたくなるようなものなので、よかった。
・良いことだと思うけれど、心情をよみとるのが難しい。
・有名な文学作品が良いです。
・短編の分かりやすいものがいい。テキストは分かりずらかった。

# Appendix 3（序論）

英語教育で文学教材を使用することに対する大学生の意見（2010 年度）

1. アンケートで使用した質問紙（見本）

> A　今回授業で使用したテキストには、文学作品が含まれていました。
> 文学作品を教材にして英語を学ぶことに対してどのように思いますか。
> 当てはまる解答 1 つに丸をつけてください。
> ①大いに賛成　　②賛成　　③あまり賛成しない　　④賛成しない
> ⑤どちらともいえない
>
> B　Aと答えた理由を自由に記入してください。
> _____
> _____
> _____
> _____

2. 回答者数、学年、有効回答数
・回答者数 67 名（1 年生: 48 名、2 年生 19 名）
・有効回答数: 67 名（内、10 名は自由記述欄が白紙）

3. アンケートに対する回答

上記のアンケートに対する学生の回答を、以下、Aの回答別に示す。句読点なども含め、原則として学生が記入したとおりの日本語で記載する。

3.1　質問Aで、①の回答（大いに賛成）を選んだ学生の自由記述（全 23 名）
・日本語でも難しい文章ばかり英語で読んでも全く頭に入らないので、自分の好きな小説とか映画ならすんなり頭に入るし、勉強したいと思うから。
・様々な教材やメソッドから学んだ方が刺激になる。
・自分の身近な作品だった場合、学ぶのがより楽しくなるし、知らない作品だったとしても、逆にその作品について考える楽しみが増えるから。
・文学的な内容のほうが興味がわきやすいと考えるから
・自分の英語を使って出来るようになりたいことだから。

- 教科書からは習わないこと（映画なら、ジョークとか慣用表現とか、詩なら、詩的な表現など）を学んでみたい
- テキストの文章よりも興味深く、集中して取り組めるように思うから。
- 興味深いし、楽しく学べそうだから。
- 楽しみながら、英語を学べそうだから。
- 楽しみながら学べる。より知識を吸収しやすいと思う。
- 高校のとき、映画を見て洋書を読む授業があってすごく身になったと思うからです。
- 文学的な作品が好きだから。
- 英語の学習と訓練の他に、文学作品を読む機会を得られるのは嬉しい。
- 文学的な作品を通して、言葉だけでなく文化なども学ぶことができると思う。
- 洋画がすきだから。
- 覚えやすいし、楽しいから。
- 文学は好きですし、将来原文で小説などを読めるようになりたいから。
- 内容が知っている本をやれば、英語を楽しく勉強できそう。
- 小説を洋書でよんでみたい／洋画を字幕なしで見たいから。
- 楽しかったので。
- 楽しい。
- ネイティブの会話表現も学べそうだから。
- 外国の文学を学ぶ必要があると思うから

### 3.2　質問Aで、②の回答（賛成）を選んだ学生の自由記述 （全38名、内、8名は自由記述欄が白紙）

- 頭に入りやすい
- すらすら読めるようになりたい。文学特有の英語を学びたい。
- 文化も共に学べそうだから
- もしすでに知っているもの（たとえば有名な映画の原作、歌）をつかうならなじみやすいしおぼえやすいしわかりやすいし興味がもてるから
- 映画が好きなので、授業内で、洋画など観たいです！
- 使った方が文法や単語が自然と頭の中に入ってくると思うから。
- 劇はあまりやりたくないが、映画や歌はおもしろそうだから。
- 普段読んでいる英語教材とは違う文法や訳し方などがありそうだから
- 音楽や映画に英語でふれることによって楽しんで勉強ができるから。
- 将来字まくで映画をみたい！
- 読めるようになりたいとは思いますが堅い作品は難しいので読みやすいのがいいか

らです。
- 映画を字幕で観ながら英語を学ぶ
- 短めの物語文をやりたいです。
- 読んでいたり聞いていたりするのがただテキストを読むよりは楽しいと思うから。
- 英語の歌を歌えるようになりたい
- 小説や詩など物語になっている方が親しみやすいかと思ったからです。
- 文学などで英語を学ぶのは楽しいと思うから。
- 英語にさらに興味がもてるようになると思うから。
- 有名な作品は常識として知っておきたい
- 少しでも興味が湧くから。
- たのしそうなので。
- 歌とか映画なら楽しいかも。
- 英語圏の外国に行った時に役立つと思うから。
- その方が楽しいから。
- 興味を持って、英語を学べるから。
- 高校でシェイクスピアの副読本をやりましたがおもしろかったので…
- それぞれの場面でよくでてくる単語を覚えるため。
- 小説や映画が好きなので、自分の興味があるものだったら、積極的に取り組むから。
- 実際に使われている英語を身につけられると思うから。
- 興味・関心を持って授業に臨めると思ったため。

3.3 質問Aで、③の回答(あまり賛成しない)を選んだ学生の自由記述
　　(全3名、内、2名は自由記述欄が白紙)
- 実用的ではない(?)気がするから。

3.4 質問Aで、④の回答(賛成しない)を選んだ学生の自由記述(全1名)
- 日常表現を学びたいから。

3.5 質問Aで、⑤の回答(どちらともいえない)を選んだ学生の自由記述
　　(全2名)
- 使いたいけど、教材にお金をかけるのは大変だから。
- 文学作品に興味がありますが、1つの単語で様々な表現が今まで以上に出てくると私はあまり英語は得意ではないので大賛成もできないです

# Appendix 4（序論）

英語教育で文学教材を使用することに対する大学生の意見（2011 年度）

1. アンケートで使用した質問紙（見本）

> A　今回授業で使用したテキストには、文学作品が含まれていました。
> 　文学作品を教材にして英語を学ぶことに対してどのように思いますか。
> 　当てはまる解答1つに丸をつけてください。
> 　①大いに賛成　　②賛成　　③あまり賛成しない　　④賛成しない
> 　⑤どちらともいえない
>
> B　Aと答えた理由を自由に記入してください。
> ＿＿＿＿＿＿＿＿＿＿＿＿＿＿＿＿＿＿＿＿＿＿＿＿＿＿＿＿＿＿＿＿
> ＿＿＿＿＿＿＿＿＿＿＿＿＿＿＿＿＿＿＿＿＿＿＿＿＿＿＿＿＿＿＿＿
> ＿＿＿＿＿＿＿＿＿＿＿＿＿＿＿＿＿＿＿＿＿＿＿＿＿＿＿＿＿＿＿＿
> ＿＿＿＿＿＿＿＿＿＿＿＿＿＿＿＿＿＿＿＿＿＿＿＿＿＿＿＿＿＿＿＿

2. 回答者数、学年、有効回答数
・回答者数 83 名（1 年生：47 名、2 年生 36 名）
・有効回答数：83 名（内、3 名は自由記述欄が白紙）

3. アンケートに対する回答
　上記のアンケートに対する学生の回答を、以下、Aの回答別に示す。句読点なども含め、原則として学生が記入したとおりの日本語で記載する。

3.1　質問Aで、①の回答（大いに賛成）を選んだ学生の自由記述（全 18 名）
・楽しみながら学べそうだから。
・英語を学ぶ上ですごく大事だと思うから
・高校の時に、シェイクスピアの話を読んでおもしろかったから。
・小説のような表面だけでは理解できない感情をよみとることで、いっそう力がつくのでは？と思います。
・英語を学ぶと同時に文学作品も学べて一石二鳥だから
・興味があるから

・楽しそうだから。
・歌は頭に入ってきやすいから。
・文学のほうが読んでいて楽しいから。
・文学的な題材を使う方がより楽しく授業ができると思うから。
・文学が好きだから。
・映画が好きだから。最近の映画では最近実際に使用されてる英語で会話されているから、映画やドラマを見ることは英語での会話力を養うのに良いことだと思う。
・映画などは印象に残るし、興味がわくから
・映画等を使って英語を学ぶのは、なじみやすそうだから。
・映画や歌をつかって英語にふれた方が頭に入りやすいから。
・他の教材を使う事で外国にもっと興味がわく。今までとは違う表現などが知れると思うから。
・映画か歌を使ってくれるとすごく興味が出て楽しくなるから。
・好きな物だったら頭に入ってくるからです。又、外国の作者が書いたものだと、文化の違いなどがかいまみれて［ママ］面白いからです。

### 3.2　質問Ａで、②の回答（賛成）を選んだ学生の自由記述
　　（全56名、内、2名は自由記述欄が白紙）

・興味をもって学習がすすめられるし、日常的な会話に近いと思うから。
・読んだことのある有名な小説を英語で読んでみたい。
・様々な作品にふれることは大事だと思う。
・文学的表現は独特なものがあるから。
・教科書で使われるものは正直あまりおもしろくないので。
・本や映画などは内容がわかりやすいので、理解しやすいと思うから。
・実際に英文学を読んで、色々な表現方法など学んでみたいと思っているから。
・英語で劇を以前したことがあります。少なくとも自分の台詞は、きちんと覚えられます！
・興味をもてるから。
・文学作品を取り扱うことによって、その文学作品ができた時の歴史的要素も同時に学ぶことができるから。
・興味がより持てるから
・難しくて長ったらしくてつまらないものを使うよりも楽しいと思うから。
・有名な作品の原文が読めるから
・前から英語で書かれた本を読みたかったから。

- 教科書よりもより印象に残るため。
- 英語が入ってきやすそう。
- ただの問題文ではなくて、文学的作品にふれることでより英語を楽しめそうだから。
- 英語に取り組みやすくなるし、心が豊かになると思うから。
- 熟語を学ぶのにいいと思う。
- 文学的なものはとても印象にのこるから
- 小説や映画は、よいと思う。
- シェークスピア『ハムレット』
- 読むのが大変な分、スキルは上がりそう。楽しそう
- 口語表現等が多く使われているから。
- 自分にとって身近にあるものを使った方が、英語に興味を持てると思うので。
- 映画のディクテーションや和歌の英訳などは楽しくできると思うが、小説になると読めない人が出てつまらないと思うから。
- おもしろそう。
- 使った方が、イメージがわきやすいから。絵本などかんたんなものから。
- 人文学科なので、英語の文学にも大変興味がある。日本語訳と比較したい。
- 役に立つと思うから
- 興味がわくと思うから。
- 英語の文化にふれることが出来ると思うから。
- 文法や単語的には難しそうなのであまり使ってほしくありませんが、文学的な題材を学ぶことは自分のためにもなると思うからです。
- 楽しいもの・親しみやすいものがいいです。
- 文学を読みながら、英語の向上や、文学内容共に理解を深めることができるから。
- 外国の文学は自分であまり読めないと思うから。
- シェークスピアなど面白そうだから。
- 映画とかは話し言葉とかが使われているから役立つと思う。
- 文学作品の方が楽しく勉強できそうだから。
- 読むもの、聞くものどちらでも英語力につながると思うから。それについて日本語もしくは英語で議論するのもいいと思います。
- 小説や詩の中で出てきた単語や表現をそのまま覚えることができると思うから。(覚えやすい？)また、そういった題材を使ってくれると興味がわくと思う。
- 映画がすごく好きだから。
- 歌などは覚えやすく、楽しいから。
- 口語的な言い回しだけでなく、なおかつ文学的表現は教科書に載っているような英

語表現ではないもので学べるから。
- 英語の勉強にもなるし、文学の勉強も同時にできるから。
- 文語・口語両方をある程度のって［ママ］、その違いを知れたらいいと思う。
- 映画などから日常会話に役く［ママ］立つような表現が得られると思う。
- 楽しく学習できそう
- 自分達が学んでいる文法を使っている作品だと思うが、少し違った表現をする作品もあるので、その作品について学んでみたいから。
- 楽しく学ぶことができ、頭にも残ると思うので
- めんどくさいけど、とても勉強になるから。
- 歌や映画の方が耳に入ってきやすかったり、興味がわく場合があるから。楽しいから♡
- 文学のが［ママ］、興味がわく
- 印象に残る

3.3　質問Ⓐで、③の回答（あまり賛成しない）を選んだ学生の自由記述
　　　（全8名、内、1名は自由記述欄が白紙）
- 理解が難しそう
- 文学的なものはあまり得意ではないから。
- 英語が苦手だから。
- あんまりおもしろくないから。
- あまり文学が好きでないため。
- 大学英語は、英語を使えるようにするための学習だと考えると、文学作品ではなく、実用的な題材の方が良いため。
- 文学的なことをやるよりも、日常会話の方が知りたい。

3.4　質問Ⓐで、④の回答（賛成しない）を選んだ学生の自由記述（0名）
　　　［2011年度は、文学教材を英語教育で使用することに対して、賛成しないと回答した者はいなかった。］

3.5　質問Ⓐで、⑤の回答（どちらともいえない）を選んだ学生の自由記述
　　　（全1名）
- 「英語コミュニケーション」の授業なら使ってほしくないし、英・米文学なら使っても仕方がないかなと思う。

# Appendix 5（序論）

## 日本の大学におけるコミュニケーション関連学部数の推移

| 年度 | コミュニケーション関連学部数 | | | 学部名と件数<br>（コミュニケーションをコミュニと略） |
|---|---|---|---|---|
| | 国立 | 公立 | 私立 | |
| 平成3(1991) | 0 | 0 | 0 | |
| 平成4(1992) | 0 | 0 | 0 | |
| 平成5(1993) | 0 | 0 | 0 | |
| 平成6(1994) | 0 | 0 | 0 | |
| 平成7(1995) | 0 | 0 | 1 | コミュニ1（初出） |
| 平成8(1996) | 0 | 0 | 2 | 国際コミュニ1、コミュニ1 |
| 平成9(1997) | 0 | 0 | 3 | 国際コミュニ2、コミュニ1 |
| 平成10(1998) | 0 | 0 | 5 | 国際コミュニ4、コミュニ1 |
| 平成11(1999) | 0 | 0 | 7 | 国際コミュニ5、現代コミュニ1、コミュニ1 |
| 平成12(2000) | 0 | 0 | 8 | 国際コミュニ5、現代コミュニ1、コミュニ2 |
| 平成13(2001) | 0 | 0 | 8 | 国際コミュニ5、現代コミュニ1、コミュニ2 |
| 平成14(2002) | 0 | 0 | 8 | 国際コミュニ5、現代コミュニ1、コミュニ2 |
| 平成15(2003) | 0 | 0 | 10 | 国際コミュニ6、現代コミュニ1、コミュニ3 |
| 平成16(2004) | 0 | 0 | 15 | 国際コミュニ7、現代コミュニ2、異文化コミュニ1、言語コミュニ1、コミュニ3、情報コミュニ1 |
| 平成17(2005) | 0 | 1 | 16 | 国際コミュニ8、現代コミュニ1、異文化コミュニ1、言語コミュニ1、情報コミュニ2、デジタルコミュニ1、コミュニ3 |
| 平成18(2006) | 0 | 1 | 17 | 国際コミュニ8、現代コミュニ1、異文化コミュニ1、言語コミュニ1、情報コミュニ2、デジタルコミュニ1、メディアコミュニ1、コミュニ3 |
| 平成19(2007) | 0 | 1 | 18 | 国際コミュニ9、現代コミュニ1、異文化コミュニ1、言語コミュニ1、情報コミュニ2、デジタルコミュニ1、メディアコミュニ1、コミュニ3 |

| 年度 | コミュニケーション関連学部数 | | | 学部名と件数<br>(コミュニケーションをコミュニと略) |
|---|---|---|---|---|
| | 国立 | 公立 | 私立 | |
| 平成20(2008) | 0 | 1 | 19 | 国際コミュニ9、現代コミュニ1、異文化コミュニ2、言語コミュニ1、情報コミュニ2、デジタルコミュニ1、メディアコミュニ1、コミュニ3 |
| 平成21(2009) | 0 | 1 | 18 | 国際コミュニ9、現代コミュニ1、異文化コミュニ2、言語コミュニ1、情報コミュニ2、デジタルコミュニ1、メディアコミュニ1、コミュニ2 |

出典:『全国大学一覧』(1990–2009)をもとに筆者が作成

# Appendix 6（第1章）

## カテゴリ別大学英語教科書の出版点数

| カテゴリ名 | 2009年度 全書籍数 | 2009年度 内、新刊数 | 2010年度 全書籍数 | 2010年度 内、新刊数 | 2011年度 全書籍数 | 2011年度 内、新刊数 | 2012年度 全書籍数 | 2012年度 内、新刊数 |
|---|---|---|---|---|---|---|---|---|
| 総合教材 | 864 | 65 | 888 | 61 | 944 | 67 | 1,004 | 115 |
| 論説・随筆 | 518 | 10 | 485 | 7 | 497 | 12 | 505 | 9 |
| コミュニケーション | 180 | 6 | 187 | 16 | 193 | 9 | 198 | 6 |
| 英会話 | 174 | 9 | 166 | 6 | 171 | 10 | 173 | 4 |
| 時事英語 | 171 | 21 | 177 | 20 | 197 | 21 | 213 | 15 |
| リーディングスキル | 296 | 37 | 321 | 37 | 355 | 37 | 384 | 29 |
| 速読 | 71 | 4 | 71 | 4 | 72 | 1 | 77 | 5 |
| 英作文 | 276 | 8 | * | * | 281 | 9 | 292 | 11 |
| 英文法 | 202 | 19 | 209 | 21 | 221 | 13 | 241 | 20 |
| LL／リスニング | 464 | 27 | 452 | 28 | 463 | 26 | 486 | 18 |
| ディベート | 39 | 2 | 44 | 4 | 44 | 1 | 46 | 3 |
| ボキャブラリー | 53 | 4 | 57 | 11 | 63 | 9 | 67 | 5 |
| 単語集・熟語集 | 11 | 3 | 13 | 2 | 15 | 2 | 16 | 1 |
| ビデオ教材 | 137 | 4 | 130 | 4 | 135 | 8 | 141 | 7 |
| DVD教材 | 14 | 8 | 27 | 14 | 39 | 12 | 47 | 8 |
| CD-ROMブック | 20 | 2 | 16 | 0 | 19 | 2 | 19 | 1 |
| 英語検定 | 37 | 1 | 38 | 1 | 40 | 2 | 43 | 3 |
| TOEIC／TOEFL | 243 | 21 | 233 | 17 | 247 | 19 | 262 | 17 |
| 地球環境 | 93 | 4 | 78 | 3 | 84 | 6 | 92 | 8 |
| 科学読物 | 141 | 5 | 128 | 5 | 132 | 5 | 139 | 7 |
| コンピュータ英語 | 8 | 2 | 8 | 0 | 9 | 1 | 9 | 0 |
| 医学健康・看護・福祉 | 83 | 6 | 88 | 10 | 92 | 5 | 94 | 2 |
| ビジネス英語・秘書英語 | 47 | 5 | 48 | 3 | 54 | 7 | 62 | 6 |
| 経済英語 | 51 | 3 | 52 | 1 | 55 | 3 | 58 | 3 |
| 貿易英語 | 20 | 1 | 19 | 0 | 19 | 0 | 19 | 0 |

| カテゴリ名 | 2009 年度 | | 2010 年度 | | 2011 年度 | | 2012 年度 | |
|---|---|---|---|---|---|---|---|---|
| | 全書籍数 | 内、新刊数 | 全書籍数 | 内、新刊数 | 全書籍数 | 内、新刊数 | 全書籍数 | 内、新刊数 |
| 工業英語 | 20 | 0 | 19 | 1 | 20 | 1 | 22 | 2 |
| 社会問題 | 30 | 10 | 43 | 11 | 65 | 21 | 78 | 13 |
| 芸術／文明 | 73 | 0 | 71 | 2 | 70 | 2 | 74 | 3 |
| 思想／宗教 | 70 | 0 | 57 | 2 | 56 | 0 | 58 | 2 |
| 歴史 | 112 | 3 | 105 | 1 | 111 | 5 | 113 | 3 |
| 教育論／人生論 | 63 | 2 | 61 | 4 | 62 | 2 | 64 | 0 |
| 比較文化 | 239 | 6 | 216 | 6 | 226 | 12 | 228 | 2 |
| 日本文化論 | 86 | 5 | 79 | 2 | 83 | 4 | 86 | 3 |
| イギリス事情 | 129 | 5 | 130 | 6 | 134 | 4 | 141 | 8 |
| アメリカ事情 | 229 | 10 | 226 | 13 | 231 | 8 | 237 | 5 |
| アメリカ研究 | 30 | 0 | 26 | 1 | 27 | 3 | 27 | 0 |
| 女性論 | 19 | 0 | 19 | 2 | 19 | 0 | 19 | 0 |
| 服飾／食文化 | 24 | 0 | 23 | 1 | 23 | 0 | 25 | 2 |
| 観光英語 | 41 | 2 | 44 | 3 | 44 | 1 | 47 | 3 |
| ソング | 21 | 1 | 21 | 0 | 20 | 1 | 22 | 2 |
| 映画 | 90 | 2 | 94 | 5 | 99 | 4 | 100 | 2 |
| イギリス小説・物語 | 192 | 0 | 181 | 2 | 179 | 1 | 175 | 1 |
| イギリス詩歌・戯曲 | 159 | 0 | 135 | 0 | 129 | 0 | 129 | 1 |
| アメリカ小説・物語 | 164 | 0 | 152 | 2 | 153 | 2 | 152 | 0 |
| アメリカ詩歌・戯曲 | 69 | 0 | 63 | 1 | 62 | 0 | 64 | 0 |
| イギリス小説選集 | 95 | 0 | 91 | 0 | 91 | 0 | 91 | 0 |
| アメリカ小説選集 | 137 | 0 | 132 | 1 | 131 | 0 | 130 | 0 |
| 英米文学史 | 57 | 0 | 49 | 0 | 48 | 0 | 49 | 1 |
| 文学論 | 44 | 0 | 36 | 0 | 34 | 0 | 34 | 0 |
| 英語圏小説選集 | 41 | 0 | 33 | 0 | 34 | 1 | 44 | 0 |
| 児童文学 | 48 | 0 | 46 | 0 | 44 | 0 | 42 | 0 |
| 民話・神話 | 48 | 0 | 43 | 0 | 42 | 0 | 42 | 0 |
| SF・推理 | 36 | 0 | 33 | 2 | 35 | 2 | 35 | 1 |
| 聖書 | 16 | 0 | 12 | 0 | 11 | 0 | 11 | 0 |

| カテゴリ名 | 2009年度 | | 2010年度 | | 2011年度 | | 2012年度 | |
|---|---|---|---|---|---|---|---|---|
| | 全書籍数 | 内、新刊数 | 全書籍数 | 内、新刊数 | 全書籍数 | 内、新刊数 | 全書籍数 | 内、新刊数 |
| 伝記 | 67 | 1 | 49 | 0 | 47 | 0 | 46 | 0 |
| 英語史 | 26 | 0 | 24 | 0 | 25 | 0 | 25 | 0 |
| 英語学 | 53 | 1 | 52 | 0 | 51 | 0 | 51 | 0 |
| 英語音声学 | 56 | 2 | 58 | 2 | 55 | 0 | 57 | 2 |
| 日本語 | 10 | 0 | 10 | 0 | 10 | 0 | 11 | 0 |
| 英語科教育法 | 17 | 1 | 13 | 0 | 14 | 1 | 21 | 2 |
| 小学校英語 | 1 | 1 | 1 | 0 | 2 | 0 | 4 | 0 |

出典: 以下の各年度別データをもとに筆者が作成。個々のカテゴリ名は、下記ホーム・ページの表記に従った。

- 2009年度: 大学英語教科書協会. (2009). Online. Internet. April 23, 2009.
  Available: http://daieikyo.jp/aetp/modules/bmc/texts.php
- 2010年度: 大学英語教科書協会. (2010). Online. Internet. January 30, 2010.
  Available: http://daieikyo.jp/aetp/modules/bmc/texts.php
- 2011年度: 大学英語教科書協会. (2011). Online. Internet. March 28, 2011.
  Available: http://daieikyo.jp/aetp/modules/bmc/texts.php
- 2012年度: 大学英語教科書協会. (2012a). Online. Internet. March 31, 2012.
  Available: http://daieikyo.jp/aetp/modules/bmc/texts.php

*2010年度「英作文」の出版点数は不明

# Appendix 7（第7章）

## プレゼンテーションを取り入れた授業の実施方法

以下は、授業開始時に学生に配布したプリントの見本である。これを使って、プレゼンテーションを取り入れた授業の実施方法を説明した。

---

### プレゼンテーションを取り入れた授業の実施方法

お願い: 授業時に皆さんが作成・提出したワークシート等のうち、優れた成果をあげたものは髙橋が執筆する雑誌記事・書籍などに掲載させていただく場合があります。その際は、お名前・学生番号などの個人情報は伏せて掲載します。ぜひご協力くださいますようにお願いいたします。なお、この件についてご質問等ありましたら、どうぞおたずねください。

● 11月18日以降、グループごとにプレゼンテーションを開始します。
● プレゼンテーションに関する注意
① 「発表する Lesson」にしたがって発表を行なってください。
② 所要時間は30分程度です。
③ 原則、英語を使って発表してください。
④ 次の点が明らかになるように発表してください。
・本文の内容: どのようなことが書いてあるのか、概要（あらすじ）の説明
・本文のポイント: キーワードや、キーセンテンスの指摘
・本文の後にある Vocabulary Check, Strategy Check, Comprehension Check の解答と説明
・本文を読んだ感想や、背景の説明。（この点は、自由に発表して結構です）
⑤ 発表の際は印刷物を配布したり、資料を回覧したり、板書をしてもかまいません。
● プレゼンテーションの成果は、各自の平常点に加算します。
● 発表日に無断欠席は絶対にしないでください。万が一指定された日に発表が行なえない場は、クラス内の別の人と交代し、そのことを髙橋に報告してください。
● プレゼンテーションが当たっていない人は、本文を読み、事前に渡すワークシートを完成した上で出席してください。

# Appendix 8（第7章）

## Presentation Schedule

Appendix 7 で示したプリントと共に、発表の予定を説明するために以下のプリントを配布した。

| Date | Group No. | 発表する Lesson |
|---|---|---|
| 11 / 18 | 1 | Lesson 11<br>Damon and Pythias |
| 11 / 25 | 2 | Lesson 12<br>Arap Sang and the Cranes |
| 12 / 2 | 3 | Lesson 13<br>Elizabeth Blackwell, Pioneer Doctor |
| 12 / 9 | 4 | Lesson 14<br>Jump for Center |
| 12 / 16 | 5 | Lesson 17<br>The Midnight Visitor |
| 12 / 23<br>(休日授業日) | 6 | Lesson 19 Baseball Hero Jackie Robinson<br>(Part 1 のみ) |

### Personal Data

| |
|---|
| My Group is: |
| Group members are: |
| Our leader is: |
| Our sub-leader is: |

# Appendix 9（第7章）

プレゼンテーションの担当者以外に配布したワークシート

---

Date _____

Student No. _____  Name _____

Lesson _____

| Vocabulary Check | Strategy Check | Comprehension Check |
|---|---|---|
| 1. | 1. | 1. |
| 2. | 2. | 2. |
| 3. | 3. | 3. |
| 4. | 4. | 4. |
| 5. | 5. | 5. |

My question to the presentation group:

_____

_____

_____

# 参考文献

Abbott, H. Porter. (2008). *The Cambridge Introduction to Narrative*. 2002. Second ed. Cambridge: Cambridge University Press.

Abrams, M.H. (1985). *A Glossary of Literary Terms*. 1957. Sixth ed. Fort Worth: Harcourt Brace College Publishers.

Aebersold, Jo Ann, and Mary Lee Field. (1997). *From Reader to Reading Teacher: Issues and Strategies for Second Language Classrooms*. Cambridge Language Education Ser. Cambridge: Cambridge University Press.

赤野一郎. (2010).『Value 1700: 4500 語レベル』. 改訂版. 東京: 数研出版.

*Alice in Wonderland*. DVD disc. Walt Disney Classics. Walt Disney Pictures, 1951.

*Alice in Wonderland*. Walt Disney Pictures, 2010.

Andrews, Larry. (2006). *Language Exploration and Awareness: A Resource Book for Teachers*. Third ed. Mahwah, New Jersey: Lawrence Erlbaum.

『朝日新聞』. 1983 年 1 月 1 日. 14 版: 18.

浅野博. (1996).「オーセンティックな教材とは何か―その問題点と位置づけ―」.『英語教育』45(9): 8–10.

Austen, Jane. (1985). *Pride and Prejudice*. 1813. Penguin Classics Ser. Ed. Tony Tanner. London: Penguin.

authentic material.『英語教育用語辞典』. (1999).

authentic material.『改訂版英語教育用語辞典』. (2009).

authentic materials. *Longman Dictionary of Language Teaching and Applied Linguistics*. Fourth ed. (2010).

「『オーセンティック』な教材」. (1994).『現代英語教育』30(12): 8–22.

Bakhtin, Mikhail Mikhaĭlovich. (1981). *Discourse in the Novel*. 1975. *The Dialogic Imagination: Four Essays by M.M. Bakhtin*. Ed. Michael Holquist. Trans. Caryl Emerson and Michael Holquist. Austin, Texas: University of Texas Press: 259–422.

バフチン, ミハイル. (1996).『小説の言葉』. 伊東一郎訳. 平凡社ライブラリー. 東京: 平凡社.

Barrie, J.M. (1991). *Peter and Wendy*. 1911. *Peter Pan in Kensington Gardens and Peter and Wendy*. Ed. Peter Hollindale. Oxford World's Classics Ser. Oxford: Oxford University Press: 67–226.

Barrie, J.M. (1995). *Peter Pan or the Boy Who Would Not Grow Up*. 1928. *The Admirable*

*Crichton, Peter Pan, When Wendy Grew Up, What Every Woman Knows, Mary Rose*. Ed. Peter Hollindale. Oxford World's Classics Ser. Oxford: Oxford University Press: 73–154.

Baum, L. Frank. (2008). *The Wizard of Oz*. 1900. London: Puffin.

*Bookworms Club Silver: Stories for Reading Circles*. (2007). Ed. Mark Furr. Oxford: Oxford University Press.

"A Brief History of JAECS." (2011). Online. Internet. December 14, 2011.
  Available: http://muse.doshisha.ac.jp/jaecs/History/History.html

"Britain". (2010). *The Economist*. January 16, 2010: 49.

Brumfit, Christopher, and Ronald Carter, eds. (1986). *Literature and Language Teaching*. Oxford: Oxford University Press.

Buckley, Christopher. (1994). *Thank You for Smoking: A Novel*. New York: Random House.

Bulfinch, Thomas. (1978).『ギリシア・ローマ神話』. 1855. 野上弥生子訳. 岩波文庫. 東京: 岩波書店.

Bushell, Brenda, and Brenda Dyer. (2004). *Global Outlook 2: Advanced Reading*. International ed. New York: McGraw-Hill/Contemporary.

Butler, Richard E. (1983). World Communications Year. *The Unesco Courier* 36(3): 7.

Canale, M. (1983). From Communicative Competence to Communicative Language Pedagogy. *Language and Communication*. J. Richards and R. Schmidt, eds. London: Longman: 2–27.

Canale, M., and M. Swain. (1980). Theoretical Bases of Communicative Approaches to Second Language Teaching and Testing. *Applied Linguistics* 1(1): 1–47.

Capote, Truman. (1984). *Breakfast at Tiffany's*. 1958. Falmouth, Cornwall: Abacus.

Carroll, Lewis. (1988). *Alice's Adventures in Wonderland*. 1865. *The Complete Works of Lewis Carroll*. London: Penguin: 9–120.

Carroll, Lewis. (2008). *Alice in Wonderland*. Retold by Mary Tomalin. Penguin Readers. Harlow: Pearson Education.

Carter, Ronald. (2004a). Acknowledgements. *Language and Creativity: The Art of Common Talk*. London: Routledge: xi–xiii.

Carter, Ronald. (2004b). *Language and Creativity: The Art of Common Talk*. London: Routledge.

Carter, Ronald, and Walter Nash. (1990). *Seeing through Language: A Guide to Styles of English Writing*. The Language Library Ser. Oxford: Basil Blackwell.

challenged. *Collins COBUILD Advanced Learner's English Dictionary*. Fifth ed. (2006).

中條清美. (2008).「コーパスに基づいたシラバスデザインとその実践」.『コーパスと英語教育の接点』. 中村純作, 堀田秀吾編. 東京: 松柏社: 67–90.

Collie, Joanne, and Stephen Slater. (1987). *Literature in the Language Classroom: A Resource Book of Ideas and Activities*. Cambridge Handbooks for Language Teachers Ser. Cambridge: Cambridge University Press.

communication. *Collins COBUILD English Language Dictionary*. (1987)

*The Communicative Approach to Language Teaching*. (1979). C.J. Brumfit and K. Johnson, eds. Oxford: Oxford University Press.

Cook, Guy. (2000). *Language Play, Language Learning*. Oxford Applied Linguistics Ser. Oxford: Oxford University Press.

Cook, Guy. (2001). *The Discourse of Advertising*. 1992. Second ed. London: Routledge.

Cook, Guy. (2008). Language Play in Advertisements: Some Implications for Applied Linguistics. 1994. *The Language of Advertising: Major Themes in English Studies*. Ed. Cook. Vol. 1. 4 vols. London: Routledge: 223–236.

corpus. *The Oxford English Dictionary*. Second ed. (1989).

corpus. *Longman Dictionary of Language Teaching & Applied Linguistics*. Fourth ed. (2010).

Corpus Acknowledgements. (1987). *Collins COBUILD English Language Dictionary*. London: Collins: XXII–XXIV.

『コーパスと英語教育の接点』. (2008). 中村純作, 堀田秀吾編著. 東京: 松柏社.

creative. *Longman Dictionary of Contemporary English*. Fourth ed. (2005).

creative. *The Oxford English Dictionary*. Second ed. (1989).

creative. *Oxford Advanced Learner's Dictionary of Current English*. Seventh ed. (2005).

creative. *Collins COBUILD Advanced Learner's English Dictionary*. Fifth ed. (2006).

Cropley, Arthur J. (1999). Definitions of Creativity. *Encyclopedia of Creativity*. Vol. 1. 2 vols. Mark A. Runco and Steven R. Pritzker, eds. San Diego: Academic Press: 511–524.

Dacey, John. (1999). Concepts of Creativity: A History. *Encyclopedia of Creativity*. Vol. 1. 2 vols. Mark A. Runco and Steven R. Pritzker, eds. San Diego: Academic Press: 309–322.

大学英語教育学会実態調査委員会. (2002).『わが国の外国語・英語教育に関する実態の総合的研究―大学の学部・学科編―』. 東京: 大学英語教育学会実態調査委員会.

大学英語教育学会実態調査委員会. (2003).『わが国の外国語・英語教育に関する実態

の総合的研究―大学の外国語・英語教員個人編―』. 東京: 大学英語教育学会実態調査委員会.

大学英語教育学会関西支部教材開発研究グループ. (1998a). 本書の特徴と使い方.『発信型リーディングの総合演習』. 東京: 松柏社: i–ii.

大学英語教育学会関西支部教材開発研究グループ. (1998b).『発信型リーディングの総合演習』. 東京: 松柏社.

大学英語教科書協会. (2009). Online. Internet. April 23, 2009.
    Available: http://daieikyo.jp/aetp/modules/bmc/texts.php

大学英語教科書協会. (2010). Online. Internet. January 30, 2010.
    Available: http://daieikyo.jp/aetp/modules/bmc/texts.php

大学英語教科書協会. (2011). Online. Internet. March 28, 2011.
    Available: http://daieikyo.jp/aetp/modules/bmc/texts.php

大学英語教科書協会. (2012a). Online. Internet. March 31, 2012.
    Available: http://daieikyo.jp/aetp/modules/bmc/texts.php

大学英語教科書協会. (2012b). Online. Internet. October 15, 2012.
    Available: http://daieikyo.jp/aetp/modules/bmc/texts.php

大学入試センター. (2010).『大学入試センター要覧』. 東京: 大学入試センター.

大東建託. (2010). "CM Gallery." Online. Internet. November 4, 2010.
    Available: http://www.kentaku.co.jp/about/cm03.html

Day, Richard R., and Julian Bamford. (1998). *Extensive Reading in the Second Language Classroom*. Cambridge Language Education Ser. Cambridge: Cambridge University Press.

Department for Culture Media and Sport. (2010). "The National Archives." Online. Internet. May 22, 2010.
    Available: http://webarchive.nationalarchives.gov.uk/+/http://www.culture.gov.uk/what_we_do/creative_industries/default.aspx

Dickens, Charles. (1843). *A Christmas Carol*. London: Chapman & Hall. Online. Project Gutenberg EBook. Internet. August 22, 2012.

Dickens, Charles. (1949). *A Christmas Carol*. 市河三喜注. 研究社小英文叢書. 東京: 研究社.

Dickens, Charles. (1994). *A Christmas Carol*. 1843. *The Christmas Books*. Penguin Popular Classics. Harmondsworth: Penguin: 1–76.

Dickens, Charles. (2000). *A Christmas Carol*. Retold by Clare West. Oxford Bookworms Library Classics. Oxford: Oxford University Press.

*Disney's Peter Pan*. (1989). The Mouse Works Ser. N. p.: Disney Enterprises.

ドルニエイ, ゾルタン. (2006).『外国語教育学のための質問紙調査入門』. 2003. 八島智子, 竹内理監訳. 東京: 松柏社.

Dörnyei, Zoltán. (2007). *Research Methods in Applied Linguistics: Quantitative, Qualitative, and Mixed Methodologies*. Oxford Applied Linguistics Ser. Oxford: Oxford University Press.

Doughty, Catherine, and Jessica Williams. (1998). Pedagogical Choices in Focus on Form. *Focus on Form in Classroom Second Language Acquisition*. Doughty and Williams, eds. Cambridge: Cambridge University Press: 197–261.

Drabble, Margaret. (1998). *The Millstone*. 1965. Orlando: Harvest.

Duff, Alan, and Alan Maley. (1990). *Literature*. Resource Books for Teachers Ser. Oxford: Oxford University Press.

Edwards, Blake, dir. *Breakfast at Tiffany's*. Perf. Audrey Hepburn, and George Peppard. DVD disc. Paramount, 1961.

江川祐司. (1999).「倒産の研究―秀文出版―」.『日経ベンチャー』. Nov. 1999: 80–82.

『英語英文学研究とコンピュータ』. (1992). 齊藤俊雄編著. 東京: 英潮社.

英語コーパス学会. (2014).「大会過去の記録」. Online. Internet. November 1, 2014. Available: http://jaecs.com/conference.html

『英語コーパス言語学―基礎と実践―』. (2005). 齊藤俊雄, 中村純作, 赤野一郎編. 改訂新版. 東京: 研究社.

*English through Literature*. (2009). 斎藤兆史, 中村哲子編注. 東京: 研究社.

江利川春雄. (1998).「教科書にみる文学作品の変遷史」.『英語教育』47(2): 8–10.

江利川春雄. (2002).「英語教科書の 50 年」.『英語教育 Fifty』51(3): 27–36.

江利川春雄. (2004).「英語教科書から消えた文学」.『英語教育』53(8): 15–18.

江利川春雄. (2007).「指導要領から見た授業の変化と展望」.『英語教育』56(7): 10–13.

江利川春雄. (2008).『日本人は英語をどう学んできたか―英語教育の社会文化史―』. 東京: 研究社.

"Europe". (2010). *The Economist*. January 23, 2010: 49.

"First Day of Issue." (2010). 郵便貯金の旅. Online. Internet. September 7, 2010. Available: http://jiuxia.web.fc2.com/Yuchopage/Cover/Cover58/LFDC58/LFDC5817 Communication.html

Fitzgerald, F. Scott. (1950). *The Great Gatsby*. 1926. Penguin Modern Classics. Harmondsworth: Penguin.

Florida, Richard. (2004a). Preface to the Paperback Edition. *The Rise of the Creative Class* and *How It's Transforming Work, Leisure, Community and Everyday Life*. 2002. New York: Basic Books: xiii–xxvi.

Florida, Richard. (2004b). *The Rise of the Creative Class and How It's Transforming Work, Leisure, Community and Everyday Life*. 2002. New York: Basic Books.

Furr, Mark. Welcome to Reading Circles. *Bookworms Club Silver: Stories for Reading Circles*. (2007). Ed. Furr. Oxford: Oxford University Press: 2.

古川昭夫, 神田みなみ, 小松和恵, 畑中貴美, 西澤一. (2005).『英語多読完全ブックガイド』. 東京: コスモピア.

ジュネット, ジェラール. (1985).『物語のディスクール』. 1972. 花輪光, 和泉涼一訳. 東京: 書肆風の薔薇.

Gilroy, Marie, and Brian Parkinson. (1997). Teaching Literature in a Foreign Language. *Language Teaching* 29(4): 213–225.

Gissing, George. (1978). *Born in Exile*. 1892. Ed. Pierre Coustillas. Hassocks, Sussex: Harvester.

Google. (2011). Online. Internet. November 30, 2011. Available: http://www.google.co.jp/

Grabe, William, and Fredricka L. Stoller. (2002). *Teaching and Researching Reading*. Applied Linguistics in Action Ser. Harlow, England: Pearson Education.

green. *The Oxford English Dictionary*. Second ed. (1989).

Grittner, Frank M. (1990). Bandwagons Revisited: A Perspective on Movements in Foreign Language Education. *New Perspectives and New Directions in Foreign Language Education*. Ed. Diane W. Birckbichler. Lincolnwood, Illinois: National Textbook Company: 9–43.

「ガリバーと世界　1」.『讀賣新聞』2003 年 1 月 3 日, 14 版: 1–2.

Hall, Geoff. (2005). *Literature in Language Education*. Research and Practice in Applied Linguistics Ser. Houndmills: Palgrave Macmillan.

橋内武, 他. (2006).『Revised Polestar English Course I. 東京: 数研出版.

Hawthorn, Jeremy. (1998). *A Glossary of Contemporary Literary Theory*. Third ed. London: Arnold.

林桂子. (2005).「大学の英語教育」. 河合忠仁 他著.『日本の学校英語教育はどこへ行くの？―英語教育の現状リサーチにもとづいて―』. 東京: 松柏社: 155–202.

Hemingway. (2012). "Products". Online. Internet. March 12, 2012. Available: http://www.ernesthemingwaycollection.com/Products-Services/Default.aspx

Herman, David. (2007). Introduction. *The Cambridge Companion to Narrative*. Ed. Herman. Cambridge: Cambridge University Press: 3–21.

日暮トモ子. (2011).「中国」.『諸外国の教育改革の動向―6 か国における 21 世紀の新たな潮流を読む―』. 文部科学省生涯学習政策局調査企画課編著. 東京: ぎょうせい: 233–281.

Hill, David. (1997). Survey Review: Graded Readers. *ELT Journal* 51(1): 57–81.

Hill, David. (2008). Graded Readers in English. *ELT Journal* 62(2): 184–204.

平田和人, 菅正隆, 古賀範理, 森住衛, 新里眞男, 渡邉時夫. (2002).「検証と展望―文部省戦後半世紀の外国語教育政策―」.『英語教育 Fifty』51(3): 7–26.

Holloway, John. (1979). *Narrative and Structure: Exploratory Essays*. Cambridge: Cambridge University Press.

Home Instead. Advertisement. *Good Housekeeping*. August, 2009: 126.

堀口俊一, 他. (2009). *Total English 2*. 東京: 学校図書.

Howatt, A.P.R. (2004). *A History of English Language Teaching*. 1984. Second ed. Oxford Applied Linguistics Ser. Oxford: Oxford University Press.

humour. *The Oxford English Dictionary*. Second ed. (1989).

Hymes, D.H. (1972). *On Communicative Competence*. 1971. *Sociolinguistics*. J.B. Pride and Janet Holmes, eds. Harmondsworth: Penguin: 269–293.

いがらしゆみこ. (1995).『ロミオとジュリエット』. マンガ世界の文学. 東京: 世界文化社.

「『生きた英語』を教えるために」. (1996).『英語教育』45(9): 8–31.

伊村元道. (2003).『日本の英語教育 200 年』. 英語教育 21 世紀叢書. 東京: 大修館書店.

"Introduction." (2010). *The Economist*. Online. Internet. May 12, 2010. Available: http://ads.economist.com/index.php?id=801

伊佐治正浩. (1992).「教材研究―身近な事柄の教材化―」.『英語教育』41(3): 23–25.

石黒昭博. (1994).「Authentic な教材の可能性」.『現代英語教育』30(12): 8–10.

石川慎一郎. (2008).『英語コーパスと言語教育―データとしてのテクスト―』. 東京: 大修館書店.

石山修武.「暮れのハムレット」.『日本経済新聞』2011 年 12 月 21 日, 4 版: 7.

岩崎暁男, Thomas Smith, Tony Tuseth. (1998). *Watching TV Commercials (1)*. 東京: 成美堂.

岩崎徹. (1994).「ウェスト・サイド物語」.『シェイクスピアハンドブック』. 高橋康成編. 東京: 新書館: 16–17.

和泉伸一. (2009).「『フォーカス・オン・フォーム』を取り入れた新しい英語教育」. 東京: 大修館書店.

JACET リスニング研究会. (2005).『総合英語パワーアップ〈中級編〉―リスニングか

らリーディングー』. 東京: 南雲堂.

JACET リスニング研究会. (2007).『総合英語パワーアップ〈上級編〉―リーディング & リスニングー』. 東京: 南雲堂.

JACET リスニング研究会. (2009).『総合英語パワーアップ〈入門編〉―リスニングからリーディングー』. 東京: 南雲堂.

JACET リスニング研究会. (2011a). はじめに.『総合英語パワーアップ〈基礎編〉―リスニングからリーディングー』. 東京: 南雲堂: 3–5.

JACET リスニング研究会. (2011b).『総合英語パワーアップ〈基礎編〉―リスニングからリーディングー』. 東京: 南雲堂.

*Japan Times*, September 7, 2006a. Online. Internet. July 22, 2010.
 Available: http://search.japantimes.co.jp/print/nn20060907a1.html

*Japan Times*, September 7, 2006b. Online. Internet. July 23, 2010.
 Available: http://search.japantimes.co.jp/cgi-bin/nn20060907a2.html

*Japan Times*, January 4, 2010, 4th ed.: 8.

"JET Programme Participant Numbers." (2010). *JET Programme*. Online. Internet. September 9, 2010.
 Available: http://www.jetprogramme.org/documents/stats/2009-2010/2009sanka_ninzu_kunibetsu.pdf

次重寛禧. (2002).『英語授業の創造』. 東京: 鷹書房弓プレス.

*JoongAng Daily*. February 14, 2008. Online. Internet. February 21, 2011.
 Available: http://joongangdaily.joins.com/article/view.asp?aid=2886164

Kachru, Braj. B. (1985). Standards, Codification, and Sociolinguistic Realism: The English language in the Outer Circle. *English in the World*. R. Quirk and H.G. Widdowson, eds. Cambridge: Cambridge University Press: 11–30.

Kachru, Braj. B. (1988). The Sacred Cows of English. *English Today* 16: 3–8.

上島建吉. (1977). Foreword. *The Voyage and Other Stories*. By Katherine Mansfield. 上島注. 東京: 北星堂: iii–vii.

金子満, 松本麻人. (2011).「韓国」.『諸外国の教育改革の動向―6 か国における 21 世紀の新たな潮流を読む―』. 文部科学省生涯学習政策局調査企画課編著. 東京: ぎょうせい: 283–322.

笠島準一, 浅野博, 下村勇三郎, 牧野勤, 池田正雄, 他. (2006a). *New Horizon English Course 1*. 東京: 東京書籍.

笠島準一, 浅野博, 下村勇三郎, 牧野勤, 池田正雄, 他. (2006b). *New Horizon English Course 2*. 東京: 東京書籍.

笠島準一, 浅野博, 下村勇三郎, 牧野勤, 池田正雄, 他. (2006c). *New Horizon English Course 3*. 東京: 東京書籍.

河合隼雄. (2003a). 序説.『物語と人間』. 河合隼雄著作集第Ⅱ期第7巻. 東京: 岩波書店: iii–xv.

河合隼雄. (2003b).『物語と人間』. 河合隼雄著作集第Ⅱ期第7巻. 東京: 岩波書店.

経済団体連合会(経団連). (2011).「グローバル化時代の人材育成について」. March 28, 2000. 経団連意見書. Online. Internet. December 5, 2011.
  Available: http://www.keidanren.or.jp/japanese/policy/2000/013/honbun.html#part3

北和丈. (2006).「『英語教育』に見る英語教育観の変遷—『実用』から『コミュニケーション』まで」.『英語教育』54(12): 47–49.

木塚雅貴. (2001).「高等学校英語教育の展開」.『あたらしい英語科教育法—小・中・高校の連携を視座に—』. 伊村元道, 茂住實男, 木村松雄編著. 東京: 学文社: 128–140.

Knudsen, Jim, and Kei Mihara. (2007a). はしがき.『新TOEICテスト: ポイント攻略』. 東京: 南雲堂: 3.

Knudsen, Jim, and Kei Mihara. (2007b).『新TOEICテスト: ポイント攻略』. 東京: 南雲堂.

Knudsen, Jim, 田口孝夫. (2011a). *Simply Shakespeare—Two Tragic Stories: Hamlet and Romeo and Juliet*—. 東京: 南雲堂.

Knudsen, Jim, 田口孝夫. (2011b). はしがき. *Simply Shakespeare—Two Tragic Stories: Hamlet and Romeo and Juliet*—. 東京: 南雲堂: 3–4.

小林敏彦, Shawn M. Clankie. (2009).『ネイティブがよく使う英会話表現ランキング』. 東京: 語研.

国立国語研究所. (1984).『国語年鑑』. 東京: 秀英出版.

Kramsch, Claire, and Oliver Kramsch. (2000). The Avatars of Literature in Language Study. *The Modern Language Journal* 84(4): 553–573.

Krashen, Stephen D. (1985). *The Input Hypothesis: Issues and Implications*. London: Longman.

久米田達郎. (1996).「ALTによる異文化紹介教材の作成とその利用」.『コミュニケーション能力を高める英語授業』. 大下邦幸編著. 東書TMシリーズ. 東京: 東京書籍: 183–190.

九頭見一士, 他. (2008). *Revised Edition Sunshine Readings*. 東京: 開隆堂.

Lautamatti, L. (1984). Observations on the Development of the Topic in Simplified Discourse. 1978. *Text, Linguistics, Cognitive Learning and Language Teaching*. V. Kohonen and N.E. Enkvist, eds. Quoted in Alan Davies. Simple, Simplified and Simplification: What Is Authentic? *Reading in a Foreign Language*. J. Charles Alderson and A. H. Urquhart, eds. London: Longman: 181–198.

Lawrence, D.H. (1982). Odour of Chrysanthemums. 1911. *Selected Short Stories*. Ed. Brian Finney. Penguin Twentieth-Century Classics. Harmondsworth: Penguin: 88–105.

Lee, Winnie, and Betty Liu. (2011). Using Storytelling to Provide Language Input in Task-Based Learning. *Modern English Teacher* 20(1): 23–28.

Lee, Winnie Yuk-chun. (1995). Authenticity Revisited: Text Authenticity and Learner Authenticity. *ELT Journal* 49(4): 323–328.

Lee, Young-Oak. (2005). Korean English Literature Studies: Problems and Challenges.『英語青年』151(7): 2–8.

Letts, Tracy. (2008). *August: Osage County*. New York: Theatre Communications Group.

Loehlin, James N. (2002). Introduction. *Romeo and Juliet*. Shakespeare in Production Ser. Cambridge: Cambridge University Press: 1–85.

Long, Michael. (1986). A Feeling for Language: The Multiple Values of Teaching Literature. *Literature and Language Teaching*. Christopher Brumfit and Ronald Carter, eds. Oxford: Oxford University Press: 42–59.

リオタール, ジャン・フランソワ. (1986).『ポストモダンの条件』. 1979. 小林康夫訳. 叢書言語の政治. 東京: 書肆風の薔薇.

Maley, Alan. (1990). Foreword. *Literature*. Resource Books for Teachers Ser. Oxford: Oxford University Press: 3.

松坂ヒロシ, 他. (2008). *Big Dipper Reading Course*. 東京: 数研出版.

Maybin, Janet. (2006). Locating Creativity in Texts and Practices. *The Art of English: Everyday Creativity*. Maybin and Joan Swann, eds. Houndmills: Palgrave Macmillan: 413–455.

「目で見る英語教育」. (1994).『現代英語教育』30(13): 102.

Melville, Herman. (1950). *Moby-Dick, or the Whale*. 1851. The Modern Library Ser. New York: Random House.

薬袋善郎. (2009a).『名文で養う英語精読力』. 東京: 研究社.

薬袋善郎. (2009b). はじめに.『名文で養う英語精読力』. 東京: 研究社: ii–iv.

薬袋善郎. (2009c). あとがき.『名文で養う英語精読力』. 東京: 研究社: 87–88.

宮本順紀. (1995).「オーセンティックな教材」.『英語教育―オーラル・コミュニケーションのためのデータ・バンク―』44(2): 69–70.

宮﨑裕治. (1996).『英語教科書解題(中学校編)―教科書の謎に迫る―』. 東京: 近代文藝社.

水野稚. (2006).「戦後日本の英語教育政策と経済界」. 日本英語教育史学会第198回月例

研究会. 於 専修大学. 2006 年 11 月 19 日.

MLA. (2012). 2012 Convention: Brochure on Language, Literature, Learning. Online. Internet. September 20, 2012.

Available: http://www.mla.org/pdf/presforum2012_brochure.pdf

MLA, Ad Hoc Committee on Foreign Languages. (2007). Foreign Languages and Higher Education: New Structures for a Changed World. *Profession 2007*: 234–245. Online. Internet. January 15, 2011.

Available: http://www.mla.org/pdf/forlang_news_pdf.pdf

"Modern Twist for Shakespeare Tale." (2010). *BBC News*. Online. Internet. November 6, 2010.

Available: http://newsvote.bbc.co.uk/mpapps/pagetools/print/news.bbc.co.uk/2/hi/entertainment/arts_and_culture/8615432.stm?ad=1

Monaco, James. (2000). *How to Read a Film: The World of Movies, Media, and Multimedia*. 1977. Third ed. New York: Oxford University Press.

文部省. (1951).『中学校・高等学校学習指導要領　外国語科英語編(試案)』. Online. Internet. September 5, 2012.

Available: http://www.nier.go.jp/guideline/s26jhl1/index.htm

文部省. (1958).『中学校学習指導要領』. Online. Internet. September 5, 2012.

Available: http://www.nier.go.jp/guideline/s33j/chap2-9.htm

文部省. (1960).『高等学校学習指導要領』. Online, Internet, September 5, 2012.

Available: http://www.nier.go.jp/guideline/s35h/chap2-7.htm

文部省. (1970).『高等学校学習指導要領』. October 15, 1970, Online. Internet. October 24, 2011.

Available: http://www.nier.go.jp/guideline/s45h/index.htm

文部省. (1978).『高等学校学習指導要領』. August 30, 1978, Online. Internet. October 24, 2011.

Available: http://www.nier.go.jp/guideline/s53h/index.htm

文部省. (1989a).『中学校学習指導要領』. March 15, 1989, Online. Internet. October 24, 2011.

Available: http://www.nier.go.jp/guideline/h01j/index.htm

文部省. (1989b).『高等学校学習指導要領』. March 15, 1989, Online. Internet. October 24, 2011.

Available: http://www.nier.go.jp/guideline/h01h/index.htm

文部省. (1998).『中学校学習指導要領』. December 14, 1998, Online. Internet. October 24,

2011.

    Available: http://www.nier.go.jp/guideline/h10j/index.htm

文部省．(1999a)．『中学校学習指導要領(平成10年12月)解説―外国語編―』．東京: 東京書籍．

文部省．(1999b)．『高等学校学習指導要領』．March 29, 1999, Online. Internet. October 24, 2011.

    Available: http://www.nier.go.jp/guideline/h10h/index.htm

文部省．(1999c)．『高等学校学習指導要領解説―外国語編　英語編―』．東京: 開隆堂．

文部科学省．(2003)．「『英語が使える日本人』の育成のための行動計画」．

    March 31, 2003, Online. Internet. December 11, 2011.

    Available: http://www.mext.go.jp/b_menu/shingi/chousa/shotou/082/shiryo/__icsFiles/afieldfile/2011/01/31/1300465_02.pdf

文部科学省．(2008a)．『中学校学習指導要領』．March 28, 2008, Online. Internet. October 24, 2011.

    Available: http://www.mext.go.jp/a_menu/shotou/new-cs/youryou/chu/index.htm

文部科学省．(2008b)．『中学校学習指導要領解説―外国語編―』．東京: 開隆堂．

文部科学省．(2009)．『高等学校学習指導要領』．March 9, 2009, Online. Internet. October 24, 2011.

    Available: http://www.mext.go.jp/component/a_menu/education/micro_detail/__icsFiles/afieldfile/2011/03/30/1304427_002.pdf

文部科学省．(2010)．『高等学校学習指導要領解説―外国語編・英語編―』．東京: 開隆堂．

文部科学省．(2011)．「教科書制度の概要」．June, 2011. Online. Internet. October 27, 2011.

    Available: http://www.mext.go.jp/a_menu/shotou/kyoukasho/gaiyou/04060901/001.htm

森住衛, 他．(1987)．*New Crown English Series 3*．東京: 三省堂．

森住衛, 他．(1993)．*New Crown English Series 3*．東京: 三省堂．

森住衛, 他．(2002)．*New Crown English Series 3*．東京: 三省堂．

室井美稚子．(2006)．「教科書が描いてきた『世界』は…―人権・地球環境・平和ってどれくらい定番？―」．『英語教育』55(11): 25–27.

中島文雄, 宮内秀雄, 松浪有, R.C. Goris, 他．(1993a)．*New Total English 2*．東京: 秀文出版．

中島文雄, 宮内秀雄, 松浪有, R.C. Goris, 他．(1993b)．*New Total English 3*．東京: 秀文出版．

中村敬, 若林俊輔, 他．(1978)．*The New Crown English Series 3*．東京: 三省堂．

中村敬, 若林俊輔, 他．(1981)．*The New Crown English Series 3*．New ed. 東京: 三省堂．

中村敬, 若林俊輔, 他. (1984). *The New Crown English Series 3*. Revised ed. 東京: 三省堂.

中村敬, 若林俊輔, 森住衛, 他. (1987). *New Crown English Series 3*. 東京: 三省堂.

中村敬, 若林俊輔, 森住衛, 他. (1990). *New Crown English Series 3*. New ed. 東京: 三省堂.

narrative. *The Oxford English Dictionary*. Second ed. (1989).

根岸雅史, 他. (2007). *Planet Blue: Reading Navigator*. Revised ed. 東京: 旺文社.

Nestlé Japan Ltd. (2010). "Kit Kat 'Thank You' Campaign." Online. Internet. March 17, 2010.
   Available: http://www.breaktown.com/thankyou/

Nestlé Japan Ltd. (2012). "Kit Kat Official Web Breaktown." Online. Internet. February 5, 2012.
   Available: http://nestle.jp/brand/kit/

*The New Yorker*, May 24, 2010: 62.

新里眞男. (1999).「実践的コミュニケーション能力の育成を目指した英語教育の展開―『実践的コミュニケーション能力とは何か』(1)―」.『中等教育資料』48(9): 68–69.

新里眞男. (2000).「実践的コミュニケーション能力の育成を目指した英語教育の展開―『実践的コミュニケーション能力をいかに育成するか』(6)―」.『中等教育資料』49(9): 68–69.

西原貴之. (2012).「Hare-in-the-Moon から英語教育への贈り物?―教材 "The Hare's Gift" における文学的言語表現とそれらの付属教材での扱われ方についての検討―」. *Language Education & Technology* 49: 245–274.

西村尚登. (1996).「コミュニケーション重視に対応する教授法」.『英語教育』44(12): 23–25.

Norman, Marc, and Tom Stoppard. (1999). *Shakespeare in Love*. 1998. London: Faber and Faber.

North, Sarah. (2006). Making Connections with New Technologies. *The Art of English: Everyday Creativity*. Janet Maybin and Joan Swann, eds. Houndmills: Palgrave Macmillan: 209–260.

Obituary. (2010a). *The Economist*. January 9, 2010: 77.

Obituary. (2010b). *The Economist*. January 16, 2010: 81.

Ochs, Elinor, and Lisa Capps. (2001). *Living Narrative: Creating Lives in Everyday Storytelling*. Cambridge, Massachusetts: Harvard University Press.

小田島雄志. (1985).『シェイクスピア名言集』. 岩波ジュニア新書. 東京: 岩波書店.

小川浩. (2009). はじめに.『仕事で使える！ Twitter 超入門』. 東京: 青春出版社: 3–7.
大熊昭信, 他. (2008a). *Element English Reading Reading Skills Based*. 大阪: 啓林館.
大熊昭信, 他. (2008b). Sources. *Element English Reading Reading Skills Based*. 大阪: 啓林館: N. pag.
太田朗, 伊藤健三, 日下部徳次, 他. (1977). *New Horizon English Course 1*. 東京: 東京書籍.
太田朗, 伊藤健三, 日下部徳次, 他. (1978). *New Horizon English Course 2*. 東京: 東京書籍.
大谷泰照. (2006).「諸外国の外国語教育からの示唆」.『英語教育』54(12): 10–13.
O'Quin, Karen, and Peter Derks. (1999). Humor. *Encyclopedia of Creativity*. Vol. 1. 2 vols. Mark A. Runco and Steven R. Pritzker, eds. San Diego: Academic Press: 845–853.
*Oxford 2012: ELT Catalogue*. (2011). Tokyo: Oxford University Press.
尾関直子. (2006).「中国の英語教育から見えてくるもの」.『英語教育』54(12): 23–25.
Papen, Uta, and Karin Tusting. (2006). Literacies, Collaboration and Context. *The Art of English: Everyday Creativity*. Janet Maybin and Joan Swann, eds. Houndmills: Palgrave Macmillan: 312–359.
Paran, Amos. (2008). The Role of Literature in Instructed Foreign Language Learning and Teaching: An Evidence-Based Survey. *Language Teaching* 41(4): 465–496.
People's Education Press and Longman. (1996a). *Junior English for China: Students' Book 2B*. Beijing: People's Education Press.
People's Education Press and Longman. (1996b). *Senior English for China: Students' Book 2A*. Beijing: People's Education Press.
Perrault, Charles. (1994). Blue Beard. *Beauty and the Beast and Other Fairy Tales*. Dover Juvenile Classics Ser. New York: Dover: 27–37.
*Peter Pan*. DVD disc. Disney Enterprises, 2002.
プロップ, ウラジミール. (1983).『昔話の形態学』. 1928. 北岡誠司, 福田美智代訳. 東京: 白馬書房.
Qiping, Yin, and Chen Shubo. (2002). Teaching English Literature in China: Importance, Problems and Countermeasures. *World Englishes* 21(20): 317–324.
Quirk, Randolph, Sidney Greenbaum, Geoffrey Leech, and Jan Svartvik. (1985). *A Comprehensive Grammar of the English Language*. Harlow: Longman.
Reitman, Jason, dir. *Thank You for Smoking*. Perf. Aaron Eckhart, and Cameron Bright. DVD disc. Fox, 2006.
Richards, Jack C., and Theodore S. Rodgers. (2001). *Approaches and Methods in Lan-

*guage Teaching*. Second ed. Cambridge Language Teaching Library Ser. Cambridge: Cambridge University Press.

Rosenblatt, Louise M. (1978). *The Reader, the Text, the Poem: The Transactional Theory of the Literary Work*. Carbondale, IL: Southern Illinois University Press.

Safire, William. (2004). "On Language." *The New York Times Magazine*. December 5, 2004. Online. Internet. May 6, 2010.

Available: http://www.nytimes.com/2004/12/05/magazine/05ONLANGUAGE.html?_r=1

斎藤里美. (2003).『韓国の教科書を読む』. 東京: 明石書店.

齊藤俊雄. (1992a).「コンピュータによる英語英文学研究序説」.『英語英文学研究とコンピュータ』. 齊藤編著. 東京: 英潮社: 1–18.

齊藤俊雄. (1992b). はしがき.『英語英文学研究とコンピュータ』. 齊藤編著. 東京: 英潮社: iii–iv.

斎藤兆史. (2000).『英語の作法』. 東京: 東京大学出版会.

斎藤兆史. (2004).「文学を読まずして何が英語教育か」.『英語教育』53(4): 30–32.

坂下昇. (1983). Prolog.『現代米語コーパス辞典』. 東京: 講談社: III–IX.

佐野富士子. (1996).「他の指導法とどう違うのか」.『英語教育』45(11): 11–13.

佐野正之, 山岡俊比古, 松本青也, 佐藤寧, 他. (2005). *Sunshine English Course 1*. 東京: 開隆堂.

Savignon, Sandra J. (2001). Communicative Language Teaching for the Twenty-First Century. *Teaching English as a Second or Foreign Language*. Ed. Marianne Celce-Murcia. Third ed. Boston: Heinle & Heinle: 13–28.

Schultz, Jean Marie. (2002). The Gordian Knot: Language, Literature, and Critical Thinking. *SLA and the Literature Classroom: Fostering Dialogues*. Virginia M. Scott and Holly Tucker, eds. Boston, MA: Heinle & Heinle: 3–31.

Shakespeare, William. (1986). *The Most Excellent and Lamentable Tragedy of Romeo and Juliet*. 1594–1595. *William Shakespeare: The Complete Works*. Stanley Wells and Gary Taylor, eds. Oxford: Oxford University Press: 377–412.

Shelton-Strong, Scott J. (2012). Literature Circles in ELT. *ELT Journal* 66(2): 214–223.

渋谷孝. (2003).『文学教材の新しい教え方』. 21世紀型授業づくり. 東京: 明治図書.

霜崎實, 他. (2009a). Contents. *Crown English Reading New Edition*. 東京: 三省堂: 2–3.

霜崎實, 他. (2009b). *Crown English Reading New Edition*. 東京: 三省堂.

篠原康正. (2010).「イギリス」.『諸外国の教育改革の動向―6か国における21世紀の新たな潮流を読む―』. 文部科学省生涯学習政策局調査企画課編著. 東京: ぎょうせい: 73–133.

*Signature Reading: Level G.* (2005). New York: McGraw-Hill Glencoe.

Simon, Paul. (1986). "Mrs. Robinson". 1968.『サイモン＆ガーファンクル詩集』. 山本安見訳. 東京: シンコー・ミュージック: 68–69.

Simpson, Paul. (1997). *Language through Literature: An Introduction.* The Interface Ser. London: Routledge.

Sinatra, Frank. (2009). "My Way". 1969. *My Way.* 40$^{th}$ Anniversary ed. Universal.

Sinclair, John. (1987). Introduction. *Collins COBUILD English Language Dictionary.* London: Collins: XV–XXI.

Sinclair, John. (2006). Introduction. *Collins COBUILD Advanced Learner's English Dictionary.* Fifth ed. London: Collins: vii.

Song, Fuyun. (2003). A Study on the Corpus-Based English Textbook Design System. *JACET Bulletin* 36: 31–47.

Starbucks. (2010). "Company Profile." Online. Internet. March 11, 2010.
    Available: http://assets.starbucks.com/assets/company-profile-feb10.pdf

story. *The Oxford English Dictionary.* Second ed. (1989).

story. *Collins COBUILD Advanced Learner's English Dictionary.* Fifth ed. (2006).

Strodt-Lopez, Barbara. (1996). Using Stories to Develop Interpretive Processes. *ELT Journal* 50(1): 35–42.

"Such Tweet Sorrow." (2010). *Royal Shakespeare Company.* November 6, 2010. Online. Internet.
    Available: http://www.suchtweetsorrow.com/

杉村美紀. (2008).「国際化をめぐる中国の教育格差」.『沸騰する中国の教育改革』. 諏訪哲郎, 王智新, 斉藤利彦, 編著. 学習院大学東洋文化研究叢書. 東京: 東方書店: 89–116.

鈴木陽一. (2000). *DUO 3.0: The Most Frequently Used Words 1600 and Idioms 1000 in Contemporary English.* 東京: アイシーピー.

tackle. *The Oxford English Dictionary.* Second ed. (1989).

Tackle Berry. (2010). Online. Internet. March 11, 2010.
    Available: http://www.tackleberry.co.jp/index.html

Takahashi, Kazuko. (2004). "The Use of 'Authentic' Literary Materials in Second Language Learning." Master's Thesis. University of Tokyo.

Takahashi, Kazuko. (2007). Is English of Literary Works Really "Unique"?: Doubts about Its Exclusion from Second Language Learning. *Language and Information Sciences* 5: 113–126.

髙橋和子. (2009).「文学と言語教育―英語教育の事例を中心に―」. 斎藤兆史編著.『言語と文学』. シリーズ朝倉〈言語の可能性〉. 東京: 朝倉書店. 148–171.

髙橋和子. (2010). 短編小説を用いた大学英語の授業―Katherine Mansfield を中心に―.『言語情報科学』8: 101–117.

髙橋正夫. (1990).「『積極的にコミュニケーションを図ろうとする態度』をどう育てるか」.『英語教育』39 (2): 11–13.

髙橋貞雄, 他. (2006). *New Crown English Series 3*. New ed. 東京: 三省堂.

髙梨庸雄, 緑川日出子, 和田稔. (1995).『英語コミュニケーションの指導』. 東京: 研究社.

髙梨庸雄, 髙橋正夫. (2007).『新・英語教育学概論』. 東京: 金星堂.

tale. *The Oxford English Dictionary*. Second ed. (1989).

tale of the tape. *Wikitionary*. June 11, 2012. Online. Internet.
    Available: http://en.wiktionary.org/wiki/tale_of_the_tape

田辺洋二. (2004).「大学の英語教育―この 20 年に何が起こったか―」.『英語青年』150 (9): 526–527.

谷口賢一郎. (1998).『英語教育改善へのフィロソフィー―21 世紀の国際教育 新指導要領に向けて―』. 東京: 大修館書店.

tape. *The Oxford English Dictionary*. Second ed. (1989).

Teachman, Debra. (2000). *Student Companion to Jane Austen*. Westport, Connecticut: Greenwood.

Tepperman, Jonathan. (2010). A Room of One's Own. *Newsweek*. March 29 and April 5, 2010: 54–57.

Tiffany. (2010). "About Tiffany & Co." Online. Internet. June 7, 2010.
    Available: http://press.tiffany.com/AboutTiffany.aspx

Time. (2012).「Time とは」. Online. Internet. June 11, 2012.
    Available: http://www.time.co.jp/time/

投野由紀夫. (2004).『NHK100 語でスタート！英会話 コーパス練習帳』. 東京: 日本放送出版協会.

投野由紀夫. (2008).「教材とコーパス」.『コーパスと英語教育の接点』. 中村純作, 堀田秀吾編. 東京: 松柏社: 3–19.

Toolan, Michael. (2001). *Narrative: A Critical Linguistic Introduction*. 1988. Second ed. Interface Ser. London: Routledge.

Toolan, Michael. (2006). Telling Stories. *The Art of English: Everyday Creativity*. Janet Maybin and Joan Swann, eds. Houndmills: Palgrave Macmillan: 54–102.

Twain, Mark. (1994). *The Adventures of Tom Sawyer*. 1876. London: Puffin.

Twain, Mark. (2003). *Adventures of Huckleberry Finn*. 1885. Victor Fischer and Lin Salamo, eds. Berkeley: University of California Press.

上木貴博. (2007).「ナラティブ広告」.『日経情報ストラテジー』2007年7月24日: 23.

和田稔. (1996).「AET導入と日本の英語教育」.『現代英語教育』33(6): 6–8.

Warning, Rob, and Sachiko Takahashi. (2000). *Oxford Graded Readers: The "Why" and "How" of Using Graded Readers*. Tokyo: Oxford University Press.

渡辺敦司. (2011).「2011年度高校教科書採択状況—文科省まとめ(下)—」.『内外教育』6054: 10–17.

渡辺利雄. (2001).『英語を学ぶ大学生と教える教師に—これでいいのか？英語教育と文学研究—』. 東京: 研究社.

Webb, Charles. (1968). *The Graduate*. 1963. London: Penguin.

Wendy's. Advertisement. 1984. You Tube. Online. Internet. November 12, 2012.
　　　Available: http://www.youtube.com/watch?v=EOyQfd7OqIY

Widdowson, H.G. (1984). *Explorations in Applied Linguistics 2*. Oxford: Oxford University Press.

Widdowson, H.G. (2003). *Defining Issues in English Language Teaching*. Oxford Applied Linguistics Ser. Oxford: Oxford University Press.

Widdowson, H.G. (2004). A Perspective on Recent Trends. In A.P.R. Howatt. *A History of English Language Teaching*. 1984. Second ed. Oxford: Oxford University Press: 353–372.

Widdowson, H.G. (2007). *Discourse Analysis*. Oxford Introductions to Language Study Ser. Oxford: Oxford University Press.

Widdowson, H.G. (2008). Foreword.『コミュニケーション能力育成再考—ヘンリー・ウィドウソンと日本の応用言語学・言語教育—』. 村田久美子, 原田哲男 編著. シリーズ言語学と言語教育. 東京: ひつじ書房: 1–6.

Wood, Christopher. (1992). *The Bubble Economy: The Japanese Economic Collapse*. London: Sidgwick & Jackson.

Woodman, Richard W., John E. Sawyer, and Ricky W. Griffin. (1993). "Toward a Theory of Organizational Creativity." *The Academy of Management Review* 18(2) April, 1993: 293–321. Online. Internet. May 22, 2010.
　　　Available: http://www2.sa.unibo.it/summer/testi/19_detoni/Toward-Theory.pdf

Woolf, Virginia. (1987). *A Room of One's Own*. 1929. London: A Triad Grafton.

"The World". (2010). *Time*. January 25, 2010: 8–9.

"The World on a Page". (2012a). *Newsweek*. February 6, 2012: 6.

"The World on a Page". (2012b). *Newsweek*. May 21, 2012: 9.
山田雄一郎. (2006).『英語力とは何か』. 広島修道大学学術選書. 東京: 大修館書店.
山内啓子. (1993).「高等学校の英語教科書に現れた文学教材」.『英語科授業学の諸相―青木庸効教授還暦記念論文集―』. 東京: 三省堂: 142–154.
『全国大学一覧』. (1990). 東京: 文教協会.
『全国大学一覧』. (1991). 東京: 文教協会.
『全国大学一覧』. (1992). 東京: 文教協会.
『全国大学一覧』. (1993). 東京: 文教協会.
『全国大学一覧』. (1994). 東京: 文教協会.
『全国大学一覧』. (1995). 東京: 文教協会.
『全国大学一覧』. (1996). 東京: 文教協会.
『全国大学一覧』. (1997). 東京: 文教協会.
『全国大学一覧』. (1998). 東京: 文教協会.
『全国大学一覧』. (1999). 東京: 文教協会.
『全国大学一覧』. (2000). 東京: 文教協会.
『全国大学一覧』. (2001). 東京: 文教協会.
『全国大学一覧』. (2002). 東京: 文教協会.
『全国大学一覧』. (2003). 東京: 文教協会.
『全国大学一覧』. (2004). 東京: 文教協会.
『全国大学一覧』. (2005). 東京: 文教協会.
『全国大学一覧』. (2006). 東京: 文教協会.
『全国大学一覧』. (2007). 東京: 文教協会.
『全国大学一覧』. (2008). 東京: 文教協会.
『全国大学一覧』. (2009). 東京: 文教協会.
全日本空輸. (2010).『翼の王国』494: 66–67.

# 謝辞

　本書は、独立行政法人日本学術振興会平成 26 年度科学研究費助成事業(科学研究費補助金)(研究成果公開促進費)による出版である。広領域(文学 B・教育学 B)での申請を受け入れていただけたことは、文学教材の将来にとって、明るい兆しと受け止めている。お忙しい中、審査にあたってくださった諸先生方に心より御礼申し上げる。

　本書は、筆者が東京大学大学院総合文化研究科に提出した課程博士論文がもとになっている。同博士論文の題目は、「日本の英語教育と文学教材─1980 年代初頭から 2000 年代初頭までを中心に─(Japanese English Teaching and Literary Materials from the Early 1980's to the Early 2000's)」である。
　指導教授の斎藤兆史先生には、遅々として進まない研究に対して温かくご指導をいただいた。
　論文審査をしていただいた山本史郎先生、中尾まさみ先生、武田将明先生、他大学から審査に加わっていただいた奥聡一郎先生には、心より御礼申し上げる。
　丹治愛先生には、草稿段階で多くのご助言をいただいた。久屋孝夫先生には、中学校・高等学校の英語教員の方々と、より良い授業づくりについて考える機会を与えていただいた。
　恩師である Clare Lee Colegrove 先生と読書会の諸先輩方からは、長く学び続けることの大切さをご教示いただいた。その他諸先生方・諸先輩方のご指導・ご協力がなければ、本研究は完成することができなかった。
　幅広い分野で研究を続ける斎藤英学塾の塾生の方々からは、研究を進めるにあたってさまざまなアドバイスをいただいた。そして、筆者の授業を受講し、アンケートに回答してくださった大学生の方々のご協力なくしては、授業実践に関する考察を深めることはできなかった。英語教育における文学教

材の可能性を実感させてくれたのは、髙橋ゼミを巣立ち、今は中学校・高等学校の教壇に立つ若い先生方だった。

　また、株式会社ひつじ書房の松本功社長、渡邉あゆみさん他社員の方々のお力添えがなければ、到底出版にこぎつけることはできなかった。その他、多くの方々に本当にお世話になった。

　最後に、研究を続ける上で励まし続けてくれた家族にも心から感謝をしたいと思う。

# 索引

## A

aesthetic reading 208–210, 253, 260
*Alice's Adventures in Wonderland* 261, 262
ALT（Assistant Language Teacher） 86–88, 97

## B

"Blue Beard" 226–231
Bookworms Club Series 201, 202, 276

## C

CLT（communicative language teaching） v, 66, 71, 74, 75, 118, 121
creativity 23, 106–108, 111–123, 125–132, 134, 144, 148, 185, 187

## E

efferent reading 208–210, 253, 260
EFL（English as a foreign language） 55

## I

IT（information technology: 情報技術） 89, 189, 190, 192

## J

*Japan Times* 169, 170
JET（The Japan Exchange and Teaching）プログラム 86–88

## L

L1（the first language） 209, 221
literariness vi, 23, 99–101, 103, 105, 185, 187

## M

MLA（The Modern Language Association） 65, 66

## N

narrative 156–158, 160–163, 170
narrativity 23, 106–108, 155, 159, 164–169, 171, 173, 174, 182, 184, 186, 187
*Newsweek* 103, 133, 134

## P

*Peter Pan* 238–241

## T

*The Economist* 104, 181–183
*The Fall of Freddie the Leaf* 254, 256, 257–260
*Time* 101–103
TOEIC 124, 126

## W

World Communications Year: Development of Communications Infrastructures（世界コミュニケーション年） 81–84

## あ

アメリカ　63, 65, 66

## い

イギリス　60–62

## う

ウィドウソン (H.G. Widdowson)　60, 61, 72, 161
ウルフ (Virginia Woolf)　132–134

## え

「英語が使える日本人」の育成のための行動計画　19, 20, 48
英語教科書
　大学英語教科書　47, 49, 50, 51, 122, 164, 165, 192, 193, 196, 197, 211
　中学校英語検定教科書　33, 35–37
　「リーディング」(高等学校英語検定教科書)　39–47, 52, 53, 126, 166, 167

## お

オー・ヘンリー (O. Henry)　35, 40
オースティン (Jane Austen)　179
「オーセンティック (authentic)」教材　3, 6, 7, 22, 78, 96, 97, 122, 124, 126–130, 164
オーセンティック教材　vi, 6, 7, 22, 62, 66, 69, 70, 73, 75–78, 96, 97

## か

「外国語」の「目標」　8, 9, 12, 15
外国語活動　4
「解釈」的な解釈　209, 210, 253, 260
会話　145, 146, 150–152, 177–180

学習指導要領
　『高等学校学習指導要領』　8–10, 17–19, 38, 39, 47, 52, 283
　『中学校学習指導要領』　8–10, 12–15, 19, 37, 283
カポーティ (Truman Capote)　137, 139
韓国　56, 60

## き

ギッシング (George Gissing)　175
教案・指導案　215, 229, 234, 254, 262, 264, 266
教育的文体論 (pedagogical stylistics)　101
教科書→英語教科書
教材　5

## く

グループ・ワーク　213, 215, 217, 219, 221, 225, 238, 253, 261, 265
グレイディッド・リーダーズ (graded readers)→リトールド版

## け

経済団体連合会 (経団連)　80, 81
言語運用 (performance)　71
言語使用 (language use)　71
言語能力 (competence)　71
「言語の使用場面の例」　12, 14, 15, 27–30, 37, 79
「言語の働きの例」　14, 15, 27–30, 37, 79

## こ

広告　139, 146, 148, 149, 269, 271–273
コーパス (corpus)　89–96, 98, 146
コミュニカティブ言語教育 (communicative language teaching: CLT)　61
コミュニケーション能力 (communicative

competence）　1, 3, 8–10, 13, 21, 33, 61, 66, 71, 72, 74, 120

## し

シェイクスピア（William Shakespeare）　36, 40, 132, 139, 143, 198, 199, 268
実践的コミュニケーション能力　9–12, 14–16, 33, 37, 63, 79
指導案→教案・指導案
ジュネット（Gérard Genette）　157
新聞記事　168

## す

スウィフト（Jonathan Swift）　132

## せ

正課　35, 52
世界英語（world Englishes）　97

## た

大学設置基準の大綱化　19, 47, 48
大学入試センター試験　51
題材　5

## ち

中学・高等学校教員　246, 247, 251, 252
中国　57–60

## つ

ツイッター（Twitter）　141, 142

## て

ティーム・ティーチング（Team Teaching）　88

ディケンズ（Charles Dickens）　204
テレビ・コマーシャル　140, 150, 151, 153, 154, 171–176

## と

トウェイン（Mark Twain）　135, 271
ドラブル（Margaret Drabble）　93, 170

## な

ナラティブ広告（narrative advertisement）　174

## ね

ネイティブ・スピーカー（native speaker）　88, 98

## ふ

フィッツジェラルド（F. Scott Fitzgerald）　271
プレゼンテーション　232–236, 238, 265
プロップ（Vladimir Propp）　157
「分析」的な解釈　209, 210, 253, 260
文法訳読式教授法　278

## へ

ペア・ワーク　214, 215, 219, 220, 232, 235, 238, 253, 261
ヘミングウェイ（Ernest Hemingway）　200, 271, 272

## ま

マンスフィールド（Katherine Mansfield）　192, 193

## め

メルヴィル（Herman Melville） 130, 131

## り

リオタール（Jean-Francois Lyotard） 157
リトールド（retold）版　19, 31, 199, 200, 203–207, 238, 240, 241, 245, 261, 262, 269, 272

## ろ

ロレンス（D.H. Lawrence） 183

〔著者〕　**髙橋和子（髙橋和子）**（たかはし・かずこ）

**略歴**
東京都出身。東京女子大学文理学部卒業、銀行勤務を経て、お茶の水女子大学大学院人文科学研究科（修士課程）、人間文化研究科（博士課程）単位取得満期退学。1995年西南学院大学文学部英文学科専任講師、助教授、2003年退職。同年、東京大学大学院総合文化研究科言語情報科学専攻修士課程（社会人特別選抜）、同博士課程、2013年博士（学術）取得。東京大学大学院在籍中に、中・高（英語）免許状更新講習講師や、小学校でJTEを担当。現在、明星大学教育学部教育学科准教授。

**主要著作・論文**
『言語と文学』（朝倉書店、2009年、分担執筆）、Is the English of Literary Works Really 'Unique'?: Doubts about Its Exclusion from Second Language Learning. *Language and Information Sciences* 5（2007年）、「短編小説を用いた大学英語の授業—Katherine Mansfieldを中心に—」『言語情報科学』8（2010年）など。

---

シリーズ言語学と言語教育
【第34巻】
# 日本の英語教育における文学教材の可能性
Linguistics and Language Education Series 34
The Possibilities of Literary Materials in English Teaching in Japan
Takahashi Kazuko

---

| 発行 | 2015年2月16日　初版1刷 |
|---|---|

| 定価 | 7500円＋税 |
|---|---|
| 著者 | ©髙橋和子 |
| 発行者 | 松本功 |
| 装丁者 | 吉岡透 (ae) ／明田結希 (okaka design) |
| 印刷所 | 三美印刷 株式会社 |
| 製本所 | 株式会社 星共社 |
| 発行所 | 株式会社 ひつじ書房<br>〒112-0011　東京都文京区千石2-1-2 大和ビル2F<br>Tel 03-5319-4916　Fax 03-5319-4917<br>郵便振替　00120-8-142852<br>toiawase@hituzi.co.jp<br>http://www.hituzi.co.jp/ |

造本には充分注意しておりますが、落丁・乱丁などがございましたら、小社かお買上げ書店にておとりかえいたします。
ご意見、ご感想など、小社までお寄せ下されば幸いです。

ISBN978-4-89476-737-9　C3080
Printed in Japan

【刊行書籍のご案内】

シリーズ言語学と言語教育　31
## 国際英語としての「日本英語」のコーパス研究
日本の英語教育の目標

藤原康弘 著　定価7,000円＋税

日本の英語教育の目標は「ネイティブ英語」か、「日本英語」か？　言語学、応用言語学、第二言語習得論の主流は母語話者目標を前提としてきたが、はたして日本のELTにおいて妥当か。この命題に対し、本研究は国際英語（EIL, WE, ELF）の視点から、日本人英語使用者コーパスを構築し、実証的手法で「日本英語」の潜在的な言語的特徴を同定した。グローバル時代の日本のELTを考える上で、教育目標のパラダイム転換を迫る必読の書である。

## 学びのエクササイズ文学理論

西田谷洋 著　定価1,400円＋税

文学を読む、論じるための主要な理論を15の章に分けて解説する。文学理論を知ることは、小説の理解を深めるのみならず、それを支える社会や文化を思考することにも繋がり、人生においてより広い視野を持つ助けとなる。本書は国内外の研究成果をコンパクトにまとめ、文学の専門でなくても興味のあるところから文学理論とはどのようなものかを知ることができる、最新の「読むための理論」である。